Theodor Brandt

Kirche im Wandel der Zeit

Teil I
Von Paulus bis Luther

R. BROCKHAUS VERLAG WUPPERTAL

Diese in den dreißiger Jahren erstmalig erschienene Kirchengeschichte wurde vom Verfasser völlig überarbeitet und ergänzt.

1977
Umschlaggestaltung: Ralf Rudolph, Ratingen
Gesamtherstellung: Breklumer Druckerei Manfred Siegel
ISBN 3-417-24556-7

Inhalt

Vorwort zur 5. Auflage 5
Aus dem Vorwort zur 1. Auflage 6

Einleitung

I. Die kirchengeschichtliche Aufgabe 7
II. Zur Geschichte der Kirchengeschichte 8
III. Die Gliederung der Kirchengeschichte 11
IV. Israel und Jesus Christus, der Messias 14
V. Das Zeitalter des Augustus 20

Teil I: Die frühe Kirche

1. Kapitel: Die Urgemeinde in Jerusalem 26
2. Kapitel: Paulus 29
3. Kapitel: Die Kirche im apostolischen Zeitalter, bis 64 n. Chr. 36
4. Kapitel: Das Ende des apostolischen Zeitalters – die Gemeinde im Leiden, 64–90 n. Chr. 42
5. Kapitel: Die nachapostolische Zeit, 90–140 n. Chr. 50
6. Kapitel: Die Gnosis – Mitte des 2. Jahrhunderts 57
7. Kapitel: Das Werden der katholischen Kirche, 140–200 61
8. Kapitel: Staat und Kirche, bis 250 75
9. Kapitel: Die Kirche bis zu Diokletian, 284–305 83
10. Kapitel: Von Konstantin bis zu Theodosius – Von Nicäa bis Konstantinopel, 306–337 93
11. Kapitel: Augustin, 354–430 103
12. Kapitel: Die christologischen Kämpfe des 5. Jahrhunderts 111

Teil II: Das Mittelalter

Die Grundfragen der mittelalterlichen Kirchengeschichte 123
13. Kapitel: Von Leo I. bis Gregor I. dem Großen, 440–604 124
14. Kapitel: Die Christianisierung der Germanen, 6.–8. Jahrhundert 133
15. Kapitel: Die Kirche unter Karl dem Großen, bis 814 144
16. Kapitel: Aufstieg und Verfall der Kirche im Zeitalter Nikolaus I., 9. Jahrhundert 156
17. Kapitel: Die Reform von Cluny und die Sachsenkaiser, 10./11. Jahrhundert 163

18. Kapitel: Gregor der VII. im Kampf mit dem deutschen Kaiser, 11. Jahrhundert 172
19. Kapitel: Der Kampf zwischen den Hohenstaufen und dem Papsttum, 12. Jahrhundert 178
20. Kapitel: Die Kirche der Armen und die neue Theologie, 13./14. Jahrhundert 191
21. Kapitel: Vor der Wende der Zeit, 14./15. Jahrhundert 204

Teil III: Reformation und Gegenreformation

22. Kapitel: Die politische Gesamtlage der Nation 218
23. Kapitel: Der junge Luther, 1483–1525 223

Fremdwörterverzeichnis 237

Namenverzeichnis 239

Vorwort zur 5. Auflage

Der Verlag R. Brockhaus trat an mich mit der Bitte heran, meine Kirchengeschichte noch einmal erscheinen zu lassen. Ich danke ihm dafür.

Nach dem Zweiten Weltkrieg war die Frage nach der Geschichte verblaßt. Zu schwer lastete die Gegenwart auf uns. Es ist heute anders geworden. Man will über die Zusammenhänge wieder etwas erfahren. Und dies auch im Blick auf die Geschichte der Kirche. Wenn wir uns mit ihrer Situation und mit ihren Kämpfen befassen, verstehen wir ihren Werdegang tiefer und klarer.

Der vorliegende Druck ist gründlich umgearbeitet worden. Die Gemeinde hat ein berechtigtes Verlangen, über die Entstehung und Entwicklung der Kirche Auskunft zu bekommen. Dieses Buch will außerdem allen theologischen Schulen und damit unserer jungen Generation dienen. Denen, die wenig von der Vergangenheit wissen, wollen die Aufgliederung und die jeweiligen Ausblicke einen besseren Zugang geben. Bei alledem soll die Grundlinie deutlich bleiben: Die Kirchengeschichte ist nicht nur ein Lernfach. In dem jede Zeit dem Herrn der Geschichte begegnet, darf eine geistliche Beurteilung nicht fehlen. Nicht daß wir Richter über die Geschichte sind, aber wir versuchen vom Wort Gottes aus, die einzelnen Vorgänge zu deuten. Nur so wird die Geschichte für unsere Gegenwart lebendig.

In meiner Studienzeit ist mein Interesse für die Kirchengeschichte durch meine Lehrer entstanden. Es waren in Tübingen Karl Müller, Adolf Schlatter und Otto Scheel; in Halle Friedrich Loofs; in Berlin Adolf von Harnack und Karl Holl. Von den neueren Darstellungen der Kirchengeschichte nenne ich nur die Arbeiten von K. D. Schmidt und H. von Löwenich. Sie haben alle, das sei ihnen gedankt, in Ehrfurcht über die geheimnisvollen Wege der Geschichte nachgedacht. Wenn dies Buch für den Leser Ermutigung zum Dienst in der Gemeinde erweckt, ist sein Zweck erfüllt.

Bad Salzuflen, September 1977 — Theodor Brandt

Aus dem Vorwort zur 1. Auflage

Jede Beschreibung der Kirchengeschichte steht unter einer doppelten Gefahr. Man kann im Verlangen nach Vollständigkeit in der Fülle des Stoffes untergehen und dem Leser dadurch eine nur allzuleicht vergeßliche Kurzweil bereiten. Der andere Weg ist der der großen Linien, der Hauptgesichtspunkte, die man mit einem Fluge überschaut und die sich dem mit der Sache weniger Vertrauten doch nicht so übermitteln, wie es zu wünschen wäre. Das Unbefriedigende beider Versuche hat den hier vorliegenden Entwurf entstehen lassen. Er möchte den Erdboden nicht unter den Füßen verlieren und darum die Quellen reden lassen. Er möchte zugleich aber nur das Wesentliche zeigen und darum bewußt auf sehr viele Namen und Daten verzichten, um desto schärfer die wichtigsten Zusammenhänge herauszuarbeiten. Dies zum formalen Problem.

Stärker als es sonst zumeist geschieht, ist die dogmengeschichtliche Entwicklung in den kirchengeschichtlichen Prozeß hineingezogen. Als Leser ist an nachdenkende Menschen, nicht nur an Studierende gedacht.

Solche Besinnung ist ergebnislos, wenn sie nicht (wie etwa in Th. Ellweins Laiendogmatik) zu einer nüchternen, tiefen und »gesunden Lehre« führt. Sie bedarf aber auch eines Durchblicks durch die Geschichte der Kirche, in der alle Elemente vorhanden sind, die wir zur Kenntnis des gegenwärtigen Augenblicks brauchen. So möchte diese Kirchengeschichte, wie sie aus jahrelangem Unterricht an einem Seminar für Gemeindehelferinnen erwachsen ist, denen dienen, die sie als erste Einführung in die Kirchengeschichte benützen, aber auch denen, die von einem der gebräuchlichen Lehrbücher herkommen und in diesen Grundlinien die entscheidenden Zusammenhänge noch einmal erfassen wollen.

Leipzig, Juni 1933 — Theodor Brandt

Einleitung

I. Die kirchengeschichtliche Aufgabe

Die Kirchengeschichte hat es grundlegend mit der Zeit zwischen dem ersten und zweiten Kommen Jesu Christi zu tun. Darum glaubt sie nicht an die Größe des Menschen, und darum verzweifelt sie auch nicht an seiner Kleinheit und Ohmacht. Sie verläßt sich auch nicht auf die Erkenntnis unserer begrenzten Vernunftkraft; denn sie steht vor dem Geheimnis des verborgenen und nur in Christus offenbaren Gottes. Damit ist ihr nicht ein Schlüssel gegeben, die Ereignisse einfach ablesen zu können und aus der Geschichte eine Offenbarung zu machen; »wie gar unbegreiflich sind seine Gerichte und unerforschlich seine Wege« (Römer 11,33)! Das aber hat sie zu zeigen, *wie sich die einzelnen Zeiten zur Offenbarung Gottes in Christus verhalten haben,* ob sie ihr Raum gaben im Gehorsam des Glaubens oder ihr eigenwillig widerstrebten.

Von außen her gesehen ist die Kirchengeschichte nach Goethes bekanntem Wort » ein Mischmasch von Irrtum und Gewalt«. Nirgends geht es menschlicher, ja unmenschlich-dämonischer zu als in ihr. Denn nirgends wird die Sünde des Menschen offenbarer als dort, wo unter dem Deckmantel des Glaubens und seiner Gewißheit der Fanatismus, die Gewaltherrschaft des Menschen ihr Werk treiben, wo Irrlehre und jedweder Fluch der Heuchelei und Selbstsucht sich auswirken. Daß sich Gott eine solche Geschichte gefallen läßt, ist das unbegreifliche Faktum. Es wird uns zur immer neuen Anfechtung und kann nur an einer einzigen Stelle überwunden werden: dort, wo die Anfechtung am größten ist – am Ärgernis des Kreuzes Christi.

»Will mir die Geschichte seit 18 Jahrhunderten so christuslos bedünken – das alles ist doch in der Ordnung. In allem Geschehen soll der Säemann nicht zu spüren, sollen die Dinge des Reiches nicht von den Ordnungen des irdischen Geschehens ausgenommen sein. Auch an sein Reich sollen wir glauben.«

Martin Kähler (1912)

II. Zur Geschichte der Kirchengeschichte

1. *Die Apostelgeschichte des Lukas als Quelle erster Ordnung – 1. Jahrhundert*

Große Geschehnisse in der Geschichte der Kirche zwingen zum Aufhorchen und sind die Geburtsstunde der historischen Arbeit.

Als die Sendung des Paulus sich ihrem Ende zuneigte, schrieb Lukas die Apostelgeschichte. Von Jerusalem bis Rom – so stellt Lukas den Weg des Evangeliums dar. Er bezeugt ihn als den *Siegeszug des Christus,* der den engen Rahmen Israels durchbricht und über Samaria und Syrien hinaus in die griechisch-römische Welt eindringt – »bis an das Ende der Erde« (1,8). Lukas ist sich bewußt, an einem Wendepunkt zu sein, als er seinen Bericht mit Paulus in Rom beendet, wo der Apostel »von dem Herrn Jesus Christus mit vollem Freimut ungehindert« lehren kann (28,31).

Man hat Lukas als hervorragende Geschichtsquelle schätzen gelernt. Seine Treue in der Sammlung von Berichten anderer (Luk. 1, 1–4), seine Augenzeugenschaft in den sogenannten Wir-Stücken[1] und seine Fähigkeit, den Stoff in einigen wenigen, aber charakteristischen Bildern zu konzentrieren, sichern ihm für immer einen Ehrenplatz unter den Historikern. Unmittelbar in der Nähe der Ereignisse hat er mit aller Wahrscheinlichkeit zu Beginn der sechziger Jahre »die Taten der Apostel« niedergeschrieben. Die beiden Hauptteile des Buches (Kap. 1–12; 13–28) gruppieren sich um den Dienst des Petrus und Paulus. Zur zielstrebigen Missionsgeschichte tritt die persönliche Schilderung der Hauptträger der Arbeit.

2. *Bischof Eusebius von Cäsarea und das Zeitalter Konstantins – 4. Jahrhundert*

Fast drei Jahrhunderte vergehen, bis *Eusebius von Cäsarea* († 339) in zehn Büchern das Werk schreibt, das ihm den Namen des »Vaters der Kirchengeschichte« eintrug. Wiederum ist es ein Wendepunkt größten Ausmaßes, der Geschichte verstehen lehrt, weil sie unmittelbar erlebt wird. Als Augenzeuge beschreibt Eusebius die *Christenverfolgungen unter Diokletian und seinen Nachfolgern und dann den ungeheuren Umschwung durch Konstantin,* als das römische Reich seinen Frieden mit der Kirche schloß. In diesem Augenblick erkannte der bald darauf zum Bischof von Cäsarea gewählte Historiker

[1] Apg. 16, 10–17; 20, 5–16; 21, 1–18; 27, 1 – 28, 18

den großen Zusammenhang der Jahrhunderte, den Siegeslauf der Christenheit.

Er sammelte – und das ist der nicht zu unterschätzende Wert seiner Arbeit – die wichtigsten Quellenstücke der Vergangenheit, um den *Aufbau der Gemeinden*, die *Abwehr der Irrlehrer*, den *Dienst der Bischöfe* auch vor denen zu erweisen, die sich gegenüber der Größe und Einheit der Kirche noch ablehnend verhielten.

Aber Eusebius sah in der Person des *Kaisers Konstantin* das Geschenk der göttlichen Vorsehung und fand für ihn ein mit den geschichtlichen Tatsachen nicht übereinstimmendes, überschwengliches Lob. Mit ihm saß er auf dem *Konzil von Nicäa* (325) im Anbruch einer neuen Zeit. Beide verstanden nicht, um was es damals im Ringen um das Christusbekenntnis der Kirche ging. *Eusebs Kirche ist* nicht mehr wie die des Lukas eine Kirche des Glaubens und der Buße, sondern *die sichtbare Gnadenanstalt*, die rein und unverletzt ihren Weg weitergeht, auch wenn Irrlehrer kommen und Verfolgungen ihre Existenz bedrohen. Seine Kirchengeschichte hat die apologetische Aufgabe, vor Freund und Feind den Erweis zu bringen, daß Christus seine Gemeinde nicht im Stich läßt.

In den nun folgenden 1200 Jahren gibt es keinen Historiker vom Rang des Eusebius. In zäher Einheit laufen die Jahrhunderte bis zur Reformation. Als die Ostkirche immer mehr den Zusammenhang mit Rom verlor, als die Germanen in das römische Reich einbrachen, blieb das »ewige Rom« die Säule mitten in einer zerfallenden Welt. Dieses Bewußtsein, Trägerin einer ungeheuren und ständig wachsenden Geschichte zu sein, hemmte die Erkenntnis, daß auch einer katholischen Kirche nicht die Unfehlbarkeit, sondern die Buße allein das Auge für die Geschichte erschließen kann. Man meinte, die Kirche sei im Grunde unveränderlich und habe gerade darin ihren göttlichen Erweis; die Weltreiche unterlägen dem Gesetz von Blüte und Zerfall, der Gottesstaat aber sei das triumphierende Reich.

3. Flacius (eigentlich Vlacids), der Historiker der Reformation – 16. Jahrhundert

Erst mit der Reformation tritt das Ereignis ein, das in gewaltiger Perspektive den Blick für die Geschichte der Kirche wieder eröffnet. War man sich bewußt, das Evangelium neu gefunden zu haben, dann konnte die lange Entwicklung von 1500 Jahren im Grunde nur ein einziger Abfall sein. Aber das war nicht alles! *Matthias Flacius Illyricus* (1520–1575), ein dankbarer Schüler Luthers, erkannte zugleich den großen und ununterbrochenen Zusammenhang der wahren Gemeinde und ihrer Zeugen. *Er sah in der Geschichte nicht nur das Gericht, sondern ebenso stark die Übermacht der Gnade*, die es nicht an Glaubenden hat fehlen lassen.

In einem eigentümlichen Spannungsverhältnis stand damit die evangelische Kirche der Kirche Roms gegenüber. Sie wußte sich auf demselben Grund der Apostel und Propheten, da Jesus Christus der Eckstein ist, und war doch zugleich die schärfste Gegnerin der alten Kirche. In solcher Lage aber wuchs der Blick für das Wesen der Geschichte, trat das einzelne in den Zusammenhang des Ganzen und mußte sich zugleich dem leitenden Gesichtspunkt einordnen. In der Arbeit der *»Magdeburger Zenturien«*, wie Flacius sein Werk betitelt, kam kein kleinlicher Geist ans Licht. Flacius und seine Freunde erkannten, wenn sie vom Glauben aus die Eigenart der Kirche beurteilten, daß Kirchen- und Weltgeschichte eng zusammenhängen und doch voneinander unterschieden sind.

4. Gottfried Arnold: Kirchengeschichte vom Pietismus aus betrachtet – 17./18. Jahrhundert

Zu dieser Erkenntnis hat der Pietismus und namentlich Gottfried Arnolds *»Kirchen- und Ketzerhistorie«* von 1699 nichts durchaus Neues hinzufügen können. Erschüttert war ein für allemal der Glaube, in der sichtbaren Kirche eine unfehlbare Größe bewundern zu müssen. *Alles Heilige und Unheilige in der Geschichte wird damit der Wirklichkeit nicht entzogen*, in der allein wir die freimachende Wahrheit zu erkennen vermögen. Hier liegt G. Arnolds (1666–1714) bedeutsamer Beitrag zur Erkenntnis der Wahrheit. Im übrigen hat A. in starker Einseitigkeit die bisherige Betrachtung der Kirchengeschichte umgekehrt und im Ketzer öfter den Glaubenden, den Wiedergeborenen, zu zeigen versucht, als es den Tatsachen entspricht.

5. Baur (1792–1860) – Ranke (1795–1886): das kritische Bild – 19. Jahrhundert

Das 18. und 19. Jahrhundert haben besonders durch die Arbeit des Rationalismus der quellenmäßigen Einordnung der Kirchengeschichte in den allgemeinen geschichtlichen Fluß gedient. Die Methoden der allgemeinen Geschichtsforschung, wie sie von Ferdinand Christian Baur (1792–1860) und Leopold von Ranke (1795–1886) zum beherrschenden Prinzip erhoben wurden, bestimmten immer mehr das Bild der Kirchengeschichte und ließen die Eigenart, die Andersartigkeit ihres Wesens mehr und mehr in den Hintergrund treten. *Stand die Kirchengeschichte des Mittelalters im Bann der*

Dogmatik, so brach nun die Herrschaft der Philosophie ein oder die Ideologie, die die Beobachtung der »heiligen Geschichte« verkürzten.

In dieser Spannung stehen wir noch heute. Wir können Kirchen- und Weltgeschichte nicht trennen. Sie gehören unlösbar zusammen bis in die Methoden hinein, mit denen wir die Tatbestände zu erfassen versuchen. Sie sind im gleichen Raum und vollziehen sich an entscheidender Stelle an den gleichen Menschen. Und dennoch müssen wir sie gleichzeitig und immer wieder trennen, um die ganz anderen, von Gott her kommenden Ziele zu verstehen. Denn es handelt sich um das Reich Gottes, um eine eschatologische Größe, die sich innerhalb der sichtbaren Kirche in der ständigen Auseinandersetzung befindet mit allem, was in der Kirche und um sie herum Welt ist. Darum heißt die letzte Fragestellung an jede Zeit, ob sie vom Glauben an Christus, den Gekreuzigten, aus zu einer lebendigen Enderwartung gelangt.

Literatur

H. Scholz, Glaube und Unglaube in der Weltgeschichte, 1911
J. Chambon, Einführung in das Verständnis der Kirchengeschichte, 1947
ders., Was ist Kirchengeschichte?, 1957
A. Gilg, Weg und Bedeutung der altkirchlichen Christologie, Theol. Bibliothek, 1955

III. Die Gliederung der Kirchengeschichte

Alles Geschichtliche ist zeitlich, irdisch, weltlich. So ist auch die Kirchengeschichte eng verflochten mit der Weltgeschichte. Das zeigt die Abgrenzung der einzelnen kirchengeschichtlichen Epochen.

Die Tatsache, daß wir es in der *Kirchengeschichte des ALTERTUMS mit der griechisch-römischen Welt um das Mittelmeer* herum zu tun haben, verlangt die Kenntnis der politischen und kulturellen Umwelt, damit wir nicht falsche Schlüsse ziehen und ungerechte Urteile fällen.

Das gleiche gilt für die MITTELALTERLICHE KIRCHE. Dabei müssen wir uns entscheiden, ob wir das 7. und 8. Jahrhundert schon in die *neue germanische Geschichte einbeziehen* dürfen, oder ob sie noch als *Ausläufer der spät-römischen Entwicklung* zu sehen sind. Von der Kirchengeschichte her kann diese Frage deshalb nicht entschieden werden, weil kein Ereignis von überragender Bedeutung den unwiderlegbaren Akzent gibt. Den *Beginn der angelsächsischen Mission unter Papst Gregor I. um 600* wird man nicht geringer einschätzen dürfen als etwa das *Kirchenregiment Karls des Großen um 800.* Den Ausschlag mag aber bilden, daß sich mit Gregors Missionsarbeit fast gleichzeitig der *Anfang und Vormarsch des Islam* verbindet und damit der *Zusammenbruch der Kirchen des Ostens und Südens* (Kleinasien, Jerusalem, Nordafrika). Jedenfalls ist *der Schwerpunkt vom Mittelmeer weg in den Raum nördlich der Alpen* gelegt.

Damit ist aber noch ein anderes Moment gegeben. Hat die Kirche des Altertums bis zu Kaiser Konstantin einen harten Existenzkampf gegen den römischen Staat (und auch weiterhin gegen den griechischen Geist) zu führen gehabt, *so tritt sie jetzt im Mittelalter die Herrschaft über die jungen Völker des Nordens an.*

Über die nächste Grenze – DIE NEUZEIT – sollte von evangelischer Sicht her kein Streit sein. Gleichwohl hat *Ernst Troeltsch* der Reformation diese Stellung streitig zu machen versucht, sei es, daß die *Neuzeit* mit dem *Humanismus* und der *Renaissance* oder aber mit der *Aufklärung* beginnen soll. Teilt man eine vierte Epoche ab, dann wird man das Grundanliegen von Troeltsch verstehen, wenn man mit der Aufklärung den Geist der letzten 250 Jahre im Anbruch sieht, der sich gegen jede kirchliche Bevormundung auflehnt. Reformation und Gegenreformation sind so gesehen in ihrer engen Verklammerung mit dem Staat allerdings dem Mittelalter näher. Dennoch entsteht dadurch ein einseitig soziologisches und dann völlig schiefes Bild, ist doch in der *Reformation diejenige Kirche aus den Quellen des Evangeliums neu geboren,* die wie einst in den ersten Jahrhunderten den Anstürmen des Zeitgeistes in der Kraft des Geistes begegnet. So verstanden hat aber die Reformation nicht nur ihre eigene Sprache innerhalb der Kirchengeschichte geschaffen, die mit der Gegenreformation abschließt (um 1650), sondern sie ist auch innerhalb der Neuzeit und ihrer ganz anders gerichteten Geistesart letzten Endes die bestimmende Geistesmacht, die den menschlichen Geist in seiner Endlichkeit (Säkularismus) nicht ruhen läßt. Immer wieder stellt sie die Frage nach seiner Gebundenheit und Freiheit. *Urchristentum und Reformation lassen sich nicht nur zeitlich begrenzen; sie wirken wie jedes lebendige Christuszeugnis in der Kraft des Evangeliums aus einer anderen Ebene in unvergänglicher Kraft weiter.*

Literatur

K. Heussi, Altertum, Mittelalter und Neuzeit in der Kirchengeschichte, 1921
K. D. Schmidt, Grundriß der Kirchengeschichte, 1963[3]
W. von Loewenich, Die Geschichte der Kirche, 1933[3]
Bernd Möller, Geschichte des Christentums, 1965

IV. Israel und Jesus Christus, der Messias

Zur Zeit Jesu arbeiteten gewaltige Mächte am Untergang der jüdischen Theokratie. Die Juden in Jerusalem waren sich der Gefahr bewußt. Diesmal waren es jedoch nicht nur politische Kräfte, sondern Mächte des Geistes, unheimliche Gewalten von kaum zu fassender Dämonie. Auch das war für die Juden nichts Neues. In der Geschichte der letzten tausend Jahre waren sie oft ähnlichen Angriffen ausgesetzt gewesen. Warum aber hielt der Tempel diesmal nicht stand? Die Front war viel größer als Jerusalems Umkreis. Sie umspannte das Riesennetz der Synagogen in der weiten Diaspora, in Babylon, Kleinasien, Griechenland, Italien und Ägypten. *Überall drohte der Hellenismus den Glauben der Väter zu zersetzen.* Namentlich Alexandrien stand in dieser Gefahr. Dort vereinigte sich griechisch-orientalisches Denken in breitem Strom mit der jüdischen Theologie.

1. *Der Widerstand der Pharisäer, Essener, Sadduzäer und Apokalyptiker*

Zwar kämpfte in der Stadt des Tempels der *Pharisäismus* seinen verzweifelten Kampf um die Reinheit des Gottesdienstes. Wir sind von der Verkündigung her an das Bild des heuchlerischen und ehrsüchtigen Pharisäers gewöhnt, und je griechischer unser Auge bestimmt ist, umso eher bejahen wir eine derartige Schilderung. Es darf als eine Frucht der Lebensarbeit Adolf Schlatters bezeichnet werden, daß dieses einseitige Bild allmählich zu verschwinden beginnt. *Im Pharisäismus stehen sich prophetische Züge und eine kasuistisch ausgeprägte Gesetzlichkeit gegenüber.* Todesmutig, im Sinn der Makkabäer des zweiten vorchristlichen Jahrhunderts, hielt diese fanatisch religiöse Partei der Pharisäer das Ziel der kommenden Gottesherrschaft hoch. Der religiösen und nationalen Freiheit Israels im neu zu erkämpfenden Reiche Gottes galt jegliche Anspannung. Teilhaber zu sein an der Totenauferstehung und an dem unerhörten Aufschwung dieses neuen Israels, erschien wahrlich eines ganzen Einsatzes wert. Über dem Leben eines Schriftgelehrten wie Jochanan ben Zakkai (1. Jahrhundert n. Chr.) liegt beides in eherner Härte und Größe: die rastlose und ihres Erfolges immer ungewisse Arbeit am Gesetz, die niemals zum Abschluß gelangt, und gleichzeitig der sehnsüchtige Blick auf die Verheißung Gottes, die nicht trügen kann.[1]

[1] A. Schlatter, Joachanan ben Zakkai, Gütersloh 1899

Warum kam es zum Zusammenstoß zwischen diesen Hoffenden und Christus, dem Erfüller?

Dem Bußruf konnte sich der Gesetzestreue weithin anschließen. Auch gegenüber dem Wunder hatte man kein grundsätzliches Bedenken. Aber der Anspruch Jesu von Nazareth, jetzt und hier in dieser Welt der *Messias* zu sein, der sogar Sünden vergibt, erschien unverzeihlich. Wenn Jesus lediglich die *Messiasidee* hätte *darstellen* wollen, hätten sie es noch gelten lassen, aber daß er sie konkret auf sich bezogen hat, mußte vom Judentum als untragbar abgelehnt werden. Der tiefste Grund der Ablehnung: *Das pharisäische Schriftgelehrtentum hat die Prophetie zum Bestandteil des Gesetzes gemacht, über das man vollkommen zu verfügen meinte.* Die Spannung zwischen Gesetz und Prophetie war erlahmt. Es kann aber keinen fruchtbareren Zusammenstoß geben als dort, wo der Herr des Gesetzes mitten in der Geschichte mit den Monopolisten des Gesetzes zum Kampf kommt. Hier geht es – nicht anders als in der Auseinandersetzung mit dem Griechentum – auf Tod und Leben. Das haben die Vertreter dieser Richtung im Zusammenstoß mit Jesus unüberhörbar gemacht. »Den Juden ein Ärgernis«[2] – dies Wort drückt die Lage deutlich aus, in die Christus die Seinen vor Israels Augen versetzte.

Den radikalen Flügel des Pharisäismus stellen die Zeloten, »die Eiferer«, dar. Sie stehen in starkem Gegensatz zur römischen Herrschaft und suchen sie mit allen Mitteln – bis zum Meuchelmord – zu schädigen. Umso erstaunlicher ist es, daß Jesus einen von ihren Führern zu seinem Jünger machte: Simon, den Zeloten (Lukas 6,15).

Eine Gruppe neben den Pharisäern bilden die *Essener, Mönche mit strenger Askese, bewußtem Auferstehungsglauben und lebhafter Enderwartung.* Vielleicht sind sie mit der Gruppe von Qumram verwandt.

Neben dem Pharisäismus regieren als Aristokratie besonderer Art die *Sadduzäer, die Inhaber des hohenpriesterlichen Amtes.* Sie erscheinen moderner, weltoffener, milder und Jesus gegenüber zugänglicher. Und doch ist das alles nur scheinbar und entspricht nicht der wirklichen Situation. Die angeblichen Hüter des Gesetzes und des Tempels *haben den Messiasglauben an das Griechentum verraten.* Darum bestreiten sie das Wunder, besonders die Auferstehung, und damit Israels Hoffnung. Ihr Widerstand gegen Christus ist nicht geringer als der der Pharisäer. Jesus verkündigt ihnen den unmittelbar in das Leben eingreifenden Gott der Väter. In den Kreisen der Sadduzäer aber ist ein gewisser Deismus zu Hause, der Gott nicht so nahe und wirksam glaubt. Jedes Handeln in der Gottesgewißheit muß deshalb diesen Skeptikern als Schwärmerei erscheinen. Es gibt auch für diese vorsichtigen Diplomaten

[2] 1. Kor. 1, 23

nur den Ausweg des Kaiphas: Es ist besser, daß einer sterbe, als daß das ganze Volk verderbe[3]. Der Konflikt mit Rom erscheint ihnen darum katastrophaler als der Verlust des prophetischen Erbes.

Schwerer noch als die Skepsis der Sadduzäer lag das Bündnis mit dem *Hellenismus in Alexandria* auf der jüdischen Theologie. Philo[4] deutet das Alte Testament um, weil ihn von Plato her ein starker Dualismus beherrschte. Alles, was Leib und Natur überhaupt, und alles, was Geschichte im besonderen ist, gehört der Materie an, dem vergänglichen Stoff, und hat deshalb kein unmittelbares Verhältnis zu Gott. Unter den Händen Philos verschwand jedes Ärgernis aus der Schrift. Mit dem Logos, der heimlichen Weltkraft, ließ sich denkbar einfach alles deuten, was als Rätsel über der Schöpfung lag. Dieser feingeistigen Philosophie mußte das Christentum als barbarischer Rückfall in längst überwundene Vergangenheit erscheinen. Auch diese alexandrinische Gruppe im Judentum konnte nur mit radikalem Nein die Botschaft vom fleischgewordenen Wort beantworten. Der Hellenismus hat den Graben zur prophetischen Verkündigung nur noch breiter gemacht, indem er den persönlich sich offenbarenden Gott in geschichtslose Mystik auflöste. *Das größte Erlebnis in der Religion ist daher für Philo die Ekstase. Damit stand er aber den ägyptischen und orientalischen Mysterien näher als dem Glauben der Väter seines eigenen Volkes.*

Elementarer als im kunstvollen System Philos redet das Gesicht der Zeit in den *jüdischen Apokalypsen* und namentlich im IV. Esra. Hier wird um das Problem des Schicksals und namentlich des Leidens gerungen. Hier haben Menschen das Wort, die weder mit den religiösen Parteien noch mit der Philosophie Alexandrias zu einer letzten Antwort auf die Fragen der politischen und heilsgeschichtlichen Gestaltung gelangen können. Ähnlich wie bei Jeremia hören wir den Ton der Buße, aber mehr noch den der Verzweiflung.

»Ach, Adam, was hast du getan! Als du sündigtest, kam dein Fall nicht nur auf dich, sondern auch auf uns, deine Nachkommen.« – »Was hilft es uns, daß uns die Ewigkeit versprochen ist, wenn wir Werke des Todes getan haben?«[5]

Sind solche Stimmen dem Evangelium nicht näher, weil sie aus einem »geängsteten Geist« kommen? Man wird auch hier nur vorsichtig urteilen können, daß die Verzweiflung ein ebenso starkes Bollwerk gegen die Botschaft sein kann wie die Sicherheit.

Wer die zahlreichen Festbesucher in Jerusalem sah und den frommen Aufmarsch der Priester, Schriftgelehrten und Parteien, mußte im Blick auf den Tempel und seinen Kultus denken, wie die Jünger Jesu dachten: »Welche

[3] Joh. 11, 50
[4] 25 v.–40 n. Chr.
[5] IV. Esra 7, 118 f. aus der Zeit um 100 n. Chr.

Steine, welch ein Bau ist das!«[6] Die Weissagung Jesu von dem völligen Zerfall der heiligen Stätte steht genau so steil und realistisch diesem naiven Staunen gegenüber wie die Botschaft der Propheten, als sie das Ende des ersten Tempels verkündigten. Dem Massenbetrieb gegenüber gab es nur wenige Stille im Lande, die im Zug der alttestamentlichen Weissagung wie ein Simeon und eine Hanna auf den Messias warteten. *Das Gesamtbild Israels jedenfalls ist nicht anders als das der griechisch-römischen Welt: Man glaubte,* dort politisch, hier *religiös, auf einem Gipfelpunkt zu stehen.* Als aber das Licht Gottes hell und scharf aufging, sah alles völlig anders aus, und niemand ahnte, vor welchem Abgrund man sich befand.

2. *Jesus Christus – seine Verbundenheit mit dem Volk und die Trennung von ihm*

Kann Jesus, der Christus, innerhalb einer Kirchengeschichte »behandelt« werden? Jesus läßt sich nicht in eine Biographie zwingen[7]. Auch alle, die ihn seit *David Friedrich Strauß* vom Hellenismus aus erklären wollten, sind allmählich verstummt. In ganz anderer Weise behaupten diejenigen das Feld, die seinen Naturboden, das Judentum, als die starken Wurzeln zu seinem Verständnis heranziehen. Aber gerade sie stoßen an die Frage, warum er denn gekreuzigt wurde, wenn er weiter nichts war als ein gesetzestreuer Jude. Um sein »Ich aber sage euch«, um dieses andersartige Sendungsbewußtsein Jesu kommt niemand herum, wie er es auch deuten mag.

Dieses *Sendungsbewußtsein* steht aber nicht frei in geheimnisvoller Einsamkeit, sondern in der festen Verbindung mit der Gottesgewißheit Jesu. Als der ganz an den Vater Gebundene hat er die Freiheit, der gesamten religiösen Welt seines Volkes gegenüberzutreten. Der Erfüller des Gesetzes ist zugleich der völlig souveräne Herr dieses Gesetzes. In dieser ungeheuren Spannung offenbart sich das göttliche Geheimnis Jesu.

Jesus weiß sich seinem Volk in ganzer Treue verbunden. Wer lebte so wie er in der Geschichte der Offenbarung von Abraham an? Wer hat in der Ansage vom kommenden Weltgericht wie von der rettenden Gnade mit solcher Klarheit auf die Propheten des alten Bundes hingewiesen? Sein Wächterruf geht an das Israel seiner Tage dicht vor der Zerstörung Jerusalems und seines Tempels.

Und doch ist Jesus *von der zum Gesetz gewordenen Frömmigkeit seines*

[6] Mark. 13, 1 f.
[7] Das hat auch *Albert Schweitzer* in seiner »Geschichte der Leben-Jesu-Forschung« gezeigt, 1926

Volkes getrennt. Im Geist der Propheten sieht er im Kultus die Veräußerlichung, die zur Heuchelei führt. Die Verengung des Lebens durch die Sabbat- und Reinigungsvorschriften hebt er auf. Die Abgrenzung des auserwählten Volkes kommt mit der weltweiten Sendung seiner Jünger in Konflikt.

Aber der Gegensatz ist noch tiefer. Wohl glaubt der Pharisäer an die Auferstehung der Toten und an den Messias, der die neue Welt in Herrlichkeit bringen wird. Aber daß hier und jetzt einer vor ihnen steht, der das Bekenntnis annimmt: »Du bist der Christus, der Sohn Gottes« (Matth. 26,63), das mußte als Lästerung mit dem Tode bestraft werden. *Sein Kreuz* ist das Urteil der Frömmsten seines Volkes. Es *ist aber nicht nur das Gericht über seine jüdischen und heidnischen Richter. Er selbst hat es als Sühnopfer für die ganze Welt bekannt* und mit seiner Auferstehung besiegelt. Vor den Augen der Menschen ist sein Lebensausgang nichts als Niederlage, Ende einer enthusiastischen Geschichte, Auflösung der Jüngerschaft. Anders hat *Tacitus* (um 50 n. Chr.) in der bekannten Stelle seiner Annalen den Tod Jesu nicht aufgefaßt[8]. Aber daß »der für den Augenblick unterdrückte verderbliche Aberglaube« wieder aufbrach und sich sogar in der Hauptstadt verbreitete, »wo alles Scheußliche und Schändliche von überallher zusammenströmt und Anklang findet«, das eben ist für Tacitus das Ärgerliche und eigentlich Unbegreifliche.

3. Jesu Auferstehung ist der Anfang einer neuen Weltzeit

Jesus ist nicht mit Worten wie Reformator, Apokalyptiker oder gar Revolutionär zu fassen. Er zerbricht jede Kategorie, jeden Versuch der Einordnung und erweist damit seine göttliche Macht, sein Herrsein. Er läßt sich nicht festlegen. Begriffe wie national oder übernational, asketische Ethik, Weltfremdheit oder Weltveränderer müssen an ihm scheitern. Nach jedem Versuch, seiner durch Einordnung habhaft zu werden, bricht er von einer ganz anderen Seite in unser Leben ein, setzt unser Denken in eine neue Bewegung. Dostojewskis Großinquisitor hat das mit genialem Blick erkannt. Immer dort, wo man – gläubig oder ungläubig, beruhigt oder überlegen mit ihm fertig zu sein meinte, tritt Jesus als ewige Unruhe, als die unüberhörbare Frage in die Geschichte der Menschen und der Völker ein.

Er ist wirklich auferstanden. Die Berichte über seine Auferstehung sind keine Hilfskonstruktion als notwendige Voraussetzung für die Kirchengeschichte; auch nicht lediglich eine Aussage, die man mit historischen Grün-

[8] Tacitus, Annalen XV, 44

den nicht leugnen kann. Nein, *seine Auferstehung ist das Aufbrechen einer neuen Weltzeit, das immer nahe Geheimnis auf dem Wege einer bald zweitausendjährigen Geschichte*, in der nicht nur sein Kreuz, sondern auch sein Leben in stetig neuer Weise offenbar wird. Seine Herrschaft wurde mit seinem Tode nicht Vergangenheit, sondern sie ist ständige Gegenwart und wiederum abschließende Zukunft. Denn sein Reich ist er selbst, der Herr seiner Geschichte und das lebendige Haupt seiner Gemeinde.

Literatur

A. Schlatter, Geschichte der ersten Christenheit, 1926
G. Kittel, Urchristentum, Spätjudentum und Hellenismus, 1926
G. Bornkamm, Studien zur Antike und zum Urchristentum, 1959
E. Lohse, Grundriß zum N. T. Die Umwelt des N. T., 1971
K. Heussi, Kompendium der Kirchengeschichte
F. F. Bruce, Zeitgeschichte des Neuen Testaments I, 1976[2]

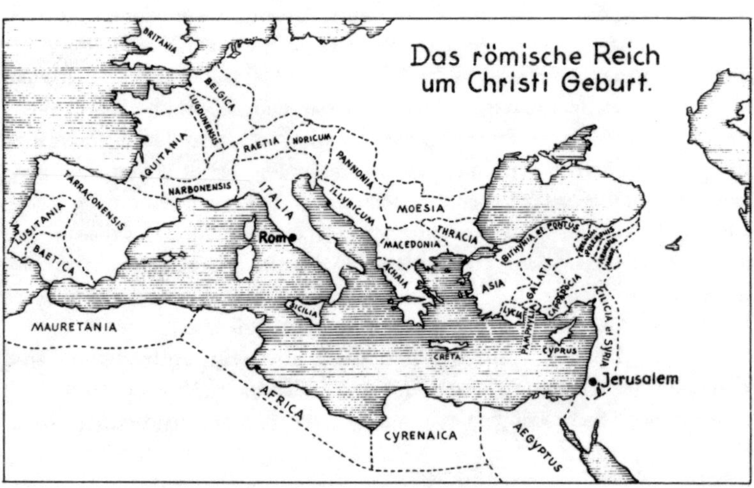

Das römische Reich um Christi Geburt.

Die Welt des Neuen Testaments

Zur historischen Einordnung von Kapitel IV und V:

Die Kämpfe der **Makkabäer** (167–142 v. Chr.) haben zu einer jüdischen Theokratie unter **hasmonäischer** Dynastie geführt. Die Selbständigkeit ging im 1. Jahrhundert v. Chr. durch Eingreifen der Römer zu Ende. 40 (37) v. Chr. wird

Herodes d. Gr. römischer Vasallenkönig über Palästina. Er ist **Idumäer** (Edomiter, von Esau abstammend); sein Vorfahr Hyrkan I. (135–104) ist bei der Eroberung des Landes erst Jude geworden. Nach Herodes d. Gr. Tod 4 v. Chr. Teilung der Herrschaft:

1. 4 v.–6 n. Chr. **Archelaos,** »Ethnarch« über Judäa, Samaria, Idumäa; nach seiner Abdankung untersteht das Gebiet von 26–36 **Pontius Pilatus**
2. 4 v.–39 n. Chr. **Herodes Antipas,** »Tetrarch« von Galiläa und Peräa
3. 4 v.–34 n. Chr. **Philippus,** »Tetrarch« von überwiegend heidnischen Gebieten im NO, 34–37 zu Syrien gehörend.

Von 41–44 herrscht **Herodes Agrippa I.,** Enkel Herodes d. Gr. wieder über dessen ganzes Reich.

44–66 steht Palästina unter römischen Prokuratoren, der Norden von 50–100 unter **Herodes Agrippa II.**

Im 15. Jahr des Tiberius, also nach dem 19. 8. 28, tritt **Johannes der Täufer** auf (Tiberius ist seit 13 n. Chr. Mitregent von Augustus, seit 14 dessen Nachfolger, stirbt 37 n. Chr.).

Jesus ist zwischen 7 und 4 v. Chr. geboren, am 7. 4. 30 (?) n. Chr. gekreuzigt worden.

Reich Herodes Agrippa I. (41–44 n. Chr.)

Palästina 53–66 n. Chr.

Zeittafel

Römische Kaiser von Augustus bis Titus

29 v.–14 n. Chr. **Augustus:** Geburt Jesu; lange Friedenszeit.
14–37 Tiberius: Wirksamkeit und Tod von Johannes d. T. und Jesus
37–41 Caligula: lexandrinische Juden erbitten vom Kaiser röm. Bürgerrecht, um der Verfolgung zu entgehen (Philo)
41–54 Claudius: Edikt gegen die Juden vertreibt Aquila und Prisca aus Rom
54–68 **Nero:** Brand von Rom, Christen werden beschuldigt, sterben als brennende Fackeln (64); Zelotenaufstand (66); Vespasian erobert Galiläa; Paulus' 3. Missionsreise; Zeit der meisten Paulusbriefe
68–69 Galba – Otho – Vitelius
69–79 Vespasianus: Titus zerstört Jerusalem (70); Ende des Opfers und des Priesteramts; Juden gehen in die Diaspora, Christen siedeln sich in Pella, östl. d. Jordan an
79–81 Titus

V. Das Zeitalter des Augustus

1. So urteilen die Historiker des 19. Jahrhunderts

Zeitgenössische Philosophen (z. B. Seneca), Politiker (Cicero), Schriftsteller (Josephus) haben über die Ereignisse und die Wesensmerkmale ihrer Zeit nachgedacht. Was sie über den Charakter ihrer Gegenwart, besonders im ersten Jahrhundert n. Chr. geäußert haben, ist von den Historikern des 19. Jahrhunderts in der Auseinandersetzung mit dem Aufbruch der Kirche Christi beurteilt worden. *Theodor Mommsen* (1817–1903), wohl der bedeutendste Geschichtsschreiber, sah im römischen Reich eine andauernde Stagnation, einen Sumpf, der in seiner eigenen Fäulnis verkam[1]. Er konnte als entschlossener Republikaner der kaiserlichen Zeit dem alten Rom kein Verständnis entgegenbringen. Ganz anders urteilt der Historiker *Alfred von Domaszewski*[2]. Für ihn stellt – vielleicht im Erleben von 40 Friedensjahren nach 1870 – die mit Augustus beginnende Epoche einen Höhepunkt in der Entwicklung der antiken Menschheit dar. Politisch und kulturell erwächst

[1] Th. Mommsen, Römische Geschichte, IV, Berlin 1877
[2] A. v. Domaszewski, Geschichte der römischen Kaiser, Leipzig 1909

vor seinem Auge ein eindrucksvolles Bild. Griechenlands Glanz in Kunst und Wissenschaft eint sich mit Roms gewaltiger Staatslenkung zu titanischer Größe. Wäre die »dunkle Wolke« aus dem Orient nicht gekommen, »jene Mahnung zur Flucht aus dem Dasein in die übersinnliche Welt« – die Wurzeln der antiken Kultur wären nicht zerstört worden. Uns dorthin »zurückzuführen zur heiteren Daseinsfreude der Antike« sei Kants und Goethes Beruf gewesen. »Sie allein«, so urteilt Domaszewski, »vermögen uns emporzuleiten zu jenen lichten Höhen.« Diese Schätzung der Antike im Zusammenhang mit dem deutschen Idealismus entspricht im großen und ganzen dem, was auch *L. Friedländer* (1824–1909) in seinen »Darstellungen aus der Sittengeschichte Roms in der Zeit von Augustus bis zum Ausgang der Antonine« gegeben hat[3]. Die Schatten auf sittlichem und sozialem Gebiet werden hier durchaus nicht verschwiegen, und doch werden sie mit dem Gedanken zurückgewiesen, es sei in anderen Jahrhunderten nicht besser gewesen. Friedländer glaubt damit allerdings, an das Christentum und seinen geschichtlichen Erfolg die Existenzfrage richten zu müssen. Friedländer wie Domaszewski machen im Grunde das Christentum für den Verfall der Antike verantwortlich.

2. *Das goldene Zeitalter im Urteil der Zeitgenossen*

Das Friedensreich des Augustus – 30 v. bis 14 nach Chr.

Für die Kirchengeschichte stellt sich die Frage, *ob in den Zuständen der Kaiserzeit eine wirksame Vorbereitung* – sei es positiv oder negativ – *auf Christus gegeben ist.* Von dieser Voraussetzung aus faßt man das Wort von der »Fülle der Zeit« etwa so auf, daß in die Nacht des Heidentums der helle Strahl des Evangeliums gefallen sei. Dem widerspricht aber das Bewußtsein der Zeitgenossen vollständig. Sie erlebten die Stunde, in der Augustus das mächtige Imperium in seiner Hand hielt, als *das goldene Zeitalter und Friedensreich* ohnegleichen. Und in der Tat, wo war je die Welt in solchem Maße in gigantischer Größe geeint und vor Krieg und Revolution gesichert gewesen? Wo man hinsah, standen von Britannien bis zur Sahara, von Spanien bis an den Euphrat römische Legionen als starke Macht. Wohin man wanderte, führten Verkehrsmittel und später auch Straßen zu den wichtigsten Punkten. Kein Wunder, daß die Zeitgenossen mit ihrem Lob nicht sparten und Augustus den »Wohltäter«, den Erfüller der Väterhoffnung, den Retter und

[3] L. Friedländer, Darstellungen aus der Sittengeschichte Roms in der Zeit von Augustus bis zum Ausgang der Antonine, 3 Teile, Leipzig 1862–71, 10. Aufl. 4 Bde. 1921–23

Bringer des »Evangeliums« nannten. Dazu kam, daß Dichter und Künstler aller Art, Philosophen und bedeutende Geister den kaiserlichen Hof mit einem Ruhm erfüllten, wie ihn Rom bis dahin noch nie gesehen hatte. Sie sind es, die »das ewige Rom« im Kaisertum vollendet sahen, die mit der Kaiserverehrung den Weg zur Staatsreligion beschritten, die bald zur Anbetung seines Genius und schließlich seiner Person entwickelt wurde.

Im Jahre 1898 fanden deutsche Forscher in Priene folgende, wahrscheinlich aus dem Jahr 9 v. Chr. stammende Entschließung eines Landtages, den Jahresanfang auf den 23. September, den Geburtstag des Kaisers Augustus, zu legen:

»Dieser Tag hat der ganzen Welt ein anderes Aussehen gegeben, sie wäre dem Untergang verfallen, wenn nicht in dem nun Geborenen für alle Menschen ein gemeinsames Glück ausgestrahlt wäre. Richtig urteilt, wer in diesem Geburtstag den Anfang des Lebens und aller Lebenskräfte für sich erkennt; nun endlich ist die Zeit vorbei, da man es bereuen mußte, geboren zu sein. Von keinem andern Tag empfängt der einzelne und die Gesamtheit so viel Gutes, als von diesem allen gleich glücklichen Geburtstage. Unmöglich ist es, in gebührender Weise Dank zu sagen für die so großen Wohltaten, welche dieser Tag gebracht hat. Die Vorsehung, die über allem Leben waltet, hat diesen Mann zum Heile der Menschen mit solchen Gaben erfüllt, daß sie ihn uns und den kommenden Geschlechtern als Heiland gesandt hat; aller Fehde wird er ein Ende machen und alles herrlich ausgestalten. In seiner Erscheinung sind die Hoffnungen der Vorfahren erfüllt, er hat nicht nur die früheren Wohltäter der Menschheit sämtlich übertroffen, sondern es ist auch unmöglich, daß ein größerer käme. Der Geburtstag des Gottes hat für die Welt die an ihn sie knüpfenden Freudenbotschaften (Evangelien) heraufgeführt.«

Freie und Sklaven – die sozialen Probleme bleiben ungelöst

Und dennoch, wer sich nach solchen Lobeshymnen ein Gesamtbild der damaligen Zeit machen würde, ginge völlig fehl. Gerade Friedländer gibt uns erschütternde Einzelheiten von der Not der rasch wachsenden Städte, wie etwa Korinth und Rom. Wohnungselend und Zerrissenheit der Familien reden bei diesen internationalen Handelsplätzen eine unüberhörbare Sprache. Vielleicht ist Uhlhorns bekanntes Wort von der *»Welt ohne Liebe«* nicht zu hart. Hatte der Staat den Willen und die Kraft, den immer spürbarer werdenden Übeln an die Wurzel zu gehen? Man wird nicht gleich mit den sozialen Forderungen der Gegenwart kommen dürfen und doch die Grundfrage stellen müssen, ob nicht die Handhabung von Gerechtigkeit und Milde eben doch in bestimmten Grenzen bleibt.

Das römische Bürgerrecht schied den freien Mann vom Sklaven, aber gab es auch für den Sklaven ein Recht? Für den Hungernden bot man Brot und Spiele, aber war das mehr als Opium? Die Frage drängt weiter nach den ethischen und religiösen Hintergründen des Staates. Woher nehmen Augustus und seine Regierung die Maßstäbe in der Behandlung der Völker, in der Formung der Gesetze, in der Leitung der Heere? Zweifellos, es ist nicht nur der alte militärisch-rechtliche Römergeist, sondern *das Erbe aus der Lebenskunst Griechenlands*, das hier zum Ausdruck kommt. Aber wohin weist es?

3. *Worauf gründet sich die Weltanschauung der Griechen?*

Wer heute vom Boden des klassischen Idealismus die Menschen und Dinge durchdenkt, beobachtet die große Zahl selbständiger Persönlichkeiten, die in kurzem Zeitraum von Julius Cäsar († 45 v. Chr.) bis zu den Kaisern Tiberius, Trajan oder Commodus (180–192) auftreten. Sie stammen alle mehr oder weniger aus der *Schule des Hellenismus*. Darunter verstehen wir den Versuch, *vom einheitlichen Grundcharakter der griechischen Kultur aus der gesamten Umwelt das gleiche Gepräge zu geben*. Da gilt zunächst der Leitsatz: immer der Erste zu sein und hervorragend unter allen. Was die größten unter den Philosophen gelehrt hatten, ist die Wurzel zu dieser Höchstleistung: die Hingabe an die *innere Stimme des Gewissens* (das Daimonion des Sokrates), an die *über uns waltende und gestaltende Idee* (Plato), *an den Staat und seinen Gemeinschaftswillen* (Aristoteles). Diese Tugenden der Pflichttreue bis zum letzten Atemzug lebten, wenn man den Darstellungen – vor allem der des Tacitus – Glauben schenkt, in den großen Kaisern, die als Soldaten, Politiker und Verwalter und Mehrer des Reiches ihr Bestes leisteten. Es zieht sich eine einzige Linie von Julius Cäsar bis zum Stoiker Marc Aurel (160–180). Sie alle sind Römer und doch zugleich Träger des Hellenismus. Aber schon hier muß man die Frage erheben, ob dieser Pflichtbegriff von der Stoa her genügte, ob er den tatsächlichen Aufgaben gewachsen war.

4. *Östliches und westliches Denken in den Religionen*

Römischer Synkretismus

Man ist heute der Meinung, daß schon Augustus das alte Römertum nicht mehr erneuern konnte, weil ein fremder Geist vom Orient her seinen verderblichen Einfluß ausgeübt habe. Zwar will der Kaiser den alten Gottesdienst der Vorfahren wieder aufrichten, die Tempel in neuer Pracht wieder erstehen lassen, aber daneben duldet er schon die göttliche Ehrung seines Namens und dies nicht nur im Osten, sondern teilweise auch im Westen. Nicht anders hatten es in früheren Jahrhunderten die Herren von Babylon, Assur und Ägypten gehalten, vor allem aber Alexander der Große. *Neben die*

Nationalgottheiten tritt nun allmählich der eine regierende »Herr«, und umgekehrt sammeln sich in der Kaiserstadt alle Kulte der Welt im gewaltigen Pantheon. Damit ist aber schon der entscheidende Zug der Zeit angedeutet, der *Synkretismus*, der Mischgeist. In noch höherem Maß als in der Philosophie verband man im religiösen Leben die mancherlei Richtungen durch eine Auswahl (Eklektik). Ein buntes Bild steht hier vor unseren Augen auf. Irdische Hoffnungen auf ein Friedensreich vermischen sich mit der innersten Sehnsucht nach einem geheimnisvollen, erlösenden Mysterium, ja, nach einem Heiland, wie ihn Israel im Messias erwartete. Osten und Westen vereinen sich nicht nur politisch, kulturell und wirtschaftlich, sondern im gemeinsamen Blick auf die »glück- und segensvolle Zeit«, der »das ganze All in Lust und Heiterkeit entgegenharrt«. In feierlicher Weise ließ Kaiser Konstantin gerade diese Sätze des alten römischen Klassikers Vergil bei der Eröffnung des nicänischen Konzils im Jahre 325 vorlesen. *Weder Griechen noch Römer verlangt nach Erlösung.*

Es ergäbe aber ein falsches Bild, wenn man von solchen Erwartungen auf eine innerlich erschütterte, unsicher gewordene Menschheit schließen wollte. Das gilt in erster Linie für die von religiöser Sehnsucht ergriffenen unteren sozialen Schichten. *Der stoisch-epikureische Philosoph, der Gebildete, trägt dagegen durchaus selbstbewußte Züge. Er ist vor allem Individualist;* er weiß sich dem Druck des öffentlichen Lebens immer wieder durch seine Innerlichkeit oder durch den maßvollen Genuß zu entziehen. Sattheit, Genußsucht und Sicherheit sind jedenfalls im Zeitalter des Augustus eher zu finden als hochgespannte Erlösungssehnsucht. Krasseste Selbstbehauptung bestimmt den Gesamteindruck und läßt den Mangel an Selbstvertrauen, wie er dann doch bei Kaiser Tiberius sichtbar wird, durchaus nicht in den Vordergrund treten.

Man hat nun für die beginnende Erschütterung des Lebensmutes den Orient und im geheimen das Christentum verantwortlich gemacht. Wo aber dieser Vorwurf gegen das Evangelium versteckt oder offen erhoben wird, stehen Menschen zum erstenmal vor dem Ärgernis einer Botschaft, die den Menschen aller Zeiten eine Narrheit ist und bleiben muß. Wir haben jedenfalls keinen Grund, diesen Widerstand durch irgendeinen Versuch der Harmonisierung zu verringern.

Das Evangelium traf im ganzen *nicht auf eine nach Erlösung verlangende Welt. Es traf den Individualisten im Griechen wie den Ästheten,* dem sein eigener innerer Besitz zum Heiligtum geworden war. Hier mußte es zum Kampf auf Tod und Leben kommen. Und es traf *den Kollektivisten im Römer, den Mann des Staates und seine organisierende Macht.* Und auch hier mußte das Ärgernis auftreten. Das aber ist der Anfang der Kirchengeschichte auf dem Boden des römischen Imperiums. Die »Fülle der Zeit« kann jedenfalls nicht aus einer Gesamtlage, nicht geistesgeschichtlich erklärt werden, sondern nur von der Botschaft aus, die als die große Entscheidung allen Widerstand und alle Sehnsucht aufdeckt.

Wie weit ein ehrlich suchender Heide kommen kann, mag ein Wort des Philosophen Epiktet (100 n. Chr.) zeigen:

»Erhebe einmal den Nacken wie ein von der Sklaverei Losgekommener, wage es, im Aufblick zu Gott zu sagen: Brauch mich hinfort, wozu du mich immer willst, ich bin einverstanden mit dir, dein bin ich. Ich bitte um Abwendung vom Nichts. Was dir gefällt – führe, wohin du willst; lege mir das Gewand an, das du willst. Willst du, daß ich zur Regierung gehöre, daß ich Privatmann sei, daß ich bleibe, verbannt fliehe, arm, reich sei, ich werde dich wegen dieses alles vor den Menschen rechtfertigen.«[1]

Warum muß das Evangelium auch dieser Freiheit des Menschen, dieser starken Ichgelöstheit gegenüber nicht nur ein Ja der Erfüllung (Phil. 4,12!), sondern auch ein Nein sprechen? Warum erhebt sich dieser machtvolle Stoizismus gegen die Botschaft vom Kreuz?

Das sind Fragen an die Verkündigung der ersten Christenheit.

Kulte im römischen Reich

Kybele (phrygische Muttergottheit; röm.: Magna Mater = Große Mutter und **Attis** (phrygisch. von Kybele geliebter Gott mit orgiastischem Kult; schon unter Kaiser Claudius anerkannt); Höhepunkt Anfang 3. Jh.

Isis (Muttergottheit) und **Osiris** (alexandrinisch-hellenistisch Serapis); Auferstehungsmysterium.

Baalim (syrisch); gefolgt um 200 von **syr. Sonnengott,** dessen einziger Priester der Herrscher sein muß; Kaiser Elagabal (218–222) übernimmt diesen Priesterdienst.

Mithras (indo-europäischer Gott) seit 14. Jh. v. Chr. bekannt, im röm. Reich v. 1. bis 5. Jh. verehrt, mit der Ausbreitung des Perserreiches über Kleinasien nach Rom gekommen; Mysterien breiteten sich mit den römischen Heeren und Kaufleuten in das ganze Reichsgebiet aus; die kultische Mahlzeit wurde von den Kirchenvätern als Nachahmung des Abendmahls verstanden. Die Tendenz, römische Universalreligion zu werden, wurde von Konstantin d. Gr. unterbunden. Ab Ende 4. Jh. wurden über vielen Mithräen Kirchen gebaut.

Kaiserkult – von Alexander dem Großen und den Diadochen übernommen. Bis zu Diokletian galt als offizieller Staatskult nur die Verehrung des toten Kaisers.

1 K. Prümm, Religionsgeschichtliches Handbuch für den Raum der altchristlichen Umwelt, 1943

TEIL I

Die frühe Kirche

1. Kapitel

Die Urgemeinde in Jerusalem

1. *Die Grundelemente des Gemeindelebens*

Selten ist eine verhältnismäßig kurze Zeit so verschieden beurteilt worden wie die kleine Spanne der Jahre zwischen 30 und 70 n. Chr. Es bieten sich tatsächlich eine ganze Reihe Perspektiven zur Beurteilung dieser Zeit an, für die als wichtigste Quelle die Evangelien und besonders die Apostelgeschichte herangezogen werden müssen. Es handelt sich um die erste Gemeinde in Jerusalem. Ist hier »urchristlicher Enthusiasmus« am Werk? Bestimmt er die Gütergemeinschaft, das Zurücktreten der Ämter, die allgemeine Formlosigkeit? Oder ist es die nahe Erwartung der Wiederkunft des Herrn? Bestimmt die Eschatologie das Bild?

Beide Anschauungen über die Urchristenheit, die *enthusiastische* und die *eschatologische*, tragen gemeinsame Züge. Sie schildern beide den Geist der ersten Christen als schwärmerisch-erregt. Hier entsteht darum sofort die Grundfrage, *wie wir uns den Geist von Pfingsten zu denken haben.*

Weiter aber stellt sich der Gesamteindruck meist so dar, als hätten wir es mit einer idealen Gemeinde zu tun, die bis auf die wenigen Ausnahmen in ihrer Mitte eine später nie mehr erreichte Höhe gebildet habe. Unter verschiedenen Bedingungen wäre es nach dieser Auffassung zu einer Blüte gekommen, die nur einmal der Christenheit in solcher Fülle und Reinheit beschert worden sei. Unser Verhältnis zu den Vorgängen dieser Zeit der »ersten Liebe« kann dann nur das des Staunens und der Bewunderung sein. Vom Glauben sind wir aber damit geschieden, von dem Glauben, der in der Urgemeinde den gleichen Geist walten sieht, den Geist, der auch unsere Geschichte bestimmt.

Dem Leser der Apostelgeschichte fällt in der Beobachtung der Anfänge in Jerusalem ein Doppeltes auf: *Die ersten Christen halten – dem Beispiel Jesu und seiner Apostel folgend – am Tempel fest und damit, soviel an ihnen ist, am Volkszusammenhang*[1]. *Dieselben Menschen haben aber untereinander eine solche Gemeinschaft, daß auch Verfolgung und Tod sie nicht auseinanderzureißen vermögen.* Mit Enthusiasmus ist diese in Nüchternheit bis zum äußersten durchgehaltene Spannung schlechterdings nicht zu erklären. Diese Scheidungskraft und zugleich diese starke Gemeinschaft gilt aber nicht nur gegenüber dem Tempel, sie ist zugleich das Geheimnis, das sich als heilige Furcht[2] auf die eigenen Reihen legt. Niemand in der Gemeinde kann ohne Buße leben, alle unterstehen der Zucht des Geistes, der die frommen Betrüger mit vernichtendem Gericht töten kann[3]. *Wir haben kein ideales Bild einer sündlosen Gemeinde.* Was Lukas von einem besonderen Fall (Ananias und Saphira) berichtet, stimmt durchaus zu den Schilderungen in den paulinischen Gemeinden. Darum auch andererseits die *Beweglichkeit in der Anordnung der Dienste.* Niemand besitzt ein Amt mit »unverlierbarem Charakter«, und keiner vermag sich auf seinen Dienst zu versteifen. Die Apostel geben die Diakonie ab, um für die Wortverkündigung und das Gebet frei zu bleiben – und die Diakonen wie Stephanus und Philippus haben nicht nur den Brotdienst, sondern bezeugen, was auch sie »nicht lassen können«, und niemand in der Gemeinde wehrt ihnen[4].

2. *Der Missionsauftrag Jesu*

In solcher festen Ordnung und steten Beweglichkeit, der Gemeinschaft der Güter und der Freiheit des Besitzes vollzieht sich mit der Gemeindebildung auch der *Missionsauftrag*. Das Zeugnis an Israel führt zum Wort an die Samariter und Heiden. *Wir fragen:*

Woher empfangen alle diese Spannungen ihre wirkungsmächtige Kraft?

Ruft die Eschatologie: Nur ein kurzer Lauf und alles ist gewonnen?

Sieht der Enthusiasmus die Wirklichkeit der Lage, die Unhaltbarkeit der Zustände in Jerusalem nicht?

Muß nicht durch den Bruch mit der Synagoge die allerschwerste Krisis kommen, die schließlich auch an die wirtschaftlichen Wurzeln geht?[5]

Sind die Führer blind, wenn sie ihre Leute dem täglichen Angriff der Jerusalemer aussetzen?

Hat es Sinn, gegenüber dem geballten Widerstand der Schriftgelehrten

[1] Apg. 3, 1–10
[2] Apg. 2, 43; 5, 12
[3] Apg. 5, 1–13
[4] Apg. 6–8
[5] Joh. 16, 2

und religiösen Parteien an einem Ort auszuharren, der dem Untergang geweiht ist?

Ist die Gütergemeinschaft nicht ganz wesentlich ein Notausdruck angesichts des geschlossenen Boykotts der Judenschaft?

Man muß sich die Fragen schon in dieser Zuspitzung stellen, um sich darüber klar zu werden, ob wir es mit Fanatikern zu tun haben oder mit Menschen eines nüchternen Glaubensgehorsams. Man muß zu der Entscheidung geführt werden,

- ob die Ausgießung des Geistes zu Pfingsten eine legendenhaft geschmückte Geschichte ist, die außerhalb des Verlaufs der Dinge steht – oder
- ob von diesem Geist aus allein die genannten Spannungen zu fassen sind. Und man wird schließlich auch fragen,
- ob dieser Geist mit dem schweren Verlauf gerechnet hat oder von den Ereignissen überrascht wurde. Am Sterben des Stephanus kommt es zur Entscheidung, ob hier der Ekstatiker, der seiner Sinne nicht mehr mächtige, seinen letzten Kampf kämpft – oder gerade der Mann, der auch die Lage seiner Feinde noch mit vollem Wachsein wahrnimmt und darum für sie bittet[6].

3. *Der Kampf mit der Synagoge*

Die Taufe schließt den Bruch mit der Synagoge ein und versetzt in der Bindung an Christus in die Gemeinde derer, die der christuslosen Welt entnommen sind. Taufe in der Gemeinde Jesu ist immer auf den Tod des Herrn hin geschehen.

Und wenn man am Herrentisch zusammenkommt, *um das Mahl zu feiern,* was anders steht im Mittelpunkt als das Kreuz? Wir entstellen die Urgemeinde am entscheidenden Punkt, sobald wir ihr dieses Zentrum absprechen.

Ihr Auge war nicht auf die Glut ihres Glaubens gerichtet, sondern *auf den kommenden Herrn.* Sein Ruf klingt noch nach in der Mahnung seines Apostels: »Seid nüchtern und wachet!«[7] Es liegt kein Grund vor, zwischen diesem Wächterwort und der tatsächlichen Lage der ersten Gemeinde einen Bruch festzustellen.

In den harten Spannungen zwischen Tempel und Gemeinde, zwischen Gesetz und Evangelium, zwischen Priestern und Aposteln, zwischen Gegen-

[6] Apg. 7, 54–60
[7] 1. Petr. 5, 8

wart und Enderwartung hielten Jesu Jünger nicht in der Kraft einer Gefühlswallung aus, sondern *durch den Geist, der sie mit Christus und seiner alle Trennung aufhebenden Vergebung verband.* Wer aber diese Gabe empfing, der wußte, daß ihm der Geist geschenkt war als die Kraft aus der Höhe[8]. Am zusammenfassenden Wort des Lukas: *»Sie blieben aber beständig in der Apostel Lehre und in der Gemeinschaft und im Brotbrechen und im Gebet«*[9] wird kein ruhendes Bild sichtbar, sondern das von Christus selbst gewirkte Werden, das unter Kampf und Leiden, unter Sünde und viel Versagen zu jeder Stunde das Wesen der lebendigen Gemeinde bestimmt.

Es bleiben auch so noch eine Fülle von Fragen an die Urgemeinde, Fragen, die erst im Zusammenhang der paulinischen Missionsarbeit zu beantworten sind. Nicht von irgendeinem Chronisten stammt das Bild dieser ersten Christenheit, sondern von einem Zeugen. Es ist alles im Aufbruch einer ungeheuren Bewegung, eines nach vorn gerichteten Missionsauftrages. Im einzelnen gilt es, die Frage nach den Ämtern, nach der Gemeindezucht, nach der Ausbreitung über Jerusalem hinaus und dem Verhältnis zu den Heiden im Rahmen der von Paulus bestimmten Epoche zu besprechen.

Literatur

G. Bornkamm, Jesus von Nazareth, 1957
O. Cullmann, Petrus, 1951
F. F. Bruce, Zeitgeschichte des Neuen Testaments I 1975 II 1976
H. Lamparter, Wer ist Jesus? o. J.

2. Kapitel
Paulus

Die Gemeinde breitet sich nach Norden in die heidnische Welt aus – Paulus, ihr Verfolger, wird zum Motor dieser Mission – Er kämpft an zwei Fronten; gegen mosaisches Gesetz und menschliche Philosophie, beide als Heilsangebot – Paulus ringt um die Einheit der Gemeinde aus Juden und Heiden – Das Verhältnis zur Obrigkeit – Rom löst Jerusalem als Basis der Gemeinde ab.

[8] Apg. 1, 8
[9] Apg. 2, 42

1. *Sein jüdisches und griechisches Erbe*

An der sich schnell ausbreitenden Mission hat Paulus die Christen kennengelernt, um selbst dabei auf überraschendem Wege aus ihrem grimmigsten Gegner der führende Missionar des ersten Jahrhunderts zu werden. *Das Martyrium des Hellenisten Stephanus* um das Jahr 30 mag der erste mächtige Eindruck gewesen sein, den er von der neuen Bewegung empfing[1]. Dieser Blutzeuge starb auf Grund einer Verteidigung, die nicht für seine Person, sondern um den Glauben seiner Hörer warb. Die daraufhin in Jerusalem ausbrechende *Verfolgung trägt* nun gerade *zur Ausbreitung des Evangeliums nach Judäa und Samaria bei*[2]. Und wiederum ist es Paulus, der bis hin nach Damaskus die in seinen Augen verderbliche Sekte zu unterdrücken sucht[3]. Die Ausdehnung der Gemeinde Jesu nach Norden in die heidnische Welt hinein[4] und diese Anstrengung des sie verfolgenden Pharisäers stehen in unmittelbarem Zusammenhang.

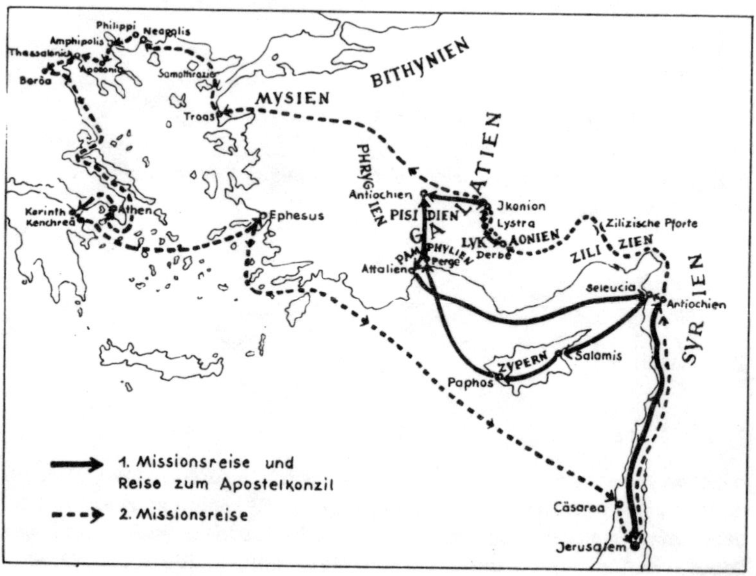

[1] Apg. 7, 58; 8, 1
[2] Apg. 8, 1–4
[3] Apg. 8, 3; 9, 1. 2
[4] Apg. 10–11, Cornelius

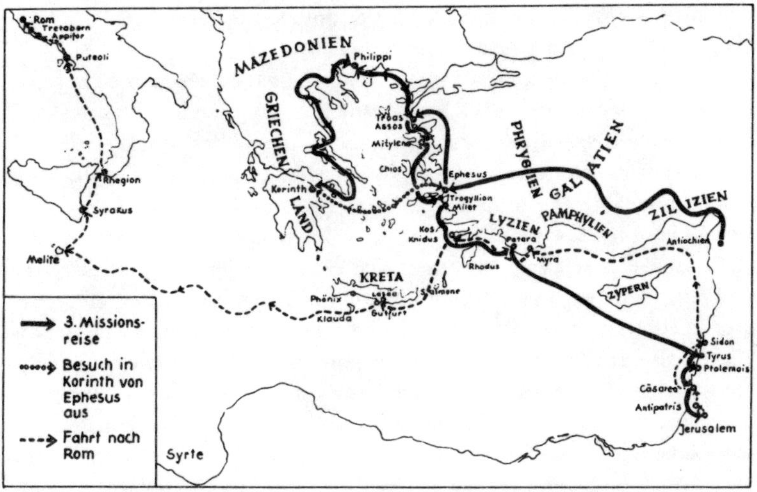

Zur Chronologie des Paulus dient der Erlaß des Kaisers Claudius an die Stadt Delphi, nach dem Gallion (Apg. 18, 12) Prokurator von Achaja war, und zwar im Mai 51. Dann ist Paulus nach Apg. 18, 11 im Frühjahr 50 nach Korinth gekommen. Zwischen Apostelkonzil (Ende 48 bis 49) und Korinth liegt die 2. Missionsreise; auf die Bekehrung führen von 49 an 17 Jahre rückwärts (Gal 1, 18; 2, 1), also etwa auf das Jahr 32. Ist er nach Apg. 26, 10 »ordinierter Rabbi« gewesen, dann zählte er im Jahre 32 schon 40 Jahre.

Wie kein anderer Apostel ist *Paulus* für seinen kirchengeschichtlichen Beruf vorbereitet. In ihm hat sich *der Jude, der Grieche und der römische Bürger* in außerordentlicher Weise vereinigt. Er hat nie verleugnet, daß er »ein Hebräer von Hebräern«, ein Pharisäer nach dem Gesetz und zwar mit ungewöhnlichem Eifer war[5]. Wäre er nicht Christ geworden, hätte man in der Synagoge seinen Namen neben Jochanan ben Zakkai genannt. Als einer, der selbst durch die Tiefen des Gesetzes gegangen war, ist er dazu berufen, der Gemeinde den entscheidenden Dienst zu tun. Es lagen im Judenchristentum Jerusalems genug Tendenzen vor, den pharisäischen Sauerteig in sich aufzunehmen. Wer anders war berufen, die Trennung von dem Schriftgelehrtentum Israels bis zur Wurzel zu vollziehen, als Paulus, der Theologe. Und er hat sie vollzogen, wie seine Briefe an die Galater, Römer und Philipper zei-

[5] Phil. 3, 5 f; Gal. 1, 13 f.

gen, nicht als Revolutionär in Opposition zum Druck des Gesetzes, sondern als der »von Christus Jesus Ergriffene«[6].

Er stand bei Damaskus nicht auf dem Gipfelpunkt der Frömmigkeit, indem er etwa von der Gesetzlichkeit zur Mystik überging, sondern im gewaltigen Abbau seiner Religiosität, die er nun als Schaden und Kehricht bezeichnete[7]. *Daß der von ihm verfolgte Gekreuzigte der Messias war, unwidersprechlich, mit der unbedingten Macht eines Herrn, der sein, des Paulus, Leben in die Gewalt bekam – das ist das Ereignis jener Geburtsstunde im Leben des Apostels.* Er wußte seitdem, warum er sich einen Knecht dieses Gekreuzigten und Auferstandenen nannte. Ihm war mit zwingender Klarheit die Todesgrenze aufgerissen worden, wo sich Frömmigkeit in edelster Gestalt und Glaube als auf Christus und seine Tat geworfenes Dasein scheiden. Daß er diese Grenze aufrecht erhielt und nicht entwich in eine Welt des Verdienstes und eigenen Ruhmes unter Juden und Griechen – vor allem auch in den eigenen Gemeinden –, das ist der Kampf des Glaubens, den er durchgehalten hat bis zuletzt[8]. So kommt es, daß der Sterbende der Lebende ist und der »vornehmste Sünder« die freie Gnade am mächtigsten rühmt[9].

2. *Sein Ringen um die Einheit des Leibes Christi*

Ist Paulus das Rüstzeug, um das Evangelium aus der jüdisch-gesetzlichen Verklammerung zu lösen, dann hat er damit auch den Weg zum Griechentum gebahnt und den *weltumspannenden Auftrag* übernommen, Herold der frohen Botschaft unter den Völkern zu sein. Sein Weg führt Schritt für Schritt aus der Enge in die Weite. Tarsus mit seinen starken und philosophisch ausgebauten Schulen gab ihm die Grundlage, die ihn später befähigte, den Kampf mit dem griechischen Denken aufzunehmen. Gamaliels pharisäische Schule in Jerusalem hat diese Grundlage nicht verschüttet[10]. Cilicien und Syrien, namentlich Antiochia, die Stadt der ersten »Christen« mit diesem Namen[11], übt den später auf Reisen befindlichen Pioniermissionar in der Zusammenarbeit mit anderen und in der zähen Beharrlichkeit des ortsgebundenen Dienstes. Dann aber führt ihn, zuerst mit dem Judenchristen *Barnabas* (Levit aus Cypern) zusammen, der Weg zu den Heiden nach Cypern

[6] Phil. 3, 12
[7] Phil. 3, 7 f.
[8] 2. Tim. 4, 6–8
[9] 1. Tim. 1, 15
[10] Apg. 22, 3
[11] Apg. 11, 26

und Kleinasien, von dort nach der Trennung von Barnabas zunächst um Ephesus herum nach Griechenland und endlich in das lang erstrebte Ephesus[12]. Überall wird *Paulus* auf diesen Reisen *der Begründer heidenchristlicher, d. h. vom mosaischen Gesetz befreiter Gemeinden,* nachdem sein Einsatz in der Synagoge von Ort zu Ort zu scharfer Feindschaft geführt hat.

Eine neue Kirche bahnt sich an, deren Verhältnis zur alten, in Jerusalem sich bildenden Judenchristenheit sehr bald Klärung erfordert. Um das gesetzesfreie Evangelium und damit zugleich um seine eben entstandenen Gemeinden in Kleinasien muß Paulus auf dem sogenannten *Apostelkonzil* im Jahre 48/49 ringen. Ihm geht es um mehr als um den Bestand seiner Arbeit, denn er ist sich bewußt, daß es sich hier um das Evangelium selbst und seine Reinerhaltung handelt.

Um diese in Apostelgeschichte 15, 1–34 und Galater 2, 1–10 berichtete Versammlung der Apostel ist unter Führung des Tübinger Theologen F. Chr. Baur im vorigen Jahrhundert eine äußerst lebhafte Auseinandersetzung entstanden. Man glaubte, aus dem Unterschied beider Berichte den Riß und Streit zu erkennen, der Juden- und Heidenchristen schied. Dahinein zog man auch die Begegnung von Paulus und Petrus in Antiochia[13]. Heute sieht man das gesamte Bild ruhiger an, ohne zu verkennen, welch kirchengeschichtlich bedeutsamer Augenblick die Wende des Jahres 48 auf 49 bestimmte. Wurde wirklich beides erreicht, *die Freiheit der heidenchristlichen Gemeinden vom jüdischen Gesetz und die Freiheit der Judenchristen in der Beibehaltung des Gesetzes als einer Lebens-, aber nicht Heilsordnung,* dann hat nicht kleinliche Ehrsucht und Gehässigkeit, sondern der Herr seiner Gemeinde selbst jene Stunde bestimmt. Die »Hand der Gemeinschaft«[14] zwischen den führenden Männern in Jerusalem, Petrus, Johannes und dem Herrenbruder Jakobus einerseits, und Paulus und Barnabas andererseits, beruht auf der Gewißheit, *trotz der Verschiedenartigkeit der Arbeitsgebiete zu der einen Ekklesia* zu gehören, *die* nicht nur von Jerusalem ausgegangen ist, sondern *in Christus ihr gemeinsames und lebendiges Haupt besitzt.* Weder die Noachitische Ordnung (1. Mose 9, 4–6) noch das Ersuchen, den Armen von Jerusalem Gaben zu spenden, kann als ein unbilliges Verhalten erachtet werden, drückte es doch gerade die nicht nur geistliche, sondern oft genug

[12] *1. Missionsreise* Apg. 13 und 14: Von Antiochia nach Cypern, Perge, Antiochien in Pisidien, Ikonion, Lystra, Derbe. *2. Reise* 15, 36 – 18, 22: Von Antiochia über Derbe, Lystra, Phrygien, Galatien, Mysien, Troas nach Philippi, Thessalonich, Beröa, Athen und Korinth. *3. Reise* 18, 23 – 21, 14: Von Antiochia über Galatien, Phrygien nach Ephesus, dann nach Griechenland, Troas, Milet, Tyrus und Cäsarea.
[13] Gal. 2, 11 ff.
[14] Gal. 2, 9

materielle Verbundenheit beider Gruppen und ihre gegenseitige Rücksichtnahme aus.

Freilich, es blieb auch eine Gruppe judenchristlicher Fanatiker, die von dieser Stunde an in Paulus ihren Todfeind erkannten und ihm in seiner Missionsarbeit den schwersten Widerstand entgegensetzten. Von ihnen hat der Apostel als von »falschen Brüdern« gesprochen[15].

3. Christ und römischer Bürger in Freiheit und Gehorsam

Paulus hat der Kirche nicht nur zur Klärung ihres Verhältnisses zur Judenschaft und zum Griechentum verholfen. Als Inhaber des römischen Bürgerrechts ist ihm der *Staat eine lebendige Größe* geworden. Die *Ethik seiner Briefe* bleibt nicht beim Individuellen hängen, sondern *dringt zu den Ordnungen vor, die uns mit der Gemeinschaft in Christus und mit unseren politischen Bindungen in der Welt gegeben sind.* Die positive Wertung der Obrigkeit, und noch dazu der des Nero, wird durch die Benützung des Bürgerrechts in kritischen Situationen seines Lebens beleuchtet[16]. Wie frei vom Gesetz Paulus ist und wie er gleichzeitig Normen aufrichtet[17], wird an diesen Vorgängen deutlich erkennbar. Er sah diesen Äon im argen liegen[18] und befand sich doch nicht in einem Pessimismus, der seine Liebe gelähmt und seine Hoffnung verkümmert hätte. Die Freiheit, nach der Jerusalem hungerte, von der Griechenland träumte – hier gewann sie im Handeln eines Mannes Gestalt und schuf eine neue Geschichte. Das Gesetz, des Juden Stolz und des Griechen ideale Norm und Tugend, hier wuchs es als »Gesetz des Geistes des Lebens«[19] und stellte den Christen mitten in die Welt und doch nicht ihr gleich, hinein in den neuen Gehorsam[20]. Was an heißem Kampf mit dem griechischen Geist in Korinth durchgerungen wurde, ist im Zeugnis der beiden an diese Gemeinde gerichteten Briefe für alle Zeiten der historische Erweis, wie nahe der Apostel den Menschen seiner Zeit war und wie er den Zusammenhang von Einheit und Freiheit, Gabe und Dienst, Erkenntnis und Weisheit, das Verhältnis von Mann und Frau verstand und im Evangelium erfüllt sah.

[15] 2. Kor. 11, 26
[16] Apg. 16, 37 in Philippi, 22, 25 in Jerusalem, 24, 11 in Cäsarea die Berufung auf den Kaiser, vgl. 26, 32
[17] Röm. 3, 31
[18] Gal. 1, 4
[19] Röm. 8, 2
[20] Röm. 12, 1. 2

Ein Mann, der so »zweier Zeiten Schlachtgebiet« (K. G. Meyer) erfaßt, erlebt nicht nur Geschichte, sondern wird *ihr Deuter im prophetischen Weitblick.* Zweifellos hat er Jerusalems nahes Ende erkannt, und dennoch hofft er für Israel. Der ausgebrochene Zweig des Ölbaumes soll am Ende der Tage wieder eingefügt werden[21]. In der Zwischenzeit aber füllt den kirchengeschichtlichen Raum das Werden und Wachsen der Heidenkirche. Jerusalem – Korinth – Ephesus sind nicht der Abschluß. Rom und Spanien treten in sein Gesichtsfeld. Rom soll die neue Basis für den Westen werden wie einst das syrische Antiochia für den Osten[22].

4. *Rom als neue Basis für den Westen. Der zweite Horizont*

Hat er diese Ziele erreicht? Lukas sagt uns, wie freudig er den Weg nach Jerusalem ging. Über Cäsarea kommt er *nach Rom,* gewiß anders, als er dachte, nämlich *als Gefangener.* Hat er Spanien erreicht? Trotz der Andeutung des I. Clemensbriefes kaum[23]. Hier fehlt jedenfalls jede weitere Spur. Eindrücklich bleibt immer noch das Zeugnis der Pastoralbriefe, das auf eine letzte Reise von Rom aus nach dem Osten deutet, auf eine kurze Zeit neugeschenkter Freiheit zum Dienst an den alten Gemeinden. Auch hier vielleicht eine Erinnerung daran, wie anders es mit den Reiseplänen des Apostels wurde. Rom aber wird dann doch der Abschluß, der Ort, wo er wie Petrus das Martyrium findet. Unter dem Nahen des Todes, erfüllt von der hohen Sterbefreudigkeit des Märtyrers, steht der Philipperbrief und das wie ein Testament klingende Schlußwort aus 2. Timotheus 4, 6–8.

Etwa 40 Jahre nach diesem Sterben urteilte Clemens Romanus über Paulus folgendermaßen:

> »Infolge von Fanatismus und Anfeindung hatte auch Paulus den Preis der Standhaftigkeit aufzuweisen. Nachdem er siebenmal Fesseln getragen hatte, verbannt, gesteinigt, ein Herold im Osten und im Westen geworden war, hat er den herrlichen Ruhm seines Glaubens geerntet. Nachdem er die ganze Welt Gerechtigkeit gelehrt hatte, bis zum äußersten Westen gekommen und vor den Machthabern das Martyrium erlitten hatte, ist er so aus der Welt geschieden und an den heiligen Ort gegangen, indem er das größte Vorbild der Standhaftigkeit geworden ist« (a.a.O. 5, 6.7).

Wie in Granit gemeißelt stehen diese Sätze da. Als ferner Nachklang erscheinen die Worte Glaube und Gerechtigkeit. Aber sie werden erdrückt durch den *stoischen Ausdruck »Vorbild der Standhaftigkeit«.* Es ist im

21 Röm 9–11
22 Apg. 19, 21; Röm. 15, 22–29
23 Brief an die Korinther (um 100) 5. Kap.

Grunde nicht diese und jene Einzelheit, die das Bild des Clemens von dem des Neuen Testaments unterscheidet; hier liegt eine andere Grundanschauung vor. In den Paulusbriefen ist alles Leben und Sterben gestrafft in der Dynamik einer gewaltigen Eschatologie: zielwärts eilt der Wettläufer und empfängt den Siegeskranz. Bei Clemens tritt uns Statik entgegen. Sie wandelt die Tat, die keinen Selbstruhm kennt, in die tugendhafte, ideale Betrachtung.

Literatur

G. Eichholz, Die Theologie des Paulus im Umriß, 1972

A. Schlatter, Die Theologie des Apostels, 1922

W. v. Löwenich, Paulus, sein Leben und sein Werk, 1940

A. v. Harnack, Mission und Ausbreitung des Christentums in den ersten drei Jahrhunderten, 1924[4]

M. Green, Wie missionierten die ersten Christen? 1977

3. Kapitel

Die Kirche im apostolischen Zeitalter – 64 n. Chr.

Die Verfassung der Gemeinde – Die Kirche als überweltliche Größe ist zugleich irdisch, sichtbar und braucht Ordnungen – Ämter werden als Dienste verstanden: Presbyter, Bischof, Diakon – Charisma und Diakonie – Gemeindezucht – Die Gemeinde als Leib Christi

1. *Gnadengaben im Dienst der Gemeinde*

Das deutlichste Bild der apostolischen Gemeinden geben uns die paulinischen Briefe. Sie sind die Quelle erster Ordnung, die uns über die *Verfassung* der jungen Gründungen, über den *Gottesdienst* und das *Leben der Christen* Aufschlüsse vermitteln. Sie verschaffen uns im Zusammenhang mit den anderen Briefen des Neuen Testaments und der Apostelgeschichte einen Überblick über das Verhältnis der einzelnen Gemeinden zueinander.

Kann man im Blick auf die Gemeinden um das Jahr 60 von einer Verfassung sprechen? Im juristischen Sinne gewiß nicht! Denn die Kirche ist kein Verein, der sich auf feste Statuten gründet, sondern die »herausgerufene Versammlung« (Ekklesia), die Gott selbst durch sein Wort zusammen geführt hat und die zutiefst nicht vor ihrem eigenen Bewußtsein, sondern vor Gott steht. Damit ist sofort das Doppelte ausgesprochen, was sich durch die gesamte Geschichte der Kirche hindurchzieht: *Die Kirche ist* die in ihrem Ursprung und Ziel *überweltliche Größe*, in der sich die Kraft des Reiches Gottes auswirkt. Sie ist aber *zugleich die irdisch-sichtbare Erscheinung*, die Gemeinschaft der Glaubenden und durch Liebe und Hoffnung Verbundenen. Eben diese sichtbare Versammlung braucht ihrer wachsenden Ausdehnung und der Mannigfaltigkeit ihrer Aufgaben entsprechend Ordnungen. Wer die erste Christenheit nur als enthusiastisches Gebilde bezeichnet, muß wie Rudolf Sohm das Kirchenrecht allerdings als dem Wesen der Kirche widersprechend erklären. Übersehen wird hier aber gerade der entscheidende Punkt, daß zwischen Recht und Recht ein Unterschied besteht. Ist die älteste Christenheit eine freie Gemeinschaft, dann prägt sich das auch in ihren Rechtsordnungen aus und gibt ihr einen völlig anderen Charakter, als ihn ein Staat oder irgendeine Organisation des öffentlichen Lebens mit ihren jeweils eigenen Rechtsordnungen aufweist.

Die Ämter der Gemeinde

Das der Kirche eigentümliche Recht ist in den Gemeinden des ersten Jahrhunderts mit den Ämtern gegeben. Diese Ämter sind als *Dienst* verstanden, als *Diakonie*. Paulus nennt sich im Kampf um sein Amt einen Apostel, am liebsten aber den *Knecht* Jesu Christi[1]. Apostolat und Diakonat haben noch nichts mit der Rangordnung der späteren Hierarchie zu tun (s. Viktor I.); eher sind die sieben »*Almosenpfleger*« den Presbytern zu vergleichen, wie man sie schon in der Synagoge hatte. Anders ist es in den griechischen Gemeinden, wo »*Bischöfe und Diener*« nebeneinander genannt werden[2]. Aber gerade für diese »Bischöfe« wählte man keinen hochtrabenden Namen, sondern die schlichte Bezeichnung des »Bauaufsehers«. Man hat nicht einmal den Eindruck, als seien Bischöfe und Presbyter streng zu unterscheiden, wenigstens nicht dort, wo ihr Name noch in der Mehrzahl auftritt. Vom Bischof als Einzelperson hören wir erst in den Pastoralbriefen[3]. Doch kann auch hier noch an dieselben Männer gedacht sein, die Bischof und Presbyter zugleich sind. *Episkopos* würde dann die Bürde, *Presbyter* die Würde des Dienstes nennen[4].

Es ist jedenfalls alles in einem Fluß, der nicht einer enthusiastischen oder

[1] Apostel: 1. Kor. 9, 1; 15, 9; 2. Kor. 11, 5; Gal. 1, 1; 1. und 2. Kor. 1, 1; Knecht in den Briefanfängen: Römer, Phil., Tit. und Gal. 1, 10
[2] W. Staerk, Neutestamentliche Zeitgeschichte, 1907 II, S. 19. Vgl. Apg. 14, 2
[3] Phil. 1, 1; vgl. 1. Tim. 3, 8
[4] 1. Tim. 3, 1 ff; Tit. 1, 7

lediglich eschatologischen Quelle entspringt, sondern der einer jeweiligen, sehr geschichtlichen Lage entsprechend eine immer neue Reihe von Diensten begründet. Ihr Rechtsgrund liegt letzten Endes in dem Gebot der Liebe, die sich für die Bruderschaft verantwortlich weiß. Mann und Frau haben gleichen Rang in der Gemeinde. Das zeigen gerade die paulinischen Briefe mit ihren Hinweisen auf die Diakonie und die Ehe[5].

Charisma und Auftrag

Die große Lebendigkeit des Dienstes, die Entfernung von der Starrheit eines gesetzlich verstandenen Amtes, hat ihren Grund in der *Verbindung von Dienst und Gnadengabe, von Diakonie und Charisma*. Weil mit der Berufung des einzelnen ernst gemacht wird und nicht menschliche Willkür, sondern Gott selbst zum Amt berufen hat, darum ist die Mannigfaltigkeit nicht Subjektivismus, sondern Reichtum eines viel- und feingliedrigen Leibes. *Der eine, ordnende Geist wirkt die Einheit*[6]. Von hier aus wird verständlich, daß wir in den Gemeinden des Neuen Testamentes weder eine Demokratie haben, eine Herrschaft der Masse, die den einzelnen erdrückt, noch das Regiment einiger weniger Führer, die dem Gesamtgeist ihr Gepräge vermitteln. *Der einzelne ist nicht einsam, sondern dient der Gemeinschaft, und die Gemeinschaft hilft dem einzelnen in der Entfaltung seiner besonderen Gaben und Aufträge.* Das aber ist freie Gemeinschaft und darum die Lösung aus ganz schwerer Menschheitsnot, wenn weder der Individualismus noch der Kollektivismus die Führung haben. Daß in der Kirche dieser kurzen Jahrzehnte neben einem Paulus ein Petrus, Jakobus und Johannes, ein Barnabas und Apollos ihren sehr verschiedenen Auftrag als von Christus empfangen, ehren und gegenseitig fördern, das ist nicht Menschenwerk, sondern die Tat dessen, der den Seinen die Größe des Dienens bis zuletzt vorgelebt hat[7].

Es ist dabei nicht ohne ernste Spannung geblieben, wie die Auseinandersetzung zwischen Paulus und Barnabas und Paulus und Petrus in Antiochia zeigt[8].

Nicht in irgendeinem Perfektionismus, sondern in der Verbindung mit dem Herrn liegt die Kraft der Gemeinde. Das bezeugt das Ringen des Paulus mit seinen Korinthern[9]. Hat die Gemeinde Apostel, Lehrer, Propheten und Charismatiker mancherlei Art[10], dann muß es zum Kampf der Geister, zu

[5] Gal. 3, 28; 1. Kor. 16, 19; Phil. 4, 2 f.; Röm. 16, 1 ff; 1. Tim. 3, 11
[6] 1. Kor. 12; Röm. 12, 3–8; Eph. 4, 1–7
[7] Joh. 13, 1–15
[8] Apg. 15, 35–41; Gal. 2, 11 ff.
[9] 1. Kor. 4, 15 ff.
[10] Apg. 13, 1; 1. Kor. 12 und 14; Eph. 2, 20

sauberer Auseinandersetzung in den einzelnen Fragen kommen. Diese schwere Aufgabe hat Paulus in seiner kirchengründenden und vertiefenden Arbeit vollmächtig durchgeführt.

2. *Jesus reinigt und vereint seine Gemeinde an seinem Tisch*

Die Gemeindezucht

Mit dem Amt ist unlösbar die Zucht verbunden. Es ist bezeichnend, daß Paulus und die anderen Apostel, soweit uns ihre Briefe Einblick geben, diese Zucht nicht im Sinn des späteren kanonischen Rechts vollzogen haben. Der Sünder von 1. Korinther 5 wird feierlich aus der Gemeinde ausgeschieden, aber nicht durch Paulus allein, sondern in einer Gemeindeversammlung. Diese Trennung vollzieht sich in der Kraft des Christusgeistes[11]. Kein Anathema erfolgt aus einsamer Höhe. Mit dieser Zucht aber ist immer wieder die väterliche und brüderliche Ermahnung verbunden, die das Apostelamt vom Dienst der zarten, väterlichen Liebe nicht löst[12]. Die Festigkeit der neutestamentlichen Bruderschaft und die Freiheit und Freiwilligkeit des Miteinanders beruhen auf der *Einheit von Amt und Geist,* von Wahrheit und Liebe, von Glaube und Leben. Sie ist das Zeugnis, daß nicht ein menschliches Haupt, sondern Christus selbst seine Gemeinde leitet[13].

Die Gemeindeversammlung

Von den *Gemeindeversammlungen* gibt Paulus in 1. Korinther 14 ein anschauliches Bild. Auffallend sind der Reichtum und die Beweglichkeit, die Offenheit und doch wieder konzentrierte Art der Zusammenkünfte. Prophetie und Zungenrede, Psalmengesang und Lehrdarbietung – alles dient zur Erbauung der Gemeinde und *jeder einzelne trägt hierzu bei.* Dabei regiert nicht die Emotion der Stunde, sondern die Prüfung der Geister und Ordnung des Ganzen. Die Ordnung kann nicht durch ekstatische Orgien gepriesen werden. Darum müssen sich die Zungenredner dem Gesetz der Auslegung beu-

[11] 1. Kor. 5, 1–5
[12] 1. Kor. 4, 15; Gal. 4, 8–20 und oft.
[13] 1. Kor. 7, 35 und 40

gen. Darum ist die missionarische Aufgabe an den Ungläubigen oder auch Gästen (»Unkundige«) keinen Augenblick außer acht zu lassen. »Gott anbeten und verkündigen, daß Gott wahrhaftig in euch ist«[14] – das ist nur möglich, wenn das gewissentreffende Wort die Versammelten erfaßt.

Der Herrntag und das Herrnmahl

An die Stelle des Sabbats tritt in der ersten Christenheit der *»Herrntag«* (Kyriake) als der Beginn der Woche[15]. Er trägt den Charakter der Freude in der Gewißheit der Auferstehung Jesu, die diesem Festtag den Glanz verleiht. Mit der jüdischen Passafeier verbindet sich bald das Gedenken an das Leiden und Sterben Jesu als an das Osterlamm, das die Gemeinde vom Sauerteig der Bosheit trennt[16]. Ebenso gewinnt die Zeit vor Pfingsten ihre besondere Bedeutung in der Umwandlung des 50 Tage auf Ostern folgenden jüdischen Wochenfestes. Es ist die Freudenzeit der Kirche im Licht der Auferstehung, wiewohl der Pfingsttag selbst noch nicht zur christlichen Feier erhoben wird[17].

Neben die offene Veranstaltung tritt aber nach allem, was wir bei Paulus zu sehen vermögen, als zweite Form der Zusammenkunft *die geschlossene Abendmahlsgemeinschaft*. Zu ihr gehören die Getauften. Wie sie auf den Tod des Christus getauft sind[18], so sind sie als Jesu Gäste in der Verkündigung seines Todes[19] verbunden. Hier ist das Allerheiligste, wo der »Becher der Segnung« und das eine, gebrochene Brot die Einheit der Gemeinde als die unmittelbare Frucht des Sterbens Jesu bezeugen[20]. Von dieser nahen Gemeinschaft mit Christus aus ist das Maranatha, das dringliche »Komm, unser Herr«[21], laut geworden. So ist die Feier des Herrnmahles nicht der Rückzug von der Welt, sondern die Kraftquelle zur lebendigen Hoffnung. Die Liebesmahle (Agapen) scheinen getrennt vom Abendmahl als feste Gemeindeeinrichtung erst dem 2. Jahrhundert anzugehören.

Man hat versucht, die Christusgemeinschaft im Herrnmahl magisch zu deuten. Redet doch Paulus sogar von den physischen Folgen des unwürdigen Abendmahlsgenusses[22]. Dem steht entgegen, daß uns die Briefe des Apostels

[14] 1. Kor. 14, 25
[15] 1. Kor. 16, 2; Apg. 20, 7; Offbg. 1, 10
[16] 1. Kor. 5, 7
[17] 1. Kor. 16, 8
[18] Röm. 6, 3
[19] 1. Kor. 11, 26
[20] 1. Kor. 10, 16 ff.
[21] 1. Kor. 16, 22
[22] 1. Kor. 11, 29 ff.

den vollen, freien Blick für die ethische Not und die damit gestellten Aufgaben zeigen[23].

Erst unter dem Einfluß des griechisch-orientalischen Dualismus, d. h. der Trennung von Leib und Seele, bildet sich der magische Sakramentsbegriff aus, der aus der nun angeblich belanglosen Geschichte des Kreuzes Jesu zum wunderbaren Strom des göttlichen Blutes flieht. Nun suchte man Unsterblichkeit, aber nicht mehr in erster Linie die Begegnung mit dem Herrn, der sein Leben für die Sünder in den Tod gegeben hatte.

In besonders tiefer Weise läßt uns die Liturgie in das innerste Leben der Urgemeinde sehen. Da wird ein Anbeten, Loben und Danken kund, ein neuer Christuspsalm, der das Werk Jesu in den Mittelpunkt stellt. Darin ruht die Gemeinde, und von dort aus gewinnt sie gleichzeitig alle Kraft zur Bewegung im gemeinsamen Bekenntnis[24].

3. *Die Gemeinde als Leib des Christus*

Die neutestamentliche Ethik aber ist der Erweis dafür, daß *die in der Enderwartung lebende Christenheit zugleich den Weg in die praktischen Aufgaben der Gegenwart fand.* Der heidnische Staat wird nicht nur geduldet, sondern als Gottesordnung erkannt[25], obwohl der Gang zum weltlichen Schiedsrichter als Schmach für die Gemeinde empfunden wird[26]. Dieselben Menschen, die das »Dynamit Gottes«[27] in sich tragen, erheben zwar keinen Einspruch gegen Sklaverei und andere soziale Mißstände; sie haben aber die alte Welt von einer ganz anderen Seite her aus den Angeln gehoben. Ergab die Verbindung mit Christus eine »neue Schöpfung«[28], dann konnte diese Verwandlung in allen Beziehungen ihres Seins auf die Dauer nicht ohne Folgen bleiben. Man denke etwa an den Philemonbrief.

Macht- und Organisationsvorstellungen sind für die erste Christenheit nicht relevant. Sie wußten wohl sehr genau voneinander, und die Apostel und reisenden Boten sorgten für den Zusammenhang. Die Blicke der griechischen Gemeinden waren mit wachem Auge auf die Vorgänge in Jerusalem gerichtet. Der »Leib des Christus«[29] umfaßt nicht nur je eine Einzelgemeinde, sondern die gesamte Christenheit. Der Gehorsam in der Nachfolge übt

[23] 1. Thess. 5, 23; 1. Kor. 8, 6; 5, 5
[24] Eph. 5, 19; Kol. 3, 16; 1. Tim. 3, 16; Offbg. 1, 4 ff., 4, 8 ff.; 7, 10 ff.; 11, 15 ff.; 12, 10 ff. u. a.
[25] Röm. 13
[26] 1. Kor. 6, 1
[27] Röm. 1, 16
[28] Gal. 6, 15
[29] Eph. 1, 22 f.

die verbindende Macht auf alle Gemeinden aus[30]. Die Einheit wird weder durch Paulus noch durch Petrus, Johannes oder Jakobus hergestellt. Christus ist durch sein Wort so unmittelbar das Haupt, daß *jede Gemeinde einen in sich selbst vollständigen Organismus bildet* und niemand untergeordnet ist als ihrem himmlischen Herrn allein. Auf dem Boden solcher Freiheit aber wächst eine Kraft des Austausches, eine Energie der Liebe und der Leidensgemeinschaft, wie sie von der späteren, hierarchisch geleiteten Kirche nie mehr erreicht worden ist[31].

Literatur

Die neutestamentlichen Theologien von A. Schlatter, E. Stauffer und L. Goppelt
Ulrich Brockhaus, Charisma und Amt, 1972
J. Jeremias, Jerusalem zur Zeit Jesu, 1963[3]

4. Kapitel

Das Ende des apostolischen Zeitalters – die Gemeinde im Leiden 64–90 n. Chr.

Der Ausgang der apostolischen Zeit: In Rom sterben Petrus und Paulus den Märtyrertod (64 n. Chr.) – Für die kleine Christengemeinde dort folgt eine kurze, aber schwere Verfolgung – In Jerusalem wird Jakobus getötet (62 n. Chr.) – Es vollzieht sich der Untergang der Stadt (70 n. Chr.) – Er leitet das Ende der Judenchristen ein – In Kleinasien endlich gibt uns der Blick in die Kirche um Ephesus den Eindruck vom inneren Kampf der Christen im Ausgang des ersten Jahrhunderts.

1. *Petrus stirbt in Rom (64 n. Chr.)*

Der Dienst in der weiten jüdischen Diaspora hat Petrus nach Rom geführt. Sein Apostolat trägt nicht den Glanz, in den die spätere Kirche das Amt dieses

30 1. Kor. 11, 16. Betr. Verbindung der Gemeinden sind der Austauschbrief (Kol. 4, 15 f.), der Rundbrief (Epheser) und vor allem die Grußlisten (Röm. 16; 1. Kor. 16, 19 ff.; Phil. 4, 21 f.; Kol. 4, 7–12 u. a.) heranzuziehen.
31 Kol. 4, 7–14; Phil. 4, 10–17; 2. Kor. 1, 5 u. 6

Jüngers hüllte. Er ist weder Bischof in Jerusalem gewesen – dort leitet Jakobus, der Bruder Jesu, die Gemeinde – noch Bischof von Antiochien, davon weiß die Apostelgeschichte nichts. Möglich ist, daß er in Syrien gearbeitet hat, wo es eine zahlreiche Judenschaft gab. Darf man »Babylon« im 1. Petrusbrief[1] auf die Euphratländer und die jüdische Diaspora dort beziehen, dann hätte erst Johannes in der »Offenbarung« die Umdeutung auf Rom vorgenommen und dies wäre ein neuer Hinweis darauf, daß Petrus hauptsächlich im Osten gearbeitet hätte. Spät kam er dann nach Rom. Als Legende erscheinen die 25 Jahre seiner bischöflichen Würde, die ihm dort in viel späteren Nachrichten zugemessen werden. Sein Martyrium in der Kaiserstadt wird nicht zu bestreiten sein. Über seinem Sterben am Kreuz mit ausgestreckten Händen haben wir ein glaubwürdiges Zeugnis. Danach hat er mit seinem Tod Gott verherrlicht[2].

2. *Paulus stirbt in Rom (64 n. Chr.)*

Mit dem Ende des Petrus wird in den Nachrichten der alten Kirche auch das des Paulus verbunden. Es unterliegt keinem Zweifel, daß er in Rom mit dem Schwert hingerichtet wurde[3]. Als sein Dienst in Kleinasien und Griechenland vollendet war, kämpfte er auf den Rat des Jakobus hin noch einmal um Jerusalem, wo sich die Spannungen zwischen Juden und Christen verschärft hatten. Diesen Gang mußte er mit der Gefangennahme bezahlen. Einem schnellen Prozeß konnte er nur dadurch entgehen, daß er sich aufgrund seines römischen Bürgerrechts auf den Kaiser berief. So kam er nach Rom. Hier ist er noch einmal freigekommen, wie die Briefe an Timotheus, an Titus berichten; es gibt aber kein eindeutiges Zeugnis im N. T. für eine Paulusreise nach Spanien. Rom ist das Ende seiner Laufbahn und nicht der Anfang zu einer neuen Tätigkeit.

Die römische Gemeinde ist unabhängig von Petrus und Paulus entstanden, vermutlich durch Festpilger, die das Evangelium von Jerusalem in die Synagoge nach Rom trugen. Weder der Römerbrief noch die Apostelgeschichte lassen Paulus als Gründer der römischen Gemeinde erscheinen. Mit ihrem Martyrium haben aber Petrus und Paulus bezeugt, was sie als Evangelium verkündigt hatten[4].

[1] 1. Petr. 5, 13
[2] Joh. 21, 18 f.
[3] Clemens Romanus an die Korinther 5, 3–7 (um 100)
[4] Phil. 1, 21; 1. Petr. 4, 12 f.

3. *Nero setzt Rom in Brand und verfolgt die Christen (64 n. Chr.)*

Ein gewaltiges Feuer brach im Sommer (19. 7.) des Jahres 64 in Rom aus und vernichtete einen Teil der Innenstadt. Man vermutet, daß Nero selbst den Brand verursacht hat, um Raum für moderne Bauten zu schaffen. Um diesen Verdacht vom Kaiser abzulenken[5], suchte man Schuldige. Möglich ist, daß im Zusammenhang mit dem Streit zwischen der Synagoge und der Gemeinde, der durch die Verkündigung des Paulus entstanden war[6], die Christen als die Schuldigen von ihren Gegnern bei Nero angeprangert wurden. Sie waren jedenfalls nach Tacitus »des allgemeinen Menschenhasses überführt«. Nero ließ sie öffentlich an Pfählen, die mit Pech bestrichen waren, verbrennen. Wahrscheinlich kurz nach dem Tod des Paulus traf dieser heftige Stoß die Gemeinde.

4. *Die Gemeinde in Jerusalem verliert ihre Führer*

Wie in Rom, so flammt der Kampf auch in Jerusalem in den Jahren vor 70 auf. Der Druck der römischen Herrschaft und das starke Anwachsen der christlichen Gemeinde trieb die Judenschaft in immer schärferen Radikalismus. Die Verfolgung, die zum Martyrium des *Stephanus* führte[7], blieb nicht die einzige. Um den Juden einen Gefallen zu erweisen, ließ Herodes Agrippa I. schon um das Jahr 43/44 den *Zebedaiden Jakobus* hinrichten[8]. Die Führung der Gemeinde erhielt in dieser schweren Lage ein anderer *Jakobus, der Bruder Jesu* und Verfasser des an die juden-christliche Diaspora gerichteten Briefes, ein Mann, der von allen »der Gerechte« genannt wurde[9]. Vielleicht erinnert diese Bezeichnung an die vielfachen Spannungen, in die er durch sein Amt gestellt war: Die Abgrenzung zur Judenschaft, zu den Heidenchristen und zu den Judaisten. Diese versuchten, innerhalb der paulinischen Gemeinden das Gesetz wieder durchzuführen.

Jakobus hielt bis zuletzt am Tempel fest. Er hat damit den Weg Jesu im treuen Ringen um sein Volk beschritten. Darin hat ihn Paulus ganz verstanden. Blieb das Gesetz die kultische, aber nicht heilsnotwendige Größe, dann hielt man in Jerusalem die Linie des Apostelabkommens fest[10]. Ihr beugte

[5] Tacitus, Annalen 15, 44
[6] Apg. 28, 25
[7] Apg. 7, 54 ff.
[8] Apg. 12, 1 f.
[9] Euseb. K. G. II, 23
[10] Apg. 15; Gal. 2, 11 ff.

sich Paulus, als er, »den Juden ein Jude, um ihrer etliche für Christus zu gewinnen«, auf den Rat des Jakobus ein Gelübde[11] auf sich nahm. Er folgte aber auch dem Jakobus, wenn er bat, den Glauben an Jesus Christus nicht mit Menschenrücksichten zu verwechseln[12]. Es ist nirgends ein Hinweis zu finden, daß Jakobus eine Aktion der Gemeinde gegen Paulus unterstützt hätte. Um des Bekenntnisses zu Jesus willen, daß er der Messias sei, ist dieser Bruder Jesu gesteinigt worden. Euseb berichtet seine letzten Worte:

»Was fragt ihr mich nach dem Menschensohn? Er sitzt im Himmel zur Rechten der großen Kraft und wird bald kommen in den Wolken des Himmels[13].«

Dieses Martyrium geschah im Jahre 62.

5. *Jerusalems Führungsaufgabe ist zu Ende – Titus erobert die Stadt (70 n. Chr.)*

Jerusalem hat seine Führer verloren. Nun verliert es auch seine Führerrolle. Ein Prophetenwort weist die Gemeinde drei Jahre vor der Zerstörung der Stadt in das ostjordanische Pella (67). Die Kraft, die Verbindung zum Judentum um der Liebe willen aufrecht zu erhalten, und zugleich auf der Trennung vom Gesetz zu bestehen, ist gewichen. Auch der Weg zu den Heidenchristen ist abgebrochen. *Die Urgemeinde hat mit der Eroberung Jerusalems durch Titus aufgehört, Mittelpunkt für die gesamte Christenheit zu sein.* Damit ist *der Grundstein für Roms kommende kirchengeschichtliche Bedeutung gelegt.* Die Arbeit des Paulus, die beiden Teile der Gemeinde Jesu, den juden- und den heidenchristlichen, unter dem einen Haupt zusammenzuhalten, scheint vernichtet[14]. Das Judenchristentum wird zur Sekte, es wird bald geschichtslos im Winkel dahindämmern.

Jüdischer Enthusiasmus glaubte zur Zeit des Kaisers Hadrian noch einmal in *Barkochbar* den Messias zu besitzen. Aber als dieser in furchtbarem Haß die Christen seines Volkes verfolgte (132–135), griffen die Römer ein und verboten den Juden den Zutritt nach Jerusalem. Auf den Trümmern der Stadt entstand die Aelia-Capitolina als heidnische Kolonie, zu der später eine heiden-christliche Gemeinde gehörte. Was an kümmerlichen Resten judenchristlicher Häuflein übrig geblieben war, verfiel dem Gesetz oder phantastischen Spekulationen[15].

[11] 1. Kor. 9, 20–23; Apg. 21, 18–25
[12] Jak. 2, 1
[13] Euseb. K. G. II, 23
[14] Eph. 2, 14
[15] Ebioniten und Nazaräer, die alten Bezeichnungen der Judenchristen Palästinas, sind im 2. Jahrhundert zu Ketzernamen geworden

Diese Gruppe fand *Mohammed* 500 Jahre danach vor und lernte von ihnen ein völlig entstelltes Evangelium kennen.

Über diesem Zusammenbruch einer lebendigen Kirche, die zwischen Juden- und Heidenchristen ihren Weg nicht mehr findet, liegt aber nicht nur der Fluch des Gesetzes. In Römer 9–11 sieht Paulus auf das Ende der Wege Gottes mit Israel. Ist auch Jerusalem gefallen und die Gemeinde dort am Ende – in unverletzlicher Gewißheit steht dem Apostel die endgeschichtliche Rettung seines Volkes fest. Der Weg dahin aber führt zu den Heiden. *Die Mission an ihnen wird durch den Sturz Jerusalems nicht erschüttert, sondern bestätigt.*

Karte von der römischen Provinz Asia in Westkleinasien mit ihren Landschaften und den 7 Städten, an deren Gemeinden die Sendschreiben der Offenbarung gerichtet sind.

Exkurs

Logos

1. In der altgriechischen Philosophie ist Logos nicht nur ein berichtendes, erzählendes Wort. Es will auch als Sinn, Ordnung, Regel das Weltgeschehen umfassen (Stoa, Plato, Aristoteles).
   Wo es religiös verstanden wird, kann es Offenbarung für die Lebensführung des einzelnen sein.
2. Im A. T. ist Logos kein Denkprodukt, sondern Rede des lebendigen Gottes. Das Wort geschieht im Gesetz und an den Propheten in der Geschichte des Bundesvolkes. Es spricht in Gericht und Gnade.
3. Im N. T. ist Logos das fleischgewordene, in Christus erschienene, in diese Geschichte eingegangene Ereignis (Joh. 1, 14). In seiner Verkündigung wie in seinem Handeln offenbart Jesus die Einheit mit seinem Vater. In der »Torheit des Kreuzes«, im »Wort vom Kreuz« (1. Kor. 1, 18) geschieht unsere Erlösung.
4. Die vom griechischen Denken beeinflußte Theologie der alten Kirche ringt um die Frage: Wie kann der Logos in einem Menschen wohnen? Die von Origenes stammende Lösung wirkt sich zu der Anschauung aus: Am Kreuz leidet nur der Mensch Jesus, der Logos hat nur eine helfende Aufgabe. Dieser Mensch aber kann schließlich nur doketisch verstanden werden, also so, daß Christus nur einen scheinbaren Leib hatte.

Literatur

W. Kelber, Die Logoslehre von Heraklit bis Origenes, 1958
E. Fuchs, Hermeneutik, 1958

6. *Johannes und die verwaisten Gemeinden – die »Asia«*

Die Stadt *Ephesus* und die in ihrem Umkreis *»Asia«* genannte Provinz sind seit dem Tode des Paulus und des Petrus, besonders nach der Zerstörung Jerusalems, ein für die Christenheit wichtiges Gebiet geworden. Ihm gilt die auf dem nahen Patmos geschriebene *Apokalypse des Johannes.* Wir wissen nicht, wann der Apostel Jerusalem verließ. Man kann mit guter Begründung annehmen, daß es in der Zeit geschah, als Paulus nach Rom kam. So wurde Johannes der Nachfolger des großen Pioniers. Mit wachem Auge sieht er auf die blutigen Vorgänge in Rom. Was dort geschah, darf der Asia nicht verborgen bleiben. Steht sie doch auch im Kampf. Es sind aber nicht nur *die Martyrien,* die die jungen Gemeinden heimsuchen, sondern stärker noch die *Irrlehrer,* denen die griechischen Gemeinden durch die griechische Philosophie ausgesetzt sind.

Um die Mitte des 1. Jahrhunderts kämpfte Paulus gegen einen Geist in Korinth, den wir den *griechisch-gnostischen*[16] nennen. Nun hat Johannes mit denselben Gegnern zu tun. Wir verstehen darunter die Richtung, die aus dem Evangelium eine vernünftig-begreifbare Lehre macht. Ihr stellte Paulus das Wort vom Kreuz gegenüber, das »die Weisheit der Weisen zuschanden macht« (1. Kor. 1, 18f.).

Es ist dieselbe philosophische Richtung, gegen die schon Johannes und Petrus einem Simon Magus gegenüber zu kämpfen hatten[17]. Dieser Vorläufer der Gnostiker des 2. Jahrhunderts legte den Aktzent auf sein philosophisch-magisches Können, statt auf die persönliche Verbindung mit Christus[18].

Immer tritt dabei der griechische Gedanke in den Vordergrund, daß *die Seele das eigentlich Menschenwürdige* sei, der vergängliche *Leib als ihr Gefängnis* dagegen wertlos. Er muß entweder in der Askese gezähmt werden, oder man gibt ihn der Zuchtlosigkeit frei.

Mit dieser Geistesströmung in der »Asia«, um Ephesus herum, hat es Johannes zu tun. Gegen sie schreibt er, auf die vor Ephesus gelegene Insel Patmos verbannt, das Buch der »Offenbarung«.

Bei den Griechen war abstraktes Denken stark ausgebildet. Sie sahen *die gesamte Welt dem »Logos«*[19] *verhaftet, d. h. der Vernunft* (lateinisch ratio). Wie mußte sie im Evangelium die Formulierung ärgern: »Der Logos – die Vernunft – das Wort – ist Fleisch geworden«[20]. Hängt am Stoff, am Fleisch die Minderwertigkeit, die Endlichkeit, Vergänglichkeit und Sünde, wie soll dann der ewige, vorweltliche Christus, ohne Schaden zu nehmen, ein solches Gefängnis erwählt haben?

Schärfer, zum Widerspruch reizend, konnte Johannes mitten im griechischen Gebiet die göttliche Paradoxie nicht aussprechen, als wenn er den Messias, Christus, das unvergängliche Wort (Logos), als den fleischgewordenen Logos verkündigte. *An diesem Widerspruch zwischen Glauben und Denken hat sich die griechische Kirche zerrieben. Das Urchristentum in Palästina erlag der Gesetzlichkeit, der Grieche den Forderungen seiner Vernunft.* Beiden gegenüber empfängt das Wort von den »Säulenaposteln« Petrus, Johannes und Jakobus in der Gemeinde mit Paulus seine besondere Beleuchtung.

Gegenüber dem Individualismus der griechischen Innerlichkeit mit seiner alle Ordnungen zertrennenden Gewalt bekennen die Jünger Jesu die Herrlichkeit der Gemeinde als des Leibes Christi, der auf dem Liebesgebot des Herrn beruht. An die Stelle schwärmerischer Religiosität treten Nüchtern-

[16] siehe Exkurs »Gnosis«, Seite 56
[17] Apg. 8, 3–14
[18] 1. Kor. 8, 1
[19] siehe Exkurs »Logos« Seite 47
[20] Joh. 1, 14

heit und Wahrheit. Möglich ist, daß Johannes in der Begegnung mit dem gnostischen Lehrer *Kerinth* (um 160) in Ephesus diese Sätze noch schärfer geformt hat.

Die Zeugnisse des Neuen Testamentes reichen mitten in den kirchengeschichtlichen Kampf des ersten Jahrhunderts. An seinem Ende steht keine gesicherte Gemeinde, keine ausgebildete Führerschaft, keine fertig ausgeprägte und abgegrenzte Lehre, wohl aber sind viele Irrlehrer am Werk, Trennungen im Gange, Schwankungen in den elementarsten sittlichen Maßstäben keine Seltenheit.

Dennoch bleibt es für immer eindrücklich, wie die einsamer werdenden Apostel mit geistlichen Waffen kämpfen, eben *mit dem Wort, das allein Bollwerke zertrümmern kann.* Sie richten keine Gewaltherrschaft, keinen künstlichen Damm gegen die Fluten der Gnosis auf, sondern kämpfen den guten Kampf im Glauben durch und verharren in der lebendigen Hoffnung auf den schon bereitliegenden Siegeskranz, auf den wiederkommenden Herrn, den Johannes durch alle Wirren und Leiden kommender Geschichte hindurch sein Reich aufrichten sieht. Gegen die Irrlehren, die diesem Bekenntnis zu Jesus ausweichen, steht das *Zeugnis der sieben Sendschreiben*[21]. Darüber hinaus zeigt die Offenbarung des Johannes in gewaltigen Bildern den Kampf des Gottesreiches mit dem antichristlichen Kaiser. In der Erwartung des wiederkommenden Herrn ist der Gemeinde der Sieg gewiß. So ist die Offenbarung des Johannes das Trost- und Siegeswort des Herrn an seine Kirche.

Obwohl der zweiten Generation die großen Führerpersönlichkeiten versagt bleiben und alle Sicherungen für den Bau des weitschichtigen Werkes fehlen, wird doch eines deutlich: *ein Geheimnis ist in dieser wehrlosen, ohnmächtigen Kirche verborgen; eine Macht, die die Grundfesten dieser Welt zu erschüttern beginnt, die jedoch selber nicht von dieser Welt ist*[22].

Literatur

O. Michel, Das Zeugnis des N. T. von der Gemeinde, 1941
K. Barth, Die lebendige Gemeinde und die Freie Gnade, 1947
E. Schweizer, Geist und Gemeinde im N. T. und heute, 1952
H. Frey, Das Ziel aller Dinge, 1977

[21] Offb. 2–3
[22] 2. Tim. 4, 6–8

5. Kapitel

Die nachapostolische Zeit 90–140 n. Chr.

Die territoriale Ausbreitung des Christentums bleibt in den Grenzen der apostolischen Mission – Innerhalb dieser Grenzen wächst die Zahl der Christen – Es entsteht eine neue Literatur mit heidnischen Einflüssen – Die Schriften des Ignatius von Antiochien (um 110) spiegeln diesen Zeitraum wider – Das Bischofsamt gewinnt Bedeutung – Die Eschatologie tritt zurück.

Das politische Schicksal der Juden von 115–135: 115–117 blutiger Aufstand der Juden in Ägypten, Cyrene, Cypern gegen die Römer, den Trajan (98–117) mit grausamer Strenge niederwirft. Aufstand der Juden in Mesopotamien. Unter der Regierung Hadrians (117–138) der letzte große Aufstand 132–135 unter der Führung von Barkochbar = Messias Simon, der die Judenchristen blutig verfolgt. Die Römer bauen über den Trümmern Jerusalems die römische Kolonie Aelia Capitolina, über den Trümmern des Tempels einen Jupitertempel. Nach 135 siedelt sich in Jerusalem (nun Aelia) eine heidenchristliche Gemeinde an. Hauptsitz des Judenchristentums wird das Ostjordanland (Pella). Bis 1948 leben die Juden im Exil.

1. Die Ausbreitung des Evangeliums

Über die ungeahnt schnelle Ausbreitung des Evangeliums bis zum Jahr 140 sind wir nur spärlich unterrichtet. Legenden wollen die Gründung von bedeutenden Kirchen auf die Apostel zurückführen. Im wesentlichen scheinen die äußeren Grenzen der apostolischen Zeit nicht überschritten zu sein. Innerhalb des römischen Reiches ist die Zahl der Christen stark gewachsen. Dies gilt besonders von Kleinasien und wohl auch von Alexandrien, wohin der Barnabasbrief[1] weist. Der weit gespannte Pionierdienst der Apostel und ihrer Mitarbeiter findet für lange Zeit keinen Nachfolger. Wir hören nichts von besonderen Missionaren. Aber die stille Kraft des Sauerteigs wirkt unablässig weiter, namentlich im östlichen Teil des römischen Imperiums.

In sozialer Hinsicht wird es auch jetzt noch bei dem Wort des Paulus bleiben: »Nicht viele Mächtige und Vornehme« sind Glieder der Gemeinde[2].

[1] Dieser Brief wurde fälschlich dem Mitarbeiter des Paulus zugeschrieben. Er enthält antijüdische Polemik und eine neue Gesetzlichkeit.

[2] 1. Kor. 1, 26

Weder die Augen der Philosophen, noch die der führenden Männer des Staates sind für die Botschaft geöffnet. Sie scheint nur für Sklaven, Frauen und Handwerker Geltung zu haben. Zu den Ausnahmen gehören *Flavia Domitilla*, vielleicht auch ihr Mann, die zur kaiserlichen Familie gehören. Sie sind durch Kaiser *Domitian* (81–96) hingerichtet worden. Der Augenblick, in dem das Evangelium die jüdische Welt hinter sich läßt und in der ganzen Frontbreite das römische Reich erfaßt, ist jedenfalls nicht die Stunde, in der auch die Gebildeten erreicht werden.

Exkurs

Die Stoa

1. Nach der »bunten Säulenhalle« (Stoa poikile), in der Zenon (geb. 336/35 v. Chr.) seine Schüler in Athen versammelte, ist seine Philosophie die Stoische genannt worden. Sie hat bis in die römische Kaiserzeit im 2. Jahrhundert einen bedeutenden Einfluß ausgeübt. Epiktet (um 50 n. Chr.) und Kaiser Marc Aurel (bis 180 n. Chr.) sind besonders zu nennen. Die stark ethische Betonung hat die Stoa für das praktische Leben bekannt gemacht.
2. Im Gegensatz zu Epikur (4. Jahrhundert v. Chr.) betont die Stoa die Unverbrüchlichkeit der Gesetze im Weltlauf. Der Logos, die allwaltende Kraft, gewinnt in der Vorsehung Gestalt. Er bestimmt das Schicksal, das mit Notwendigkeit den Weg der Geschichte und jedes Menschen bestimmt. Dem einzelnen ist dadurch ein Ziel gesetzt, das ihn in das Wohlbefinden, in die Harmonie seines Lebens führt. Im Vollzug dieser Ordnung weiß sich der Mensch in die Gemeinschaft und damit in das Rechtsgefüge der Natur versetzt. Lebt er im Gehorsam dieser Gesetze, so wird ihm die Tugend zum Inhalt seines Handelns. Nur Unkenntnis kann ihn hindern, das Ziel des naturgemäßen Daseins zu verwirklichen. Allen Konflikten gegenüber zieht sich der Stoiker auf seine innere Freiheit zurück. In ihr ist er der Welt überlegen; das ist seine Freiheit.
3. In seiner Missionstätigkeit traf Paulus auf die stoische Welt. Auch er spricht von einer Freiheit, bei der ihm »alles erlaubt ist« (1. Kor. 6, 12). Er kennt das, was sich »nicht ziemt« (Römer 1, 28). Was ist der Unterschied zur Stoa? Bei Paulus schwingt alles um den, der ihn »mächtig macht, Christus« (Phil. 4, 3). Diese Bindung an seinen Herrn macht das aus dauernden Entscheidungen bestehende Leben verantwortlich. Hier kann Schuld im Ungehorsam, Vergebung in der Liebe Christi und Freiheit in der Ausrichtung des Dienstes Ereignis werden.

   All das kann die Stoa von ihren Grundprinzipien her nur ablehnen. Sie kennt keine Schuld, nur unzureichende Kenntnis; sie weiß nichts von Liebe, es ist alles nur Pflicht. Sie lebt letztlich nicht in der Gemeinschaft, sondern zieht sich im Ernstfall auf die innere Freiheit, auf sich selbst zurück.

Literatur

M. Pohlenz, Grundfragen der stoischen Philosophie, 1940
P. Barth – A. Gödeckemeyer, Die Stoa 1940[4]

2. *Zwischen Philosophie und Evangelium – Stoiker und Epikuräer verändern das Evangelium*

Es wird immer eine Frage bleiben, warum die Jahrzehnte nach Petrus, Paulus und Johannes ein so anderes literarisches Bild aufweisen, als es im N. T. sichtbar wird. Man lese die »*Apostellehre*« (Didache, um 110) oder die *Clemensbriefe* (um 95 und 120) oder man denke an den *Barnabas-* oder den *Hermasbrief* (70–100; 110–140) – sie tragen alle in den Grundzügen das gleiche Gesicht. Man kann Paulus zitieren und seine Kernworte wiederholen, und doch liegt noch ein anderer Akzent auf dem Ganzen. Hören wir, wie z. B. *Clemens Romanus*[3], der römische Bischof, den Inhalt des Glaubens zusammenfaßt:

»Wie beglückend und wunderbar sind die Geschenke Gottes, Leben in *Unsterblichkeit*, Freudigkeit in Gerechtigkeit, Wahrheit in Freimut, Glaube in Zuversicht, Selbstbeherrschung in Heiligung. Und das (alles) liegt *im Bereich unseres Verständnisses.* Welche Güter aber werden erst denen, die ausgeharrt haben, bereitet werden! *Der Werkmeister und Vater der Äonen, der Allheilige,* er allein kennt ihre Größe und Schönheit[4].«

Oder auch:

»Und wir nun, die wir durch seinen Willen in Christus Jesus berufen wurden, werden nicht durch uns selbst gerechtfertigt, auch nicht durch unsere Weisheit und Einsicht, durch Frömmigkeit oder Werke, die wir in Reinheit des Herzens vollbringen, sondern durch den Glauben, durch welchen der allmächtige Gott *alle von Anbeginn gerechtfertigt hat*[5].«

Wie nahe und doch wieder so fremd sind diese Sätze des Clemens im Vergleich zu Paulus! Die paulinischen Formulierungen sind wiedergegeben. Warum brechen sie nicht mit ganz anderer Gewalt durch? Sind sie zur Formel, zum Gesetz, geworden?

[3] Legenden zufolge der 2. oder 3. Nachfolger des Petrus; der 1. Clemensbrief ist die einzige sichere Quelle.
[4] Kap. 35
[5] I. Clem. 32, 4

Muß man dafür den judenchristlichen Einfluß geltend machen oder mehr noch die Stoa?

War das Gesetz in der apostolischen Zeit nicht viel wirksamer – warum und wodurch wurde es damals überwunden?

Oder ist die Einwirkung des Tugendideals des seiner selbst mächtigen Menschen schon am Werk, und zwar in der Heiligung?

In die Sprache des N. T. kommt ein anderer Ton. Es fehlt die christologische Begründung. Wir befinden uns in den Bahnen der griechischen Philosophie. Zwei Richtungen sind hier zu nennen, die auf Jahrhunderte ihre Wirkung ausgeübt haben.

Aus dem 4. Jahrhundert v. Chr. erwuchs die von *Zenon* (um 350–264 v. Chr.) kommende Philosophie, die *Stoa*. Der Name stammt von der Säulenhalle her (Stoa poikile), in der Zenon seine Schüler unterrichtete.

Er sieht die Welt unter dem unverbrüchlichen *Gesetz der Natur. Hier herrscht der Logos, die Vernunft.* Sind wir dadurch dem Schicksal unterworfen, so kann uns nur die innere Freiheit übrig bleiben, die sich mit letzter Kraft auch dem Leiden entgegenstemmt. Ist dies unsere einzige Freiheit, so erhebt sie uns doch über Strafe und Schuld. Wir sind größer als der Augenblick mit seinen Fehlentscheidungen und Schicksalsschlägen.

Mit dieser Philosophie lebten die Römer wie die Griechen, der Gelehrte (z. B. Epiktet) wie der römische Kaiser (z. B. Marc Aurel).

Die andere Philosophie ist durch *Epikur* begründet worden (341–271 v. Chr.). Er empfiehlt, sich möglichst vom Getriebe der Welt fernzuhalten. Der *Glückseligkeit* gilt das lohnende Streben, bei dem der Mensch in feiner Selbstbezogenheit das Leben genießt und der Freuden inne wird, die eine schöne Welt ihm zu geben vermag.

In beiden Philosophien ist ein gesetzlicher Zug unverkennbar, ob man im Pflichtbewußtsein des *Stoikers* das Leben zu meistern sucht und in der Selbstbeherrschung die Krone zu erringen glaubt – oder ob der *Epikuräer* im Rückzug von den äußerlichen Geschäften der Welt eine Lebenskunst erarbeitet. Immer bleibt der Mensch in sich selbst verhaftet.

Man muß nun darauf achten, wie sich diese philosophischen Meinungen und Denkarten in die christlichen Gedankengänge eindrängen. So weiß der *»Hirt des Hermas«* sehr wohl den Bußernst zu betonen. Aber schon unterscheidet er die »Todsünden«, für die es keine Vergebung gibt, von den leichteren Sünden[6]. Weil aber viele, etwa durch Verleugnung in Verfolgungszeiten, in »Todsünden« gefallen sind, kann dieser »Hirt« von einer zweiten Buße sprechen. *Er katalogisiert also die Sünden. Das ist der Grundschaden!*

[6] Herm. Sim. IX. 28, 3

Nun ist der Mensch imstande, leichte Sünden sich selbst zu vergeben. Daß er in der Ganzheit seiner Person Sünder ist, wird vergessen.

Ähnlich lesen wir im sogen. *Barnabasbrief*, einem Aufruf an heidenchristliche Gemeinden, vom »neuen Gesetz«; gemeint ist das *Evangelium als eine höhere Form, die zum Stand der Vollkommenheit leitet*[7]. Dann kann man sogar das Blut der Märtyrer als verdienstliche Leistung der Taufe gleichstellen.

Ignatius, der Bischof von Antiochien († ca. 110)

Verurteilung zur Tierhetze im römischen Zirkus fällt in die Regierungszeit Trajans (98–117). Auf dem Weg zum Martyrium schreibt er Abschiedsbriefe – die »*Ignatianen*« – an verschiedene Gemeinden. Die Sammlung dieser Briefe, die schon Irenäus bezeugt, ist vermutlich zwischen 110 und 115 erfolgt.

Diesen todbereiten Zeugen durchglüht wahrlich das Feuer der ersten Liebe. Wie kann er dem von seinem Lehrer Johannes bekämpften Doketismus[8] entgegentreten:

»Wenn aber Christus, wie einige sagen, die gottlos, d. h. ungläubig sind, zum Schein gelitten hat, während sie selbst nur Schein sind, wozu bin ich dann gebunden? Warum ersehne ich dann den Tierkampf? Da sterbe ich vergeblich, wahrlich, da lüge ich ja gegen den Herrn!« Ebenso klar sieht er das Ausmaß des Kampfes:

»Das Christentum ist nicht Sache der Überredung, sondern der Größe, solange es von der Welt gehaßt wird.«[9]

Und doch müssen wir bei Ignatius noch eine andere Seite sehen. Zum Problem wird es, wenn er eine Umdeutung vornimmt, die sich für die Kirche verhängnisvoll ausgewirkt hat. Das Mahl des Herrn ist für ihn »*Heilmittel zur Unsterblichkeit*«[10]. Damit steht er auf der Linie der »*Apostellehre*« (Didache, 1. Hälfte 1. Jh.), die im eucharistischen Gebet »für die Erkenntnis, den Glauben und die Unsterblichkeit« dankt, »die uns kundgetan sind durch deinen Knecht Jesus«[11]. Hier liegt ein magisches Verständnis nicht fern, das zum mindesten den Anlaß gab, Jesu Mahl physisch-magisch zu verstehen. Wie leicht geht nun, schon in der Liturgie, der Blick von Christus weg auf die dargereichten Elemente. Damit ist das *Herrnmahl als »geistliche Nahrung und Trank und ewiges Leben verstanden«*[12]. Die Geschichtlichkeit Jesu, sein Kreuz, tritt in den Hintergrund.

[7] Barnabas 2, 6
[8] ad Trall. 10 Doketismus: Jesus wird ein Scheinleib angedichtet.
[9] ad Rom. 3, 3
[10] ad Eph. 20, 2
[11] Didache 10
[12] ebd.

3. *Das Amt in seiner Gemeindebedeutung*

Beim Kirchenbegriff des *Ignatius* wird der zeitliche Druck noch deutlicher. Hier ist er mit *Clemens von Rom* in der Sorge einig, die Gemeinden könnten sich durch Irrlehren und durch die Ehrsucht einzelner Bischöfe spalten. Inzwischen hat sich das *monarchische Bischofsamt* entwickelt, d. h. *jede Gemeinde hat ihren eigenen Bischof*. Das gibt es schon in den Pastoralbriefen und in den Sendschreiben der Offenbarung. Man darf nun Ignatius nicht im römisch-päpstlichen Sinn verstehen, wenn er gegen die griechischen Schismatiker zur energischen Sammlung um den Bischof aufruft. Noch gibt es ja über die einzelnen Gemeinden hinaus keine zusammenfassende Kirche. Es kam aber den doketisch denkenden Gnostikern gegenüber darauf an, die Realität der einzelnen Gemeinde zu betonen. Mit welcher Kraft das Ignatius getan hat, zeigen folgende Sätze:

> »Die Spaltungen fliehet als den Anfang der Übel! Folget alle dem Bischof, wie Jesus Christus dem Vater, und dem Presbyterium wie den Aposteln. Die Diakone aber ehret wie Gottes Gebot: Niemand verrichte kirchliche Handlungen ohne den Bischof . . . Wer den Bischof ehrt, wird von Gott geehrt. Wer ohne des Bischofs Wissen etwas tut, der dient dem Teufel.«[13]

Auch wenn man die praktische Zielsetzung dieser Anweisung nicht vergißt, den heißen Streit gegen den griechischen Individualismus – ob er nun mehr stoisch oder epikuräisch begründet ist –, so bleibt ein gewisses Unbehagen nicht aus. Konnte Ignatius das Bischofsamt so absolut setzen, d. h. mit Gott in eine Reihe rücken? Ist denn das Amt unantastbar und kann es sich so auf das Erbe der Apostel berufen?

Man wird die Antwort nicht mit dem Hinweis auf diese oder jene Zeitsituation geben können. Hinter alldem steht ein anderes. Die Kirche des N. T. ist eschatologisch, endgeschichtlich gespannt. Das gibt ihrer Ethik die Zielkraft, ihrer Liturgie den Hinweis auf die kommende, neue Welt. Bricht die Eschatologie zusammen – die wirkliche, nicht formelhafte, die mit dem Tausendjährigen Reich (Chiliasmus, Offenb. 20) Berechnungen anstellt – dann hat man das Heil als einen gegenwärtigen Besitz festgelegt, d. h. man ordnet die Kirche in die Reihe der Güter dieser Welt ein.

Der Niedergang der Christenheit in der nachapostolischen Zeit kann letzten Endes nicht von außen her verstanden werden. Er hat einen innerkirchlichen Grund. Er reicht bis in die verborgene Basis hinein, auf der die Kirche steht und die sie verläßt, sobald sie sich auf Menschenwerk stützt. Weil das aber zu allen Zeiten die Gefahr und Ursache zu neuen Krisen ist, bleibt die Geschichte der Christenheit um die Wende des ersten Jahrhunderts der un-

[13] ad Smyrn. 8 f.

überhörbare Hinweis darauf, daß lebendiger Glaube niemals nur Glaube einer vergangenen Zeit, einer Tradition sein kann, sondern unmittelbares Handeln Gottes an und mit seiner Gemeinde ist. Sie lebt aus dem Wort, das sie hört und tut.

Literatur

R. Knopf, Das nachapostolische Zeitalter, 1905
H. v. Soden, Vom Urchristentum zum Katholizismus, 1920

Exkurs

Gnosis – Gnostizismus

1. Schon in sehr alten Zeiten haben Menschen über Ursprung und Wesen der Welt und des Menschen nachgedacht. Aus dem Osten (Babylon, Persien und Kleinasien) haben wir Quellen zum Erkennen gemeinsamer Grundzüge. Danach ist der **Dualismus** der charakteristische Zug: Die Welt ist von ihrem Anfang an ein Gemisch von Licht und Finsternis. Unglück und Schuld sind vorgegebene Tatsachen. Nur dem Einströmen des Lichtes, der gnostischen Verstandeskräfte, verdankt der Mensch den Durchblick durch das unübersehbare Geschehen. Dadurch wird ihm eine Erlösung zuteil, die ihn aus der Gebundenheit an die Materie befreit.
2. Im N. T. beobachten wir, wie die Apostel gegen diesen Geist des Gnostizismus zu kämpfen haben. Der Schöpfungsglaube, die heile Welt aus Gottes Hand, ist durch den Dualismus erschüttert. Die Christologie auf Grund ihrer geschichtlichen Tatsachen kann nur als scheinbare, d. h. doketische Erscheinung verstanden werden. Die Menschheit Jesu, sein Kreuz wie seine Auferstehung, werden **symbolisch gedeutet.** Im Korintherbrief (1. Kor. 1, 18; 15, 29–32), im 1. Johannesbrief (1, 1–4), in der Apostelgeschichte (8,10 Simon Magus), Kolosser 2, 8.20 (die Elementarmächte) und in der Offenbarung Joh. (2, 6.15) werden gnostische Gruppen bekämpft. Sie haben innerhalb der Gemeinden ihre Vertreter.
3. Am stärksten hat sich im 3. Jahrhundert der **Manichäismus** ausgebreitet. Sein Gründer **Mani** (215–75?) stellte sich als Prophet dar und gründete eine Kirche, deren Auswirkungen bis ins 6. Jahrhundert reichen. Unter seiner Leitung missionieren seine Helfer im ganzen römischen Reich trotz Verfolgung durch Staat und Kirche. Augustin ist von der asketischen Zucht wie von dem kosmischen Gesamtbild der Manichäer 9–10 Jahre lang in Bann gehalten worden. Zu den **Pneumatikern** zu gehören, die dem irdischen Lebens bis hin zur Ehelosigkeit entsagen, erschien vielen als das größte Glück.

4. **Irenäus** und **Tertullian haben** im 2. und 3. Jahrhundert **die Gnosis** mit aller Macht **bekämpft.** Tertullian hat in diese Auseinandersetzung auch **Marcion** mit seinen zwei Göttern (Schöpfung und Erlösung) einbezogen. Um das Wesen des Evangeliums ging es. Wir werden seiner nicht durch unser Erkennen, unsere Vernunft inne. Glauben ist das Geschenk des für unsere Sünde in den Tod gegangenen und auferstandenen Jesus Christus. Auch die Ekstase oder die Mystik vermögen die Erlösung nicht zu erzielen.

Literatur

H. Leisegang, Die Gnosis, 1924
G. P. Steffes, Das Wesen des Gnostizismus und sein Verhältnis zum katholischen Dogma, 1923

6. Kapitel

Die Gnosis – Mitte des 2. Jahrhunderts

Am griechischen Denken entscheidet sich die Christologie der Kirche – Wird der Logos das Weltprinzip, dann tritt eine Grundverschiebung des neutestamentlichen Christusbildes ein – Die Menschheit Jesu Christi verliert ihre Bedeutung – Der Dualismus (Seele – Leib) zerstört den Schöpfungsglauben – Marcion will mit zwei Göttern den Ursprung des Bösen erklären – Er muß das A. T. streichen.

1. *Der Versuch, die Offenbarung denkmäßig zu erkennen*

Als um die Mitte des zweiten Jahrhunderts die gnostische Welle die Kirche überflutet, war ein Gegner zur Entfaltung gekommen, gegen den schon in den paulinischen Briefen (Erkenntnisdünkel in Korinth und Spekulation mit Engellehren, Kolosserbrief) gekämpft wird[1]. Johannes setzt ebenso diesen Kampf fort, in den Briefen wie in der Offenbarung. Ihm folgen die kurzen Sturmsignale im zweiten Petrus- und im Judasbrief. Ignatius erkennt die steigende Gefahr, die seit den Tagen der Sendschreiben des Johannes zugenommen hat. Man denke an die nikolaitische Gnosis[2]. Ignatius stellt ihr das

[1] 1. Kor. 8, 1; Kol. 2, 18
[2] Offb. 2, 6. 15

Amt entgegen, aber nicht ohne zugleich der Gnosis Zugeständnisse zu machen: »Christus bringt uns Erkenntnis und Unsterblichkeit«[3].

Kann hier nicht ein gnostisches Mißverständnis nahe liegen?

Worin besteht die Gewalt oder, wie es Paulus ausdrückt, die »Kraft dieser Irrtümer«?[4] Genügt es, wenn man mit den Kirchenvätern von der dämonischen Verführung spricht, die hinter den Systemen der Gnostiker lauert? Gewiß ist damit an die letzte geheimnisvolle Wurzel gerührt.

Wo aber setzt diese Verführung im einzelnen ein, und welche geschichtlichen Mächte wirken dabei mit?

Sicher ist, daß sich der Orient mit dem Griechentum in einer intensiven Austauschbewegung auf dem Boden der Gnosis befindet. *Griechische Logik und orientalischer Dualismus, allgemein menschliches Erlösungsverlangen einen sich in mannigfachen Gebilden zu Geheimlehren und Weltanschauungen.* Sie haben die Kraft zu Gemeinde- und Kirchenbildungen, wie das bei *Marcion* noch zu zeigen ist.

Was läßt die gnostischen Richtungen gerade auf dem Boden der Gemeinde zu solcher Entfaltung gelangen?

2. *Ist Sünde Schicksal? – Marcion (um 140)*

Es geht hier nicht darum, die einzelnen Typen der Gnosis von *Simon Magus*, *Satornil* (Syrien), *Basilides* (Alexandrien) und *Valentin* (Rom), die alle um das Jahr 160 gelebt haben, darzustellen. Gemeinsam ist ihnen allen die Verurteilung der Welt als eines Jammertales und der Zwiespalt im Gottesbegriff. Denn Gott darf auf keinen Fall der unmittelbare Schöpfer der Welt sein. Was der Christ in harter Spannung stehen läßt und nur in einer sich selbst erkennenden Buße und im Glauben überwindet – die von Gott geschaffene gute Welt ist ein Ort der Sünde und des Todes –, eben das wird von den Gnostikern als ursprünglich im Stoff, in der Materie liegender Wesenskeim erklärt. Nun ist Sünde zum allzubegreiflichen und unentrinnbaren Schicksal geworden. *Die Welt,* wie sie der römische Kaufmann *Marcion,* der bedeutendste und weitreichendste Gnostiker (um 140), sah, trägt nur eine einzige Farbe: Sie *stammt vom Demiurgen, dem Schöpfergott, der streng zu unterscheiden ist vom Vater Jesu Christi. So ist dieser Gott der Urheber des Bösen.* Der faule Baum muß böse Frucht bringen.

Man kann die *heidnischen Wurzeln dieser Gedanken bis nach Persien und Babylonien verfolgen. Astrologie und indisches Denken wirken mit.*

[3] Ignatius, Eph. 17, 2
[4] 2. Thess. 2, 11

Warum finden sie in der Kirche Christi solche Aufnahme?

Der Kirchenhistoriker A. v. Harnack spricht von einer *»chronischen und akuten Hellenisierung« (Vergriechung) des Christentums.* Aber der tiefste Grund kann doch nur in ihm selbst liegen. Sieht man auf die Einheitlichkeit der Angriffe auf das Evangelium seit den Tagen der Apostel, so wird man urteilen müssen: Gegenüber der Christusbotschaft ballen sich alle gesetzlichen und gesetzlosen Elemente zusammen. Sie suchen an die Stelle des entsicherten und gerichteten Menschen eine wenn auch noch so verhüllte, aber eben doch selbstgewisse Begründung zu setzen. Dazu helfen Gnosis, Stoa und Epikur mit. Hinzu kommen nun alle nur möglichen Hilfsmittel, strengste Askese bis zur Aufhebung der Ehe und wiederum eine individuelle Freiheit, die bis zur schrankenlosen, sinnlichen Zügellosigkeit gehen kann. Das wird noch begreiflicher, wenn wir die Glaubensaussagen der Gnostiker zu erfassen suchen.

3. *Die Aufhebung des Ärgernisses*

Wir finden innerhalb der christlichen Gnosis durchgehend das *doketische* (s. Seite 56) *Christusbild.* Man kann nicht glauben, daß der ewige Logos in Wirklichkeit in einem Menschenleib Wohnung genommen hat. So muß es ein Engelleib gewesen sein, den Christus trug. Darum kann er auch nur die Seele des Menschen erlösen. Mit den höchsten göttlichen Bezeichnungen für Jesus als dem Sohn Gottes verbindet sich nun eben doch das Urteil, das ihm ein wahrhaft geschichtliches Handeln in Fleisch und Blut abspricht. So vollzieht sich vor unseren Augen ein Drama, ein Götterspiel zwischen den Mächten des Bösen und Guten. An die Stelle des menschlich-persönlichen Handelns am Kreuz tritt eine Kette gedanklicher Überlegungen. Man lese, was *Basilides von Alexandrien* hierzu zu sagen hat:

»Der ungeborene und unnennbare Vater habe ihr (der Menschen) Verderben gesehen und seinen Erstgeborenen, *den Nous (Verstand)* gesandt, der Christus genannt wird, um die, die ihm glauben, *aus der Gewalt des Weltschöpfers* zu erlösen. Deren Untertanen aber sei er auf der Erde wie ein Mensch erschienen und habe große Taten getan. Er selbst habe aber nicht gelitten, sondern ein gewisser Simon von Kyrene. Da er eine unkörperliche Kraft war und der Nous des ungezeugten Vaters, so sei er nach seinem Willen verwandelt worden und aufgestiegen zu dem, der ihn gesandt hatte«[5].

Das ist wie ein Gemälde, aber die Kraft des ärgerlichen Zeugnisses ist gewichen. Wir horchen auf, wenn uns Marcion verkündigt, die Kirche müsse sich vom Gesetz lösen und zu Paulus zurückkehren. Kann man darin eine Antwort gegenüber der gesetzlichen Handlung der nachapostolischen Väter se-

[5] Irenäus 1, 19

hen? Ist damit nicht auch der Protest gegen den kasuistischen Moralismus angemeldet?

Und dennoch! Derselbe *Marcion*, der Paulus wieder entdeckt zu haben meinte, streicht das A. T., auch im N. T., spricht von zwei Göttern, löst den Zorn Gottes zugunsten seiner Liebe auf und glaubt, nun vom sola fide (allein durch den Glauben) reden zu können.

Aber während er das Gesetz gewaltsam ausschaltet, kommt es in seiner Ethik mit doppelter Macht wieder zum Vorschein. Zu einer Freiheit in Christus gelangt es bei seinen vielen Einzelgeboten nicht. Die Anhänger Marcions und seiner sich auf Jahrhunderte erhaltenden Kirche müssen in der Verzichtleistung auf irdische Dinge beweisen, daß sie erlöst sind. Dabei erklärt er, daß die Schuld am Kreuz Jesu der Gott der Juden zu tragen habe. Der »Wiederentdecker« des Paulus zeugt von einem anderen Gott. Das sind Konstruktionen, die das Denken befriedigen sollen, aber die Sehnsucht nach Erlösung können sie nicht stillen.

4. *Geheime Sehnsucht*

In welche Tiefe das Sinnen und Denken der Gnostiker gelangen kann, dürfte das von Harnack mit starker Empfindung übersetzte Gedicht einer orphitischen Sekte zeigen:

»Urprinzipium aller Dinge,
erster Grund des Seins und Lebens
ist der Geist –
zweites Wesen, ausgegossen
von dem ersten Sohn des Geistes,
ist das Chaos –
und das Dritte, das von beiden
Sein und Bildung hat empfangen,
ist die Seele –
und sie gleicht dem scheuen Wilde,
das gehetzt wird auf der Erde
von dem Tod, der seine Kräfte
unentwegt an ihr erprobet.
Ist sie heut im Reich des Lichtes,
morgen ist sie schon im Elend,
tief versenkt in Schmerz und Tränen
(der Freude folgt die Träne,
der Träne folgt der Richter,
dem Richter folgt der Tod)
und im Labyrinthe irrend
sucht vergebens sie den Ausweg.
Da sprach Jesus: Schau, o Vater,
auf dies heimgesuchte Wesen,
wie es fern von deinem Hauche
kummervoll auf Erden irret,
will entfliehn dem bittren Chaos,
aber weiß nicht, wo der Aufstieg.
Ihm zum Heile sende, Vater,
mich, daß ich herniedersteige,
mit den Siegeln in den Händen
die Äonen all durchschreite,
die Mysterien all eröffne,
Götterwesen ihm entschleire
und des heilgen Wegs Geheimnis,
Gnosis nenn ich's, ihm verkünde.«

Diese Gnosis ist eine elementare Anklage gegen die Kirche, der Schrei der Hungernden, die unter der Verkündigung nicht satt geworden sind. Es ist der

Versuch des griechisch-orientalischen Geistes, in einem gewaltigen Aufbruch das Zentrale am Evangelium innerhalb einer gigantischen Weltanschauung zu erfassen. Aber eben »innerhalb« – und gerade das ertrug dieses Evangelium nicht und kann es nie ertragen. Man dachte in Weltzeitaltern (Äonen) und verlor dabei den konkreten Boden: Die von Gott geschaffene, von ihm schuldhaft abgefallene und von Christus am Kreuz wirklich erlöste Welt.

Literatur

R. Lichtenhan, Die Offenbarung im Gnostizismus, 1901
H. Leisegang, Die Gnosis
A. v. Harnack, Marcion. Das Evangelium vom fremden Gott, 1924[2]
H. Bardtke, Die Handschriftenfunde am Schwarzen Meer, 1953

7. Kapitel

Das Werden der katholischen Kirche 140–200

Die Apologeten suchen die moralische Überlegenheit des Christentums zu beweisen – Die Kirche beruft sich auf ihr Glaubensbekenntnis, den Kanon und das Bischofsamt – Montanus verbindet mit der Enderwartung strenge Askese – Irenäus und Tertullian gründen die Kirche auf die Schrift, den Logos und die Zucht

1. *Die apologetische[1] Gegenwehr*

Zwischen dem gnostischen Angriff[2] um 150 und der Antwort der Kirche durch Männer wie *Irenäus* (Bischof von Lyon, geb. um 140, seit 178 Bischof von Lyon) und *Tertullian* (um 160–200) steht ein zweifacher Abwehrkampf:

Die Apologeten versuchen, vor dem Heidentum und besonders gegenüber der Obrigkeit den Erweis für die Wahrheit des Christentums zu erbringen.

Die Kirche selbst grenzt sich gegen die auflösenden Mächte der Gnosis durch bestimmte Normen ab.

1 Apologetik kommt von griech. apologismai = ich verteidige mich und hat die Aufgabe, die christliche Wahrheit gegenüber ihren Gegnern zu verteidigen.
2 Gnosis siehe Exkurs Seite 56

Beide Unternehmungen setzen im gewissen Sinne die Tendenzen der nachapostolischen Zeit fort und arbeiten mit deren Mitteln.

Der Angriff: Das Evangelium ist nur für Ungebildete annehmbar

Die *Apologetik* ist durch die zunehmenden staatlichen und auch literarischen Verfolgungen der Kirche veranlaßt. Über den Angriff mit geistigen Waffen sind wir am besten durch die Schrift des Theologen *Origenes (185/6–254) gegen Celsus* (um 180) unterrichtet. Bei Celsus wird die Botschaft der Kirche als griechischer Mythos, als heimlicher Zauber, als Religion der »Einfältigen, Niedrigen, Unverständigen, Sklaven, Weiblein und Kindlein« angesehen. Dagegen muß sich ein Gebildeter wie Celsus wehren. Ihm hat schon die Vernunft zu gebieten, nicht an Wunder und gar noch an eine neue Leiblichkeit in der Auferstehung zu glauben: »Das ist so recht eine Hoffnung für Würmer!« Aber Celsus hat noch tiefer den Kern des Evangeliums als widersinnig empfunden und ins Lächerliche zu ziehen versucht. Er muß die evangelische Verkündigung gut gehört haben, wenn er an der entscheidenden Stelle mit seiner Kritik einsetzt:

»Diese (die Christen) aber rufen: Den Sündern, den Unverständigen, kurz den Unglückseligen steht das Reich Gottes offen! Den Sündern, d. h. den Ungerechten, Dieben, Einbrechern, Giftmischern, Tempelräubern, Gräberhyänen! Und warum nicht den Sündlosen? Ist es denn etwas Böses, nicht gesündigt zu haben? Den Ungerechten also, der sich im Bewußtsein seiner Schuld demütigt, nimmt Gott an; den Gerechten aber, der im Vertrauen auf seine Tugend von Anfang an zu ihm emporblickt, den nimmt er nicht an! Gott richtet also nicht nach Wahrheit, sondern nach Schmeichelei, Kriecherei?«[3]

Dieser Angriff findet seine Spitze in der Ablehnung der Trinität:

»Und wenn nun diese Leute wenigstens keinem andern dienten außer dem einen Gott! So aber verehren sie diesen neulich Erschienenen über die Maßen und meinen doch, in nichts zu fehlen in Beziehung auf Gott, wenn auch seinem Handlanger gedient wird.« (a.a.O. 5)

Aus der Verwerfung der Erlösungsbedürftigkeit entsteht in gerader Linie das Nein zum Kreuz Jesu und zu seiner daran sich offenbarenden Gottheit.

2. *Die Abwehr – Der Glaube wird der Philosophie angepaßt – Justin u. a.*

Die Arbeit der Apologeten liegt im wesentlichen in der Zeit vor Celsus, trifft aber in Richtung der gleichen, von ihm erhobenen Einwände. Männer wie

[3] Aus Origenes, Contra Celsum 3

Aristides (um 200), *Justin* (um 165 Märtyrer in Rom), *Titian* und *Athenagoras* (um 177) vertreten durchaus den Gemeindeglauben nach der Art des Clemens Romanus und seiner Zeitgenossen. Aber sie entfalten ihn nicht, sondern haben *das Ziel, den Gebildeten und den Mächtigen ihrer Zeit zu beweisen, daß das Evangelium historisch, philosophisch und moralisch einwandfrei sei.* Offenbarung und Vernunft liegen nun auf einer Ebene. Die Gnostiker haben den Gemeindeglauben denkmäßig begreiflich gemacht und mit Hilfe des allgemeinen und sittlich gültigen Bewußtseins unterbaut. Nun akzeptiert Justin den Zusammenhang der heidnischen Philosophie mit dem Evangelium und sieht ihn entweder durch das Alte Testament begründet (II. Ap. 13, 4) – oder aber das gesamte Menschengeschlecht am Logos, an der Weltvernunft, teilhaben kraft der ihm »eingepflanzten Keime« (I. Ap. 44).

Justin, um 100 bis um 165, war vor seiner Bekehrung um das Jahr 136 philosophischer Wanderlehrer und setzt danach seinen Beruf als wandernder christlicher Philosoph fort, trägt auch weiter die Tracht seines vorigen Berufes. Er hat eine positive Einstellung zur griechischen Philosophie: Sokrates und Heraklit sind für ihn ebensogut Christen wie Abraham. Er lebt in Ephesus, später in Rom, wo er um 165 das Martyrium erleidet.

Auch Gedanken aus der Stoa werden hier die Brücke zum Christentum. Mit ihnen sucht man alle Bedenken zu zerstreuen, die gegen die Wahrheit und Gewißheit des Evangeliums geltend gemacht werden. Hierzu dient vor allem die Beweisführung, daß der vorzeitliche und der ganzen Welt sich mitteilende Logos als die göttliche Vernunftzentrale auf wunderbare Weise – durch Jungfrauengeburt – in Christus zur Welt gekommen sei[4]. Auch die Apologeten sehen – hierin den Gnostikern nicht unähnlich – die Erscheinung Jesu innerhalb eines umfassenden, vorzeitlich bedingten Dramas mit heidnisch-philosophischem Hintergrund.

Anpassung rettet vor heidnischem Richter

Die Darlegungen der Apologeten tragen im übrigen auch naive Züge. Merken sie denn den Widerspruch zwischen Philosophie und Glauben nicht? Man wird, wie später in Tertullians Apologeticum, sehr vieles auf den unmittelbaren Zweck schieben müssen: *Es galt in der Tat ganz praktisch, Menschen vom Tode zu erretten und aus den Händen der heidnischen Richter zu befreien.* Es gab für sie darum kein dringenderes Anliegen, als die bürgerliche Ehrbarkeit und die politische Zuverlässigkeit der Christen ins rechte Licht zu setzen. Dies geschah, indem man die größtmögliche Übereinstimmung mit dem Geist des Griechentums betonte. Und dennoch! Der Ver-

[4] Justin, Dial. c. Tryphone 54, 1

gleich zwischen den Gnostikern und den Apostolischen Vätern wiederholt sich hier bei den Apologeten noch einmal. Dort wie hier fehlt es den Vertretern der Kirche an der auf das Heil konzentrierten Tiefe. *Man setzt Christus mit dem Weltlogos in eins* und macht ihn damit zu einer blassen Idee. Christi wirkliches, in diese unsere Geschichte eingreifendes und erneuerndes Erlösungswerk bleibt im Schatten. Dagegen vermag – so die Apologeten – der Mensch, der ja auch an sich Teilhaber des Logos ist, kraft seiner Freiheit die Gebote Gottes zu erfüllen (Tatian 11).

Das neue Gesetz der Apologeten

Selbst *Justin* kann diesem Gedanken in beredten Worten Ausdruck geben:

> »Wir sind nicht zum Tode geboren, wir sind selbst schuld, wenn wir sterben; zugrunde gerichtet hat uns die Freiheit. Aus Freien sind wir Sklaven geworden, um der Sünde willen sind wir verkauft. Nichts Böses ist von Gott geschaffen, das Böse haben wir zuwege gebracht. *Wir, die es hervorgebracht haben, sind imstande, es auch wieder abzutun.«* (Justin I. Ap. 28) »*Den Weg, die Freiheit und die Vernunft recht zu gebrauchen,* zeigt Jesus dem Menschen *durch seine Lehre.«* (a.a.O. 23)

Wird man hier nur von einem Unvermögen zu sprechen haben, die Dinge theologisch richtig auszudrücken, oder liegt die Not nicht genau dort, wo sie bei den Apostolischen Vätern ist?

Weil die Apologeten dem Ärgernischarakter des Evangeliums ausweichen und die *Botschaft zu einem neuen Gesetz und damit zu einer Moral erniedrigen, darum ist ihnen der unendliche Abstand zur Philosophie nicht mehr bewußt. Der Gnostiker gibt dem noch mit seinem Dualismus Ausdruck, der Apologet aber weiß von einer die gefallene Erde umlagernden Dunkelheit in Wirklichkeit nichts mehr.* Ihn trägt das optimistische Bewußtsein, das den Aufklärer des 18. Jahrhunderts durchglüht.

Dies ist aber nur möglich auf dem Boden einer *Werkethik.*

Was bei den Vätern noch durch paulinische und johanneische Zitate und Nachbildungen verhüllt ist, tritt nun in vollem *Rationalismus* ans Licht. *Diese Theologen haben für alle Zeiten der römischen Kirche den Grund gelegt, indem sie Vernunft und Wunder, heidnisches und biblisches Denken verbanden* und dadurch der christlichen Verkündigung selbst die Spitze abbrachen. Im Mittelpunkt ihres Systems stand nicht mehr der historische Christus, sondern der Logos, die allen Menschen zugängliche Erkenntnis von Gottes Schöpfung und Erlösung. Wie nahe kommt damit letzten Ende die Apologetik der Gnosis! *Sie deuten beide mit rationalen Mitteln die Schrift um,* und zwar besonders das Alte Testament. Es wird zum logisch faßbaren Beweismittel.

Die Kirche liefert ihr Heiligtum an ein artfremdes Denken aus, sei es *im*

Dualismus Marcions oder in der Schau eines *Justin, der alles, Offenbarung und Philosophie, auf einer Ebene* sieht. An die Stelle des Ärgernisses, der Andersartigkeit des Evangeliums, setzen sie schließlich das Prinzip der Vernunft, der Moral, der menschlich meßbaren und wertvollen Leistung des einzelnen Christen. Um die Eschatologie des N. T. ist es bei dieser Sicherung geschehen. Über das zweite Jahrhundert hinaus ist die Wirkung der Apologeten zunächst bei den altkatholischen Vätern, bei Irenäus und Tertullian, sichtbar.

3. *Die drei Mauern der Kirche: Glaubensregel, Schriftkanon und Bischofsamt*

Die Kirche des ausgehenden zweiten Jahrhunderts hat sich gegen die auflösende Tendenz der Gnosis mit einer dreifachen Mauer zu stützen gesucht. *Glaubensregel, Schriftkanon* und *Bischofsamt* werden die mächtigen Bollwerke.

Gewiß hatte die Gemeinde schon viel früher ein Bekenntnis, das zur Sammlung diente. Schon in der Zeit der Apostel werden bestimmte Sätze laut, die den Inhalt des Evangeliums zentral zum Ausdruck bringen. Daß »*Jesus Christus der Herr*« ist, wäre hier als urchristliches Bekenntnis zu nennen[5]. Auch bei Ignatius findet sich gelegentlich eine ähnliche Formulierung, die von der Jungfrauengeburt, dem wahrhaftigen Menschsein und Leiden Jesu unter Pontius Pilatus, seiner Kreuzigung und Auferstehung spricht (Trall. 9). Und doch wird man alle diese Ansätze nicht für ein geschlossenes, festes Bekenntnis halten können, wie es die spätere Zeit als Glaubensregel (regula fidei) verstand. Dazu kam es erst in der Auseinandersetzung mit der Gnosis.

Die Regula fidei – zwischen 120 und 150 als Taufbekenntnis

Das sogenannte *Apostolicum* (die Regula fidei) ist schon in der Zeit *zwischen 120 und 150 in Rom als Taufbekenntnis in Gebrauch.* Es stellt in seiner trinitarischen Gestalt die Grenzlinie zum gnostischen Dualismus scharf heraus: *Gott ist der Allmächtige, der Sohn ist der Einziggeborene, der Geist ist der Heilige.* Weiter betont dies Bekenntnis in seiner Christologie den göttlichen und menschlichen Ursprung Jesu, seine Sohnschaft und seine sich im Werk der Erlösung vollziehende Herrschaft. Ohne auf den Doketismus weiter ein-

[5] 1. Kor. 12, 3; Phil. 2, 11

zugehen, atmen doch diese Sätze die *aller Spekulation feindliche,* herbe und klare *Luft der Geschichte.* Nur so ist die Erwähnung des Pontius Pilatus zu verstehen.

Die älteste uns erhaltene Form hat Marcell von Ancyra überliefert (340). Sie lautet in der überzeugenden Anordnung von K. Holl, Gesammelte Aufsätze, 1919 (II. S. 115ff.) folgendermaßen:

> *Ich glaube an Gott den Vater, den Allmächtigen*
> *und an Christum Jesum*
> *seinen Sohn den eigenborenen,*
> *unsern Herrn,*
> *den vom heiligen Geist und Maria der Jungfrau Geborenen,*
> *den unter Pontius Pilatus Gekreuzigten und Begrabenen,*
> *am dritten Tage auferstanden von den Toten,*
> *aufgefahren gen Himmel,*
> *sitzend zur Rechten des Vaters,*
> *von wo er kommen wird,*
> *zu richten die Lebendigen und die Toten.*

Wir müssen in der Tat weit suchen, um im Schrifttum des zweiten Jahrhunderts eine ähnliche Konzentrierung auf die entscheidenden Punkte des Glaubens zu finden. Weder die moralische Haltung der Apostolischen Väter noch die philosophische Gebärde der Apologeten prägt sich in diesem Symbol aus. Es ist ein Bekenntnis, das die Schrift selbst zum Wort bringt. Kein anderes Zeugnis der alten Kirche wird man darum mit gleichem Recht ökumenisch nennen können. Es ist in einer nicht näher zu deutenden, aber bestimmten geschichtlichen Situation entstanden und hat doch einen Zug in sich, der es über diese Zeit hinaushebt und zum wirklichen Bekenntnis bis in den Kampf unserer Tage macht.

Chronologie der Kanonbildung in Stichworten

Ende 1. Jh. wird auf der Synode von Jabne der **palästinische alttestamentliche** Kanon festgelegt (der Tempel ist zerstört, Jerusalem verloren, »die Schrift« jedoch bleibt den Juden im Exil);

bei Paulus tritt neben »die Schrift« **das mündlich überlieferte »Wort des Herrn«,** dessen Vermittler die Apostel sind;

um 150 treten neben »die Schrift« die **Evangelien,** ebenfalls als **»Schrift«;**

Marcions Kanon (um 140) enthält nur **»das Evangelium«** (Lukas) und **»den Apostel«** (10 Paulusbriefe);

2. Hälfte 2. Jh.: Papias und Justin erkennen **Apostelgeschichte** als »Schrift«, neben Altem Testament, Evangelien, Apostelbriefen an;

Ende 2. Jh.: das »Muratorische Fragment« bezeichnet als kanonisch: **4 Evangelien, Apostelgeschichte, 13 Paulusbriefe, 2 Johannesbriefe,**

Judasbrief, Apokalypse, dazu die »Petrusapokalypse, von der einige der Unseren nicht wollen, daß sie in der Kirche gelesen werde«;

Origenes nennt als umstritten: 2. Petr., 2. und 3. Joh., Jakobus und Jud.;

367 legt **Athanasius** im 39. Osterfestbrief das N. T. in seinem heutigen Umfang von **27 Büchern fest.**

Der Kanon – er steht um das Jahr 200 im ganzen fest

Wenn aber das Bekenntnis seine Wurzeln in der Schrift hat, muß diese selbst sich gegenüber dem außerbiblischen Schrifttum abgrenzen.

Als *Marcion* seinen Angriff gegen das Alte Testament unternahm und zugleich seinen Kanon aufstellte[6], als die Gnostiker mit eigenen heiligen Schriften hervortraten, wurde die Frage nach einem allgemein gültigen Kanon, »einer Richtschnur«, dringend. Bei diesem Ausscheidungsprozeß bildet die »Glaubensregel« den Maßstab.

In klarer Erkenntnis der Lage wurde man dazu geführt, das Alte Testament und die vier Evangelien (i. J. 150) und diese wiederum mit der Apostelgeschichte und den Paulusbriefen in gleicher Geltung zu sehen. Den Schluß bilden die katholischen Briefe (1. Petrus; 1. und 2. Johannes, später 3. und Judas). *Um 200 steht der Kanon des N. T. im ganzen fest,* obwohl noch einige Teile des N. T. in Frage sind (Kanon Muratori). Abgelehnt aber werden die apokryphen Evangelien (z. B. das des Petrus), weiter die Apokalypsen, sogar zunächst auch die des Johannes.

Damit hat die Kirche im harten Kampf mit der Gnosis das ihr eigene Schrifttum im großen und ganzen schon damals abgegrenzt. Alle Hoffnungen, etwa die »Briefe des Barnabas«, »Hirte des Hermas« u. a. aufzunehmen, fallen dahin. Auch wenn wir im Licht der Reformation diesen Vorgang beurteilen, können wir nicht anders, als diese Scheidung und den in ihr waltenden Geist zu bejahen. Wir kennen keine einzige außerbiblische Schrift, der wir die Aufnahme in den Kanon zubilligen könnten. Schwerer ist der Kirche bis heute das umgekehrte Urteil geworden, alle neutestamentlichen Schriftteile im vollen Maße als kanonisch anzuerkennen.

Wie die »Glaubensregel«, so ragt auch diese Tat der *Kanonbildung* weit über das hinaus, was sich aus der Kenntnis der Literatur des zweiten Jahrhunderts deuten läßt. Im Neuen Testament haben die Zeugen der apostolischen Zeit ein unüberhörbares Wort gesprochen, demgegenüber sich alles spätere Wort der Kirche immer wieder unter dem Gericht und unter der unüberbietbaren Gnade erkannte. Daß neben die Evangelien die Briefe der Apo-

[6] 138 war Marcion in Rom, 144 wurde er aus der Kirche ausgeschlossen und gründete die marcionitische Kirche.

stel traten und hier die Grenze gezogen wurde, hat die Kirche vor dem Zerfließen in Zeitmeinungen gerettet, sie aber gleichzeitig vor die immer dringliche Frage gestellt, ob sie nur noch zu gesetzlich verstandenen Wiederholungen fähig sei oder das allezeit lebendige Wort, das immer neu gesagt werden muß, in ihrer Mitte habe. Als der *Katholizismus* sich für die Ebenbürtigkeit von *Wort und Tradition* entschied, glaubte er, das unaufhörliche Leben der Kirche in Christus zu bezeugen. In Wirklichkeit hob er aber *die Spannung* auf, die *zwischen dem Neuen Testament und der jeweiligen Gegenwart* bleiben muß, zwischen der geschichtlichen Einmaligkeit ihres Christuszeugnisses und der Botschaft, die auf dem Grund der Apostel und Propheten jede Generation neu auszurichten hat.

Es kam nun alles darauf an, mit welchen Händen die Kirche dieses Erbe empfing. Daß sie es schon bei Tertullian und Irenäus gesetzlich mißverstand[7], legt die Vermutung nahe, daß auch der Kanon ähnlich wie das Apostolicum schon vor der Zeit des gnostischen Angriffes in seinen Hauptbestandteilen in den Gemeinden vorhanden war. Zum allgemeinen Bewußtsein aber kamen diese Normen erst in der Auseinandersetzung mit dem fremden Geist der Gnosis. Hier lag nun alles daran, wer diese Maßstäbe verwaltete und wie dieses im einzelnen geschah. Zunächst bedeutete die Begrenzung der Kirche auf die *Regula* und den *Kanon* einen Akt der Notwehr. Stand dahinter die Gewißheit des Evangeliums oder die Angst vor dem Gegner? Mit der Aufrichtung der dritten Mauer ist diese Frage in ganz bestimmter Weise beantwortet.

Das Amt – die apostolische Sukzession

Es wurde in den größeren Gemeinden Brauch, *die Reihe der Bischöfe auf die zwölf Apostel zurückzuführen,* um dadurch die Reinheit der Lehre und die Kraft des Amtes in der *ununterbrochenen Sukzession* (Nachfolge) festzustellen. Das geschah nicht ohne Geschichtskorrektur, aber es gelang, und es wurde namentlich von Rom aus mit Erfolg vertreten. Führte man den römischen Bischof auf den »Apostelfürsten Petrus« zurück (Anfang 3. Jh. wird er noch nicht als erster Bischof von Rom aufgeführt!), dann mußte ihm der Primat zukommen, auch der Würde der Hauptstadt des Reiches entsprechend. Wiederum ist die Gewißheit und Wahrheit des Glaubens auf eine menschlich nur allzu verständliche Linie gebracht. Wie die Apologeten mit dem Beweis des größeren Alters der Propheten gegenüber Plato und Aristo-

[7] Tert. de praesor. här. 14: Dein Glaube, sagt der Herr, hat dir geholfen, nicht die Vertrautheit mit der heiligen Schrift. Der Glaube ist in der Glaubensregel niedergelegt, er umschließt das Gesetz und infolge der Beobachtung des Gesetzes das Heil.

teles argumentieren, so wurde nun auch innerhalb der Christenheit das Fundament der Kirche in der Würde einer lückenlosen Bischofsliste gesehen. Die von Ignatius betonte Konzentration um das Amt haben die Väter der katholischen Christenheit, Irenäus und Tertullian, verschärft:

»Wenn einige Häresien die Kühnheit haben, sich in das apostolische Zeitalter einzudrängen und deswegen als von den Aposteln herrührend erscheinen wollen, so können wir erwidern: Gebt die Ursprünge eurer Kirchen an, entrollt eine Reihenfolge eurer Bischöfe, die sich von Anfang an durch unmittelbare Aufeinanderfolge so fortsetzt, daß der erste Bischof einen aus den Aposteln oder den apostolischen Männern, jedoch einen solchen, der bei den Aposteln ausharrte, zum Gewährsmann und Vorgänger hat. Denn das ist die Weise, wie die katholischen Kirchen ihren Ursprung nachweisen.« (Tert., de präser. här. 32 vgl. Iren., här. III, 3,1)

Der Ostertermin – ein Streitobjekt zwischen Rom und den kleinasiatischen Gemeinden

Die Sorge, daß sich hier der Panzer des Gesetzes über die Kirche breiten und auch die Glaubensregel und der Kanon davon ihren eigen-artigen Akzent erhalten, wird durch den *Streit um den Ostertermin* bestätigt, in den die römische Gemeinde mit der kleinasiatischen geriet. Im Jahre 154 kam es zwischen den Bischöfen *Anicet von Rom* (154/5–166) und *Polykarp von Smyrna* († 156) noch zu einer guten Vereinbarung, indem jeder bei seinem Datum blieb. Die Einheit des Glaubens stand über der Äußerlichkeit des Kalenders. Anders dachte der römische Bischof *Viktor* (189–198), als er kurzerhand die Kleinasiaten zu zwingen versuchte, seine Osterberechnung anzuerkennen. Ihre Ablehnung beantwortete Viktor mit der Exkommunizierung, d. h. er hielt sich für berechtigt, die kleinasiatischen Gemeinden aus der Gesamtheit der Kirche Christi auszustoßen, um dieses rein formalen Brauches willen. Der Machtwille, der hinter diesem Gewaltstreich sichtbar wird, beleuchtet deutlicher als alles andere die Lage und läßt die drei Schutzmaßnahmen der Kirche in noch ganz anderer Weise in gesetzlichem Lichte erscheinen. Wohl hat sich Irenäus gegen diesen Geist Roms gewehrt, ohne daß aber seine Einwände wesentlich beachtet wurden[8].

Um das Jahr 180 sind die Grundlinien der katholischen Kirche gelegt.

4. *Der Montanismus, ein Erwachen der Hoffnung?*

Die kleinasiatischen Gemeinden suchen das Vorbild der Urgemeinde

Nicht ohne Zusammenhang mit diesem werdenden Katholizismus ist die Bewegung zu erklären, deren Führer der Kleinasiate (Phrygier) *Montanus*

[8] Eus. h. e. V, 24, 12–17

(† 178/79) ist. Hell genug steht das Bild der Urchristenheit vor den Augen der kleinasiatischen Christen, um den Abstand zur eigenen Gegenwart zu empfinden. Johannes und nach ihm Ignatius und Polykarp stellen eben doch einen anderen Typus dar als Viktor von Rom und seine Vorgänger. War die Kirche nicht doch in Gefahr, in ihrem *Amtsbewußtsein zu erstarren*, in ihren Normen zu verkrusten, in ihrer Geschichte zu versinken? Und gab sie das Beste nicht verloren, als die glühende Enderwartung erlosch und sie sich nur allzufest auf dieser Erde verankerte? Wie der Gnosis der Trieb zum zentralen Verständnis des Heilswerkes innewohnt, so wird Montanus mit seinen phrygischen Prophetinnen Priska und Maximilla (um 160) von dem einen Verlangen beseelt, die Kirche wieder mit Geist und Leben in lebendiger Hoffnung zu erfüllen.

Der Weg zur Sekte

Lehnte Montanus das Amt und die Schrift zusammen mit der Glaubensregel als genügende Ausweise der Kirche ab, so mußte er deutlich bekennen, was er an ihre Stelle setze. Es ist kein Zweifel, daß er sich selbst als den in den Abschiedsreden Jesu verheißenen Parakleten, ja als den Vater und den Sohn erklärt hat und das neue Jerusalem in großer göttlicher und zeitlicher Nähe in Pepuza erwartete. Warum aber soll die Kirche jetzt noch auf das Evangelium hören, wenn nach der Zeit des alten und neuen Bundes die des Geistes eingetreten ist? Eine neue Zeit fordert ganz andere Maßstäbe. Wie kann – das wird nun die Hauptfrage – die in den Gemeinden geübte Zucht vor dem Urteil des »Geistes« bestehen, wenn Lauheit und Kompromisse aller Art den Durchschnitt bilden? Namentlich *Tertullians*, des afrikanischen Presbyters, Juristen, Redners und Schriftstellers *zeitweiliger Übertritt zum Montanismus (207)* ist hierin begründet. Er konnte es nicht begreifen, daß der Bischof von Rom *(Calixt)* Todsünder wieder in die Kirche aufnahm, Menschen, die in der Verfolgung den Glauben verleugnet hatten. Ihm sind die strengen ethischen Anordnungen des »Parakleten« das einzige Mittel, um die Christenheit vor dem völligen Zerfall zu retten.

Das neue Gesetz des Parakleten

Es liegt über dem Montanismus eine ähnliche Tragik wie über der Gnosis. Man war ausgezogen, um die Kirche aus den Klammern einer toten Orthodoxie, einer schwachen Theologie, eines mittelmäßigen Amtsbegriffes zu befreien, man geriet aber unter die Last einer noch viel stärkeren Gesetzlichkeit. Nun galt es jedenfalls zu »glauben«, was Montanus sagt, denn hier sprach ja »der Geist«. Dieser Geist aber leitete nicht zu Christus und seinem

Wort, sondern zu einer Unmenge von Regeln und Höchstleistungen. Das, was Paulus für »erlaubt« erklärte, war in der Zeit des Parakleten streng untersagt, so z. B. die zweite Ehe. Der Geist des Montanismus führt nicht zur wahren Freiheit, sondern zur Vernichtung der Natur und der Geschichte. Er weist trotz allen Redens vom nahen Reich nicht zur gespannten Erwartung Christi, sondern zur Ekstase, Askese und zum Enthusiasmus der eigenen, seelisch erregten Tat. Hier brechen nicht neue Quellen der Erkenntnis auf, wohl aber versucht der Mystiker mit den Mitteln einer feinen Gesetzlichkeit die Höhe der neutestamentlichen Zeit zu erreichen, ja an bestimmten Punkten sie zu überbieten. Diese Reaktion gegenüber der kirchlichen Orthodoxie hat die Fehler, die sie bekämpfen wollte, nur noch verstärkt und bis zum Radikalismus getrieben.

177 versuchte man von Lyon aus zu vermitteln, was vom Bischof von Rom dann verhindert wurde, so daß es zu einem langsamen Ausscheidungsprozeß kam.

Die Aufgabe, die am Ausgang des zweiten Jahrhunderts vor Männern wie Irenäus und Tertullian stand, entsprach der Arbeit, vor die sich Paulus gestellt sah. Gelang es ihnen noch einmal, das Steuer herumzuwerfen und wider die gesetzliche und spekulative Entgleisung das eine und unbedingte Heil zu bekennen? Tertullian hat es nicht eindeutig vermocht. Sein auf die Praxis gerichtetes Denken glaubte, *in der Verschärfung der Ethik* den Weg gefunden zu haben. Tiefer ist Irenäus zum Zentrum, zur theologischen Frage selbst vorgedrungen.

5. *Die Altkatholischen Väter – zwischen Gesetz und Evangelium*

Irenäus sowohl wie *Tertullian* standen im Kampf gegen die Gnostiker fest zu den drei Mauern der Kirche: Glaubensbekenntnis – Kanon – Amt. Sie waren davon durchdrungen, damit nichts anderes zu verkündigen als den Glauben der Apostel:

»Mögen die zusehen, die ein stoisches und platonisches und dialektisches Christentum zu Tage gefördert haben. Seit Jesus Christus brauchen wir, um unsere Wißbegierde zu befriedigen, nichts mehr; nach dem Evangelium bedarf es für uns keines weiteren Forschens.« (Tert., de praeser. här. 7,2)

Die Logos-Christologie des Irenäus

Mit dieser Betonung der Einheit verbindet sich aber eine eigentümliche Theologie, deren originale Prägung bei *Irenäus* (geb. um 140) zu beobachten ist. *Gegen die Systeme der Gnosis stellt dieser Kleinasiate und spätere Bischof von Lyon*[9] *(seit 177) eine selbständige und in sich geschlossene Theologie von der Einheit Gottes, des Schöpfers und Erlösers.* Jede Trennung im Sinne Marcions (s. Seite 58) zerstört das Zentrum, auf das alles ankommt: die Wirklichkeit der durch Christus geschehenen Erlösung. Aber nach Irenäus beruht nun die Erlösung darauf, daß *Christus das verlorengegangene Gottesbild im Menschen in seinem vollkommenen Erdendasein wiederherstellt*[10]. Er hat das für uns »rekapituliert«, was wir nicht vollbracht haben. Jeder Verdacht, als habe es an dieser wahrhaftigen Menschheit Jesu gefehlt, wird von Irenäus abgewiesen. Aber während er in dieser antignostischen Front jeden Dualismus und Doketismus abwehrt, drängt sich der heimliche Feind von anderer Seite in seine Gedankenreihen hinein. Dies geschieht in der *Logos-Christologie,* dem Erbe der Apologeten und Gnostiker. Im Augenblick, in dem Irenäus die ganze Größe des Gottmenschen ans Licht stellt, möchte er das Wunder der Person Jesu durch den Hinweis *auf den in ihm, dem Menschen, wohnenden, aber in seinem Leiden und Kämpfen unbeteiligten Logos* zu deuten suchen:

»Wie er Mensch war, um versucht zu werden, so auch Logos, um verherrlicht zu werden. Der Logos verhielt sich ruhig, als er versucht und verachtet, gekreuzigt und getötet wurde, aber er half dem Menschen beim Siegen und Ausharren, Auferstehen und Auffahren« (III, 19,3).

Damit ist das von den Apologeten angerührte Problem des Christusbildes mit voller Macht in die Geschichte hineingeworfen. Man darf wohl sagen, an dieser Not hat sich die alte Kirche zerrieben. Hier stieß das logische Streben der Griechen mit der alles Denken überragenden Gottestat zusammen und konnte sich nicht von seinen Vernunftgesetzen trennen. Für Irenäus ist dieses Ineinander von Logik und Glaube noch keine Not. Er sah genau wie die Apologeten die Dinge auf einer Ebene.

Tertullian und die zwei Substanzen

Wesentlich anders ist es auch bei *Tertullian*[11] (um 160–200 in Karthago) nicht. Er hat es als echter Vertreter juristischen Denkens und Formulierens verstanden, in festgeprägten Formeln von den zwei Substanzen, der göttlichen und menschlichen und der einen Person in Christus zu sprechen. Das bedeutet aber für das Leiden Jesu eine sonderbare Trennung, einen zerrissenen Christus.

[9] Damals sprach man in der Gemeinde von Lyon griechisch!
[10] adv. här. III, 18, 1
[11] Tertullian ist bei seiner Bekämpfung des Gnostizismus von Irenäus abhängig, steht mit seiner Theologie aber den Apologeten näher (Logoslehre)

»›Mein Gott, warum hast du mich verlassen.‹ Das war nur ein Ruf, den das Fleisch und die Seele, d. h. der Mensch ausstieß, kein Ruf des Logos und des Geistes, d. h. Gottes. Er wurde deshalb ausgestoßen, um zu zeigen, daß Gott leidensunfähig sei, der den Sohn verließ, indem er dessen Menschheit in den Tod gab.« (Tert., adv. Prax. 30,2).

Diese Sätze Tertullians sind gegen die Anschauung der *»Patripassianer«* gerichtet, die da meinten, *der Vater* (= pater) sei in Wirklichkeit geboren worden, er habe am Kreuz gelitten (= passio), d. h. Gott selbst sei gekreuzigt worden. Und doch, Irenäus wie Tertullian kommen an diesem Punkt dem Doketismus nahe, indem sie *das Geheimis des Leiden Jesu auf eine aktive und passive Ebene verteilen* und die Einheit seiner Person damit zerreißen. Liegt nicht gerade alles daran, daß nicht nur der Mensch, sondern der Gottessohn litt? Ist diese Christologie wesenhaft verschieden von den anderen Deutungen des zweiten Jahrhunderts? Außer der »patripassianischen« gibt es die *»modalistische«* Auffassung, nach der Christus nur eine vorübergehende Erscheinungsweise, eine »Maske« Gottes ist, und weiter die *»dynamische«* Lösung, bei der man Christus lediglich als Menschen anerkannte, dem ganz besondere Kräfte von Gott innewohnten. Die Logoslehre schien beide Erklärungen an ihrer schwachen Stelle zu überwinden. Christus ist mehr als ein Mensch und weniger als der Vater, d. h. ihm unterworfen und nicht identisch mit ihm.

6. Christus, das Heilmittel der Unsterblichkeit

Die Vergottung des Menschen

Und doch hat die Logoslehre eine verhängnisvolle Wirkung ausgeübt. Indem die *Altkatholischen Väter die Unterscheidung des leidenden Jesus von dem leidlosen Christus* aufnahmen, unterstützten sie die Linie, die die Apologeten mit den Gnostikern verband. Der Akzent fiel nun doch *nicht auf das geschichtliche Leben Jesu, sondern auf die* eigentümliche *Verbindung von ewigem Logos und zeitlichem Menschentum, nicht auf die Heilstat am Kreuz, sondern auf das Heilsereignis der Menschwerdung.* Alles andere ist nur ein Paradigma, ein Nachspiel zu diesem einen Wunder. Sobald aber das persönliche Bild Jesu in das Schema dieser Logoschristologie eingeordnet wurde, legte sich der aus dem Heidentum kommende Gedanke nahe, nach dem das Werk der Erlösung wesentlich *magisch-naturhaft* zu denken ist. Mit dem ewigen Logos ist gleichsam eine unendliche Substanz in die Menschheit eingetreten. Indem er sich mit dem Menschen Jesus verband, ist die Menschheit in diesen Bund aufgenommen: *Gott wurde Mensch, damit wir vergottet würden!*

Das magische Mißverständnis vom Abendmahl

Was hier durch die Geburt Jesu geschehen ist, die Einbeziehung der Menschheit in die Unvergänglichkeit, die Erlösung aus dem Todesschicksal – das empfängt der Christ als immer neue Gabe durch das *Abendmahl*. Diesen Gedanken hatte Ignatius schon mit dem »Heilmittel der Unsterblichkeit« ausgedrückt (Eph. 20, 2).

Tertullian prägt die lateinischen Glaubensbegriffe, z. B. die *satisfactio*, d. h. die Genugtuung am Kreuz für uns, aber auch als das Werk des Menschen in der Heiligung.

Die Altkatholischen Väter sind weder die grundsätzlichen Bestreiter der Philosophie noch des Moralismus geworden. Und doch haben sie das Erbe des Neuen Testamentes, das Wort und Werk Jesu und das Zeugnis des Paulus und Johannes mit großer Kraft wider alle Irrlehrer festgehalten. Es gebrach ihnen nicht an radikalem Ernst, den Bruch mit der Lauheit zu vollziehen, aber sie sahen nicht, daß die Scheidung noch viel tiefer und eschatologisch umfassender geschehen müsse, als es Irenäus in seinen antihäretischen, Tertullian in der Menge seiner praktischen und doch schließlich nur zur Werkheiligkeit führenden Schriften gelang.

Literatur

A. v. Harnack, Die Entstehung der christlichen Theologie, 1926
N. Bonwetsch, Die Geschichte des Montanismus, 1881
N. Bonwetsch, Die Theologie des Irenäus, 1925
Th. Brandt, Tertullians Ethik, 1929
v. Campenhausen, Die lateinischen Kirchenväter, 1960
F. F. Bruce, Die Glaubwürdigkeit der Schriften des Neuen Testaments, 1976

Zeittafel

Die römischen Kaiser von Domitian bis Marc Aurel, 81–180

81–96 **Domitian:** Christentum gilt als jüdische Sekte, nur einzelne Verfolgungen, »jüdisch Lebende« werden angezeigt;
96–98 Nerva
98–117 **Trajan:** erste staatsrechtliche Regelung der Christenprozesse. Unter Trajan stirbt Ignatius v. Antiochien; Christentum ist strafbar;
117–138 Hadrian: untersagt Denunziationen, Christen sollen nur wegen Verbrechen, nicht wegen ihres Glaubens bestraft werden;
138–161 Antonius Pius: wehrt durch Edikte dem christenfeindlichen Volk, Verfolgung in Athen (Bischof Publius † ca. 140), Rom (Ptole-

mäus †), Smyrna (Polykarp † 156); Mithraskult;

161–180 **Marc Aurel:** Stoiker, begünstigt Christenprozesse, starke Verfolgung in Pergamon, Lyon, Vienna, Rom (Justinus Martyr † ca. 165); Grenzischerungen Euphrat u. Donau

Römische Bischöfe von Pius I bis Eleutherus von 142–199

142–154/5 Pius I

154/5–166 Anicet: in sein Pontifikat fällt der Streit über den Ostertermin; Marcion

166–174 Soter

174–186 Eleutherus: bekämpft den Montanismus

186–199 Viktor I: monarchische Amtsführung; Osterstreit

8. Kapitel

Staat und Kirche bis 250

Erste Verfolgungen – Polykarp † – Herrnmahl und zweite Buße – Die Kirche des Novatian: die Katharer – Weltflucht der Gemeinde

1. Die Situation: Sinkende Autorität der Kaiser – verstärkter Synkretismus

Bis zu *Decius* und *Valerian* (250/51 und 257/60) kann man von einer umfassenden Christenverfolgung im Sinn einer kaiserlichen Aktion noch nicht sprechen. Was sich in den 200 Jahren bis dahin vollzog, waren einzelne Vorstöße, bei denen aber doch nach und nach auf seiten der Behörden ein immer deutlicheres Wissen aufkam, im Christentum einen Gegner von ganz einzigartiger Gestalt vor sich zu haben. In diese Entwicklung spielten ferner noch mancherlei Motive von allgemeiner Natur hinein. Wir beobachten seit dem Tode des Kaisers Marc Aurel im Jahre 180, verschärft vom Jahre 192 ab, seit dem Tode des *Kaisers Commodus*, ein dauerndes Sinken der kaiserlichen Autorität, ein *Abgleiten der höchsten Macht in die Hände des Heeres* und seiner rasch wechselnden Befehlshaber und damit einen Auflösungsprozeß des bis dahin festgefügten Weltreiches. Wieviel leichter sind jetzt die Herrscher zu hin und her schwankender Religionspolitik unter ganz verschiedenen Einflüssen fähig. Zu alledem kommt aber die geistige Gesamtlage überhaupt. Im 3. Jahrhundert erscheint es zunächst so, als wolle der heidnische Synkretismus, d. h. die Vermischung der verschiedensten Religionen, mit dem Evangelium einen Bund schließen. Man nimmt an, daß hinter jeder Religion eine Wahrheit steht, um derentwillen sie anzuerkennen ist. Vom Orient her gewinnen die Mysterienkulte wachsende Bedeutung. Bis zum Jahr 200 gehörten die weitaus meisten Christen dem griechischen Sprachgebiet an und waren Stadtbewohner außer in den asiatischen Provinzen und Ägypten. Obwohl sich prozentual mehr Angehörige der unteren Schichten zu Jesus bekehrten, nahm die Zahl der gebildeten und wohlhabenden Christen ständig zu. Um 300 gibt es Provinzstatthalter, die der Staat von der Teilnahme am Staatskultus befreite.

2. *»Ein Same ist das Blut der Märtyrer«*

Nach der kurzen, aber heftigen Verfolgung unter *Nero* (64) bleibt es bis zu *Domitian* (81–96) ruhig. Dieser ging am Ende seiner Regierung gegen seine eigenen Verwandten vor[1]. Bezeichnend ist, daß man hierbei die Anklage wegen Atheismus erhoben hatte. Das kann vom heidnischen Verständnis aus

Die älteste Darstellung einer Kreuzigung: das Spottkruzifix vom Palatin in Rom (um 200 n. Chr.). Durch diese Zeichnung mit der Unterschrift »Alexamenso betet seinen Gott an« sollte offenbar ein christlicher Page am röm. Kaiserhof verspottet werden.

[1] Dio Cassius 67, 14

als Abweisung der Kaiserverehrung verstanden werden, auf die gerade Domitian Wert legte.

Außer den Angaben der *Johannesapokalypse* über Verfolgungen in Smyrna, Pergamon und Philadelphia[2] sind wir durch den Briefwechsel des jüngeren *Plinius* (Statthalter in Bithynien) mit *Kaiser Trajan* (98–117) über die Vorgänge in Kleinasien genau unterrichtet. Trajan ist noch um 112 der Meinung, durch einige kluge Anweisungen der Christen Herr zu werden und sie durch Milde und nötigenfalls mit Strenge von ihrem Wahn zu befreien. Seine Antwort an Plinius lautet:

»Es läßt sich nicht für alle Fälle eine bestimmte Form (des Verfahrens) festsetzen. Aussuchen muß man sie nicht; werden sie angezeigt und überführt, so muß man sie bestrafen, doch so, daß, wer leugnet, ein Christ zu sein, und dies durch die Tat beweist, nämlich durch Anrufung unserer Götter, wenn er auch in Beziehung auf die Vergangenheit verdächtigt ist, um seiner Reue willen Verzeihung erlangt. Namenlose Anklageschriften aber dürfen bei keiner gerichtlichen Entscheidung zugelassen werden, denn das wäre ein sehr schlechtes Beispiel und unseres Zeitalters nicht würdig.«

Auch hier handelt es sich letzten Endes um die Verehrung des Kaisers und seines Bildes. Der Einfluß der stoischen Gedanken auf Männer wie *Hadrian* (117–138) wirkte entspannend und ließ vorübergehend das Humanitätsideal im Sinn eines gewissen Toleranzgedankens überwiegen. Aber auch bei den durch *Antoninus Pius* (138–161), *Marc Aurel* (161–180) und *Commodus* (180–192) veranlaßten Verfolgungen handelte es sich um einzelne Vorstöße, die sich namentlich gegen die Führer der Gemeinden richteten. Aus den *Märtyrerakten* des *Polykarp von Smyrna, Justins* und anderer tritt uns in eindrucksvoller Weise die Widerstandskraft und Bekenntnisfreudigkeit der Blutzeugen vor Augen. In der bewußten Gegenwart Christi sind sie der Welt bis zum letzten Augenblick überlegen. Sie bestätigen den berühmten Satz Tertullians: *Ein Same ist das Blut der Märtyrer* (Ap. 50).

Bekannt ist Polykarps Wort an den Statthalter:
»Sechsundachtzig Jahre diene ich ihm (Christus) und er hat mir nichts Böses getan! Und wie könnte ich meinen König lästern, der mich erlöst hat?« (Euseb. K. G. IV, 15)

Polykarp, »apostolischer Lehrer und prophetischer Bischof« von Smyrna, wird im Kampf gegen Häretiker (Irrlehrer) führender Theologe von Kleinasien. Er sammelt und verbreitet »Ignatianen« (Ignatiusbriefe), weist Marcion ab, beruft sich auf die Apostel, bes. auf Paulus. Irenäus, der Polykarp predigen hörte, hält ihn für einen Schüler des Apostels Johannes. In hohem Alter erleidet er im Jahre 156 das Martyrium.

[2] Offb. 2, 10. 13; 3, 8. 10

Des Christen Verhältnis zum Staat

Die Handlungsweise des Staates in den Gemeinden hatte noch ganz andere Wirkungen zur Folge. Die sich häufenden Prozesse stellten die Frage nach dem Verhältnis der Christen zum Staat überhaupt. Ist der Staat die »aufhaltende Macht«, die dem Chaos in der Welt wehrt[3], oder das Tier, das neue Babel[4]? Beide Antworten waren im Neuen Testament gegeben! Wie verhielten sie sich zueinander? Aus der Apologie Tertullians klingt noch der erbitterte Entrüstungsschrei, mit dem er gerade an Trajans bekanntem und stark nachwirkendem Edikt Kritik übt:

»Oh, notwendig verworrener Spruch: Er will nicht, daß man sie (die Christen) aufsuche, weil sie unschuldig seien, und befiehlt, daß man sie strafe, weil sie schuldig seien. Er schont und wütet, verzeiht und verdammt.« (Ap. 2)

Kein Wunder, daß sich die Christen weithin vom öffentlichen Leben zurückzogen. *Marcions Ethik* und der *endgeschichtliche Montanismus* wiesen ebenso wie *Tertullians Traktate* in diese Richtung einer enthusiastischen *Weltflucht*. Man leistet die notwendige staatliche Pflicht und ist darin treuer als viele Heiden (Ap. 42), aber im übrigen beschränkt man seine Teilnahme am Staatsleben auf ein Minimum. *Der Kriegsdienst wird* z. B. *von Tertullian auf das schärfste bekämpft*, weil er unweigerlich mit der heidnischen Religion verbunden ist[5].

Man wird nicht sagen können, daß in diesen Ablehnungen letzten Endes die eschatologische Haltung der Christen maßgebend ist. Viel stärker bricht hingegen ein *Heiligkeitsideal* hervor, das um der Reinheit der Gemeinde willen den unbedingten Bruch mit allem, was satansgebundene Welt ist, fordert. Wie sich der griechische Weise für die Erhaltung seiner Seelenruhe die nötigen Schranken im Verkehr mit seiner Umgebung auferlegt, so zwingt den Christen schon die dauernde Unsicherheit in der Zeit der Religionsprozesse zu vorsichtiger Zurückhaltung. Die neutestamentliche Spannung zwischen der Beurteilung des Staates als gottgeordneter Obrigkeit und seiner Tiergestalt ist jedenfalls in starkem Rückgang. Eben weil es an der wahrhaft eschatologischen Beurteilung der Gegenwart fehlt, bringt die Christenheit die Kraft nicht mehr auf, den Staat in der Art der Urgemeinde zu bejahen und doch zugleich seine sündige Gestalt zu sehen.

Die Kirche entfaltet eigene Verwaltung

Die Kirche hatte sich in der Konzentration auf sich selbst und auf ihre drei grundlegenden Normen gestützt und in den folgenden Jahrzehnten mehr

[3] 2. Thess. 2, 6; Röm. 13
[4] Offb. 12, 7–17; 13, 1–15; 17, 1–6; Barn. 4, 4 f.
[5] de Cor. 11. vgl. mein Buch »Tertullians Ethik«, S. 106–116

und mehr zur *hierarchischen, d. h. von geistlichen Amtsträgern geleiteten Anstalt* ausgebaut. An der Spitze der Gemeinde steht nun der eine *Bischof*, nicht mehr das Kollegium. Ihm untergeordnet sind die *Presbyter und Diakonen*. Sie alle sind im Besitz der »höheren Weihen«. Die übrigen Ämter (Lektoren, Exorzisten u. a.) besitzen nur die »niederen Weihen«. Aber nicht die Verwaltungsbefugnis gibt dem Bischof die überragende Bedeutung, sondern seine sakramentale Funktion. Er leitet seinen Amtsanspruch von den Aposteln her, obwohl er doch nur aus der Zahl der Presbyter gewählt ist. Er hat darum das Recht, die anderen Amtsträger in der Gemeinde zu weihen. Vor allem ist der Bischof Priester, der das wichtigste Sakrament, das Herrnmahl, zu verwalten hat. Und hier ist seit dem Anfang des zweiten Jahrhunderts die große Veränderung eingetreten. Nachweisbar ist die Entwicklung dahin zuerst bei Viktor I. (186–197), der hohen Autoritätsanspruch erhebt.

Um 250 gibt es in Rom eine Gemeinde von ca. 30 000 Gliedern (1500 Witwen und Hilfsbedürftige); dem Bischof unterstehen 46 Presbyter, 7 Diakone, 7 Subdiakone, 42 Akoluthen (Diener der Diakone), 52 Lektoren, Exorzisten und Ostiarier (Küster). Die Größe und die Bedeutung als Hauptstadtgemeinde gibt dem Bischof von Rom besondere Würde.

3. *Das Herrnmahl und die Buße*

Von der Didache und den Briefen des Ignatius an *wächst die magisch-physische Deutung des Abendmahles.* Dem Christen wird hier die wunderbare Speise gereicht, er wird mit der göttlichen Substanz genährt, darum muß hinter diesem Mysterium alles andere zurücktreten. Durch dieses Sakrament empfängt der Priester seine außerordentliche Stellung, die ihn vom Laien unterscheidet. Das steigert sich noch, als sich mit dem Abendmahl namentlich *durch Tertullian und Cyprian von Karthago (248/9–258) der Opfergedanke* verbindet. In klassischer Weise hat das Cyprian formuliert:

> »Wenn Christus Jesus, unser Herr und selbst Gott, der oberste Priester Gottes des Vaters ist und sich selbst dem Vater als Opfer dargebracht und geboten hat, daß dies zu seinem Gedächtnis geschehe, so handelt wahrlich jener Priester als Christi Stellvertreter, der das, was Christus getan hat, nachahmt und ein wahres und vollständiges Opfer Gott dem Vater in der Kirche darbringt . . .«[6]

Damit ist die katholische Umkehrung des Herrnmahles zu einem vom Priester Gott dargebrachten Opfer und hierin die Grundlage der späteren Transsubstantionslehre vollzogen.

Unter den Angriffen der Gnostiker und des Staates sammelt sich die Kirche

[6] Ep. 63, 14, vgl. Tert. de Orat. 19

um ihr Geheimnis dort, wo sie sich der Welt überlegen weiß, weil sie das Wunder greifbar in ihrer Mitte hat. Das Abendmahl, in dem Jesus den tiefsten Sinn seiner Gemeinschaft mit den Jüngern zusammenfaßt, wird zum Mittel- und Höhepunkt des Kultus. Das Wort tritt hinter das unfaßbare, aber nahe Wunder zurück. Zu diesen sich nun sehr bald ausbildenden festen Formen des Gottesdienstes fühlt sich die Menge der Gläubigen mit starker Liebe gezogen. Innerhalb dieses Kultus wird die Volksfrömmigkeit geboren. Sie hat in der Kirche Roms bis zur Stunde mehr denn sechzehn Jahrhunderte überdauert und ist doch zugleich die Mauer geworden, die den Christen vom persönlichen Zugang zu Gott durch das Wort trennt. Wurde das Herrnmahl und das Gebet, jeder Besuch des Gottesdienstes überhaupt zu einem verdienstlichen Werk des Menschen, dann lag vollends die Gefahr nahe, die Gabe Gottes zu einem unverstandenen Mirakel zu machen, an dem schon die Kinder, ja sogar die Toten teilhaben[7].

Kirchenzucht und zweite Buße

Aber an einer Stelle mußte es den Führern der Kirche mit Erschrecken deutlich werden, daß diese kultische Frömmigkeit noch nicht zur wahren Heiligung des Lebens führte. Es gab eine sehr große Zahl in den Gemeinden, die in grobe Sünden fielen und besonders in den Verfolgungen den Glauben verleugneten. Als im 3. Jahrhundert die Martyrien unter dem systematischen Druck des Staates an Heftigkeit zunahmen und unter *Decius* (249–251) und *Valerian* (253–260) ihren Höhepunkt (257/58) erreichten, wuchs die Menge der »lapsi«, der Abgefallenen, und der »Traditores«, der Auslieferer der heiligen Schriften, ins Ungemessene. Dadurch wurde die Frage nach der *Bußdisziplin* dringlich. Schon lange suchte man nach Maßstäben in der Behandlung der »Todsünden«. Die Taufe galt als die erste und grundlegende Buße. War es möglich – so lautete nun die Frage – daß ein Getaufter, der in schwere Sünde fiel, noch einmal Vergebung erlangte? Es sprach schon der »Hirte des Hermas« (um 150) kraft einer besonderen Offenbarung von der außerordentlichen Gabe einer *zweiten Buße*. Eine weitere Lösung schien die Einrichtung der *lebenslänglichen Büßer* zu sein. Sicherer war es aber, *die Taufe möglichst lange hinauszuschieben, am sichersten bis zum Sterben*. Märtyrern billigte man in den Verfolgungszeiten das Recht zu, Todsünden zu vergeben. Sie standen schon oberhalb der Linie aller sonstigen Kirchenzucht.

Man kann es verstehen, daß ein so radikaler Mann wie Tertullian die Großkirche angriff, als Bischof Kallist von Rom selbst für Unzuchtssünden

[7] Tert. de Cor. 3; Cypr. ep. 39, 3

die Vergebung erteilte. Ein Menschenalter später stand Cyprian in Karthago nach der überaus verlustreichen Verfolgung unter Decius vor der Entscheidung, ob man der Masse der Abgefallenen die Kirche wieder öffnen dürfe. Er entschloß sich – damals schon auf einer von sieben Bischöfen besuchten Synode und gewiß auch aus seelsorgerlichen Gründen – zur Wiederaufnahme der Gefallenen nach vorangegangener Bußzeit. Dieser Beschluß geschah im vollen Einvernehmen mit Rom.

Novatian und die Katharer

Gegen diese Entscheidung trat *Novatian,* ein römischer Presbyter, auf (um 250). Er gründete eine eigene Kirche. Es kam zu einem Schisma von langer Dauer. Zwei Kirchenbegriffe standen sich gegenüber. *Hier die Kirche der »Reinen« (Katharer),* die mit Todsündern keine Gemeinschaft hatte, *dort die katholische Kirche,* die immer wieder neue Wege fand, um die Gefallenen einzugliedern. Man wird bei beiden Seiten ihrer Entscheidung nicht froh! Weder der Heiligkeitsbegriff der Novatianer noch die gesetzlichen Bestimmungen Roms und seiner Freunde entsprechen den Grundlinien der Apostel. Wer wagte es, solche Normen aufzustellen, die über die Buße in dieser Art positiv oder negativ verfügten? Sah man nicht mehr, daß Vergebung göttliche, und darum unendliche Gabe ist, mit der ein Petrus nicht mehr als bis zum siebenten Male zählen kann[8]? Man trennte das Abendmahl vom Wort der Versöhnung und machte es schließlich zum geschlossenen Kreis für diejenigen, denen niemand etwas Böses nachsagen konnte. So aber stand diese Kirche auf ihrer eigenen Reinheit, aber nicht mehr auf der Kraft einer täglichen Vergebung.

Weil es hier an der Brücke zwischen Dogma und Ethik fehlt, so ist auch das gesamte *Verhältnis zur Welt, zum Staat, zum Beruf und zur Ehe innerlich gespalten und widerspruchsvoll.* In diesen Riß, der am stärksten bei Tertullian wahrzunehmen ist, strömt zwischen 250 und 300, also kurz vor der letzten und größten Verfolgung unter Diokletian, das heidnisch-dualistische Denken. Die Kirche geht in sie hinein mit der Theologie des Irenäus und des Tertullian, aber auch mit der der Alexandriner und mit dem, was ihre größten Vertreter, Clemens und Origenes in enger Verbindung mit dem Geist der Zeit gelehrt hatten. Eine Epoche neuer, schwerer Krisen ist damit gegeben.

[8] Matth. 18, 21 ff.

Literatur

Karl Holl, Die Vorstellung vom Märtyrer und die Märtyrerakte in ihrer geschichtlichen Entwicklung II, 68 ff.
A. Ehrhard, Die Kirche der Märtyrer, 1932
E. Stauffer, Christus und die Caesaren, 1948

Zeittafel

Die römischen Kaiser von Commodus bis Carus 180–284

180–192 Commodus: Anhänger des Mithraskults. Nur in seinen ersten Jahren Verfolgungen in Karthago, Rom, Asia, Phrygien, Kappadozien. Deportation römischer Christen in Sardinische Bergwerke;
193–211 Septimius Severus: duldet bis 202 Christen, dann verbietet ein Edikt den Übertritt zum Christentum;
211–217 Caracalla: 2. kurze Verfolgung in Afrika 211, Verfolgungen in Alexandria, Karthago;
218–222 Elagabal: führt syrische Sonnenverehrung ein;
222–235 Severus Alexander: freundlich gegenüber Christentum;
235–238 Maximinus Thrax: verfolgt Christen in Pontus und Kappadozien;
244–249 Philippus Arabs: ist christenfreundlich;
249–251 **Decius:** leitet politischen Aufstieg ein, geht aber brutal gegen Christen vor. Edikt von 250 fordert schreckliche Opfer;
251–253 Gallus: verfolgt römische Gemeinde;
253–260 Valerianus: bekämpft 257/58 Klerus und Christen in der Oberschicht;
260–268 Gallienus: nimmt Edikte gegen die Christen zurück, es folgen 40 ruhige Jahre und 8 unbedeutende Päpste;
268–270 Claudius II schlug Alemannen und Goten;
270–275 Aurelian: sichert die Donaugrenze, Abwehr der Alemannen, Verehrer des Sonnengottes Emesa; auf Perserzug ermordet;
276–282 Probus;
282–284 Carus.

Die römischen Päpste von Viktor I. bis Sixtus II. 186–258

186–199 **Viktor I:** erster lateinisch sprechender Papst; versagt den Montanisten kirchliche Gemeinschaft; Osterstreit; hoher Autoritätsanspruch führt zu monarchischer Amtsführung;
199–217 Zephyrin

217–222 **Calixt I.**: sowohl in theologischen Fragen (Christologie – Tertullian) als auch in Bußdisziplin (Wiederaufnahme Abgefallener) kompromißbereit;
217–235 Hippolyt
222–230 Urban I.
230–235 Pontianus: Gegner des Origenes, wird zusammen mit seinem Gegenbischof Hippolyt von Kaiser Maximinus Thrax 235 nach Sardinien verbannt;
235–236 Anterus: sammelt Märtyrerakten;
236–250 Fabianus: stirbt als Märtyrer unter Decius; schafft 5 Grade des niederen Klerus; Armenpflege;
251–253 Kornelius: kämpft gegen Novatian, der sich als Gegenbischof wählen läßt, für Wiederaufnahme Abgefallener; **Bischof Cyprian v. Karthago** stimmt ihm bei; er stirbt als Märtyrer 256
251–258 Novatian
253–254 Lucius I.: wird gleich nach Wahl von Kaiser Gallus verbannt, kann zurückkehren, nimmt wie sein Vorgänger Abgefallene wieder auf;
254–257 Stephanus I.: Ketzertaufstreit; erstmals römischer Herrschaftsanspruch auf Petrusnachfolge; Pause zwischen zwei Christenverfolgungen;
257–258 Sixtus II.: respektiert im Ketzertaufstreit kleinasiatische und afrikanische Handhabung, stirbt mit allen Diakonen als Märtyrer unter Valerian.

9. Kapitel

Die Kirche bis zu Diokletian 284–305

Auf der Suche nach höherer Einheit: Pantänus, Clemens, Origenes – Gott als schaffende Gewalt – Das philosophische System des Origenes – Plotins Neuplatonismus – der Dualismus des Persers Mani – Über den Mithraskult zum Kaiserkult – Der Ketzertaufstreit – Die verwaltete Kirche – Das Geheimnis der Kirche im Leiden

1. *Clemens und Origenes deuten Christus vom Logos aus*

Zwischen der Kirche des Ostens und des Westens nimmt *Alexandria* eine besondere Stellung ein. Einst hatte hier Philo die Verschmelzung des Alten Testaments mit dem philosophischen Erbe der Griechen vorgenommen. Ein ähnlicher Prozeß wiederholt sich im 3. Jahrhundert. Noch unbelastet von den großen kirchenpolitischen Macht- und Lehrkämpfen Roms, entwickelt sich in der Stadt am Nil eine *neue Verbindung des hellenistisch-gnostischen Denkens mit dem Christentum*. Über Irenäus und Tertullian hinaus wird jetzt der Bund mit der Philosophie geschlossen.

Die Atmosphäre des Welthandelsplatzes ist offenbar in besonderer Weise dazu angetan, das Zusammenfließen dieser Strömungen zu fördern. Es war auch bei den großen Alexandrinern Clemens und Origenes der den Apologeten ähnliche Versuch, dem Evangelium gleichsam den Weltausweis zu vermitteln und über der Brücke des philosophischen Synkretismus den Weg zur Freiheit und Anerkennung der christlichen Botschaft zu finden.

Während aber bei Männern wie Justin der schlichte Gemeindeglaube und die vernunftgemäße apologetische Haltung auseinanderklaffen, sehen die Alexandriner *zwei Stufen* darin, die der Gebildete nicht einfach nebeneinander stellen kann, die er vielmehr *in einer höheren Einheit* zu erkennen hat. Für diese Theologie ist das *Erkennen* nicht mehr nur Verteidigungsmittel, sondern *höchster Inhalt der Religion*. Darin sind sie den Gnostikern in ganz anderer Weise verwandt als etwa die altkatholischen Väter Irenäus und Tertullian.

In Alexandria wirkten an der Katechetenschule nacheinander *Pantänus* († vor 200), Lehrer des *Clemens*, der wiederum Lehrer des *Origenes* gewesen sein soll. Ihr kirchengeschichtliches Unternehmen besteht, wenn man die großen Haupterträge ihrer Arbeit im Auge hat, darin, daß sie *Idee und Geschichte, Gnosis und Offenbarung in Einklang zu bringen suchen*. Dazu reicht auch ihnen der Logosgedanke die Hand. Der Schwerpunkt fällt in der Christologie nicht auf den geschichtlichen Jesus – für ihn hat nur noch der Volksglaube Interesse (c. Celsum 4,3). Der Gebildete steigt zum allegorischen Verständnis der Schrift empor und läßt die ärgerliche Gestalt des Historischen unter sich. Dem entspricht in den Aussagen über Christus selbst der bei Clemens sowohl wie bei Origenes nicht zu leugnende Doketismus (s. S. 59).

Clemens, um 160 bis um 215, erkennt die Regula fidei (Glaubensregel) und die beiden Testamente an, deutet aber die kirchliche Überlieferung um. Er versteht den Gemeindeglauben (pistis) als eine Art Vorstufe zur philosophischen Gnosis. Er ist stark geprägt von der stoisch-platonischen Philosophie: Der Logos ist Weltschöpfer, Erzieher, Lehrer, Vermittler der Seligkeit. Clemens schreibt unter dem Titel »Paidagogos« die erste wissenschaftliche christliche Ethik.

Origenes, 185 vermutlich in Alexandria geboren. Vater: Leonides, Elementarlehrer, unterrichtet O.; 202 Märtyrer. Eine reiche Dame nimmt O. auf, er verläßt sie, weil sie Gnostiker unterstützt. Er wird Lehrer und unterrichtet gebildete Christen, gibt jedoch alles »Weltliche« auf, verkauft seine Bibliothek für minimale Rente. Es folgt ein Leben in strengster Askese, seine Selbstkastration erkennt er später als Irrweg. Um Gnostikern und heidnischen Philosophen gewachsen zu sein, studiert er beide, die heidnische Philosophie bei dem Pythagoräer Ammonius. Von 212–222 erarbeitet sich O. die Grundzüge seines theologischen Systems, Beginn der Hexapla, der text-kritischen Ausgabe des AT. Seit 222 reiche literarische Tätigkeit, zu deren Veröffentlichung ihn sein Mäzen Ambrosius drängt. In seinen großen biblischen Kommentaren bevorzugt er die allegorische Auslegung. Sein Ansehen als Lehrer wächst, bis 215 erste Maßregelung erfolgt, weil er gepredigt hat, ohne Presbyter zu sein. 230/31 in Jerusalem zum Presbyter geweiht, erreicht es sein Bischof Demetrius, daß O. ausgewiesen, ihm die Presbyterwürde aberkannt wird. Bald darauf Verbannung und Absetzung. 231/2 Übersiedlung nach Caesarea, wo O. große Lehrtätigkeit entfaltet. Disputationen zur Widerlegung von Irrlehrern. Während der von Kaiser Decius veranlaßten Christenverfolgung wird Origenes gefoltert, ohne seinen Widerstand brechen zu können. Er ist vermutlich in Tyrus 254 gestorben. Seine Lehre wird, weil philosophisch beeinflußt, jahrhundertelang theologisches Streitobjekt sein.

Gott als die schaffende Gewalt – Origenes

An die Wurzel kommen wir aber erst, wenn wir in dieser Theologie hinter allen Erscheinungsformen, allen geschaffenen Geistern, zu Gott selbst dringen als dem Urgrund alles Seins. *Origenes* (185–254) sieht ihn in einer *rastlos schöpferischen Bewegung*, in einer den Logos und schließlich den auf dieser Welt tätigen Christus schaffenden Gewalt. Zugleich aber hebt dieser Gott alles Gewordene, das gesamte Reich der Freiheit wieder auf und führt es aus seinen Gegensätzen und Widersprüchen in seine Harmonie zurück, dorthin, wo alles Endliche und Vergängliche zum Schweigen kommt und nur noch Gott allein »alles in allem« ist. Der gnostische Dualismus wird nur dadurch vermieden, daß alles Erschaffene, der Sohn und die Menschheit, die Engel und die Teufel lediglich ein Durchgang sind, ein Übergang von einer rein geistigen Welt zu einer anderen. Der Schwerpunkt liegt darum nie im Hier und im Jetzt, sondern immer in jenen letzten Zielen Gottes, dort, wo nur Gott ist.

2. *Das Evangelium – eine glänzende Philosophie*

Man versteht, daß, ähnlich wie später bei Augustin, an Origenes die mannigfaltigsten Strömungen anknüpfen. In seinem Denken liegt ein mystisches, geschichtsauflösendes Element – er kann aber auch die wenigstens vorübergehende historische Bedeutung etwa des Kreuzestodes betonen. *Der in die tiefsten Geheimnisse eindringende Pneumatiker jedoch braucht die irdisch-*

sichtbaren Krücken nicht mehr, für ihn tritt schließlich auch Christus zurück – es ist alles nur Übergang auf Gott hin.

Im Unterschied zu Clemens hat Origenes Schritt für Schritt Sätze der Schrift als Grundlage seines Denkens angeführt. *In der Bibel, an deren Textgestalt er rastlos arbeitete, lebte dieser Theologe* wie kaum ein anderer zu seiner Zeit. Sprach nicht auch Paulus vom vorübergehenden »Schema dieser Welt«[1], vom Sichtbaren, das zeitlich ist[2], vom »Bürgertum im Himmel«[3]? Man kann wohl an sehr vielen Punkten nachweisen, daß die Alexandriner Irrlehrer sind und die Kirche recht daran tat, im Jahre 399, und später noch einmal, wenigstens die Lehre des Origenes zu verdammen. Und doch, es liegt nicht an diesem oder jenem Punkt, an der Wiederbringungslehre z. B., mit der er die altchristliche Eschatologie aus den Angeln hebt, oder am Christusbild, bei dem der eine und andere Zug verzeichnet ist. Eine grundsätzlich fremde Gesamtanschauung bestimmt das Ganze. Dem dualistischen System der Gnosis ist *hier ein durchgreifend monistischer Entwurf größten Stiles entgegengestellt*, aber eben *ein Monismus des Geistes, der alles, was Natur und Geschichte ist, in eine Reihenfolge dahinflutenden Lebens versetzt.* Damit ist aber das Ärgernis der neutestamentlichen Verkündigung aufgehoben, daß Gott mitten in die Niedrigkeit dieser fluchbeladenen Welt seinen Sohn gesandt hat. Diese unsere Geschichte ist der Boden einer ewig gültigen und eben nicht nur vorübergehenden Entscheidung.

Die Frage an Origenes muß lauten: *Hat er nicht das Evangelium in die Klammer eines die Weltzeiten umspannenden Systems gebracht, und dies auf Kosten seiner rettenden, erlösenden Botschaft?* Schließlich ist mit dem Logos die Logik selbst als des Menschen eigenes Denken der letzte Grund des riesenhaften Gebäudes. *Das Wort Gottes ist zu einer glänzenden Philosophie geworden.*

3. Plotin sucht Christus auf dem Weg der Mystik

Die Kraft der Alexandriner und ihr weitreichender Einfluß wurde durch die religiös-philosophischen Strömungen des dritten Jahrhunderts bedeutend gefördert. Der *Neuplatonismus* ist wie eine Frührenaissance, ein Erwachen der antiken Ideenwelt Platos, nun aber mit dem Ziel, die Religion der Gebildeten zu werden. Im übrigen geht es hier wie bei allen Ersatzreligionen: Sie sind die Sammelbecken der verschiedensten Geistesrichtungen. Es ist vor allem der aus Ägypten stammende Grieche *Plotin* gewesen (geb. 205, seit 244

[1] 1. Kor. 7, 31
[2] 2. Kor. 4, 18
[3] Phil. 3, 20

in Rom, † 270), der dieser Richtung Ausdruck verlieh. Die Hauptfrage lautet: Wie kann ich den Zusammenhang zwischen dem schlechthin jenseitigen Gott und der vorhandenen Welt deuten? Dies geschieht durch den überweltlichen Strom, der die Welt durchseelt. Immer schwächer wird dabei das ursprüngliche Licht und immer mächtiger mit der zunehmenden Stoffmenge die Dunkelheit, bis hin zum völligen Nicht-Sein. In diese abwärts gleitende Entwicklung ist der Mensch hineingestellt, aber nicht willenlos. In ihm wohnt die Seele, die das Urlicht in sich birgt und die Sehnsucht nach der Heimat nie vergißt. Aus dem Kerker des Leibes, den Stricken der Sinnlichkeit und Vergänglichkeit, der Unruhe und der Vielheit gilt es, in angestrengter Askese die Seele frei zu machen. Es werden nur seltene Augenblicke sein, bei denen die Innenwelt in Verzückung und Erleuchtung gerät. Aber sie sind die heiße Mühe wert. Mit dem Urgrund alles Seins in eine, wenn auch nur kurze, ekstatische Berührung zu gelangen – das ist aller Anspannung unbeschreiblich hoher Lohn.

Die berauschende Macht dieser Gedanken hat bis heute ihre Wirkungen nicht verfehlt. *Hier sind die Verbindungslinien bis zur Anthroposophie.* Aber auch die Nähe zu den Systemen der Alexandriner kann nicht übersehen werden. Bei Plotin wie bei Origenes handelt es sich um ein *kosmisches Denken*, um den titanischen Versuch des Menschen, *Zeit und Ewigkeit in einem vernunftgemäßen Zusammenhang zu deuten.* Beide glauben, in der Weltverneinung und darum in Askese, mystischer Innerlichkeit und Ekstase die Lösung aus der Erdgebundenheit zu finden. Aus dem Pessimismus erhebt sich die Seele Plotins zur seligen Einheit mit der Gottheit. Was der Heide Plotin durch physische und ethische Werdestufen vermittelt sieht, erweist der christliche Theologe Origenes aus den Offenbarungen der Schrift. Beide finden sich bei Gott als dem Ausgangs- und Endpunkt alles Seins und Denkens. Die große Lücke aber bleibt im Blick auf die gegenwärtige Welt. Sie kann man hier wie dort nur negativ erklären. Damit ist der erste Artikel unseres Glaubens grundlegend erschüttert.

4. *Mani: Im Dualismus – Licht, Finsternis – sucht man das Heil*

Was im Neuplatonismus mit den Mitteln der griechischen Philosophie gedacht ist, hat der Perser *Mani* (215–276), der Begründer des *Manichäismus*, in viel massiveren Formen ausgedrückt. Auf der Grundlage eines schroffen Dualismus ist seine *Mysterienreligion* aufgebaut. In uraltem mythologischen Gewand führt er die Erscheinung der Welt auf die Vermischung der beiden Urkräfte, Licht und Finsternis, zurück. Ihre Scheidung, das Sich-Emporringen des Menschen zur lichten Höhe – und dies auf dem Weg der Askese, des Verzichtes auf Ehe und jegliche Weltbejahung – ist die mit großer, sogar missionarischer Stoßkraft vorgetragene Botschaft. Während Plotins Lehre wesentlich auf die gebildeten Kreise beschränkt blieb, zogen Manis Jünger, todesmutig Gemeinden gründend, durch die Länder. Ihr Meister selbst starb durch den Haß persischer Priester am Kreuz.

Worin besteht die Anziehungskraft dieser Lehre bis in das Mönchtum und in die führenden Kreise der Kirche hinein, und warum wurde sie ähnlich wie die des Gnostikers Marcion auf Jahrhunderte hinaus für die Kirche eine sehr ernste Gegnerin? Man darf diese neue Gnosis des dritten Jahrhunderts als das faszinierendste Unternehmen ansehen, den Menschen ihrer Zeit ein Doppeltes zu verschaffen: ein in sich *geschlossenes Weltbild,* das alle Rätsel löst und vor allem das augenblickliche Elend einer sinkenden Kultur zu erklären vermag. Dann aber auch der *Aufruf an den Willen,* an die freie Leistungsfähigkeit des Mannes und der gebildeten Frau, *durch heroischen Verzicht* auf alles nur verlierbare Erdengut *das Lichtreich, die Heimat der Seele, wieder zu erringen.* Plotin und Mani gaben dem denkenden Menschen die Beruhigung einer logischen Lösung und zugleich die Versicherung einer auf ethische Tat gestützten Lebenshaltung. Beide Elemente, das geschlossene Weltbild und die asketische Ethik, vertraten auch Clemens und Origenes in ihren Systemen. Sie sind der Grundstock einer Theologie geworden, die das Wesen des Evangeliums an entscheidender Stelle verdunkelt.

5. *Kaiser und Sonne als Weltreligion*

Neben den philosophischen Weltreligionen war das römische Reich von einer Menge einzelner Kulte durchzogen, die es mehr oder weniger verstanden, sich der Zeitbildung anzugleichen. An bedeutsamster Stelle ist hier der *Mithraskultus* zu nennen. Auf uralte orientalische Mythologie zurückgehend, hat es dieser Kultus unternommen, die Verbindung mit der *Sonnenanbetung* und zuletzt mit dem sol invictus, der unbesiegten Sonne, in der *Kaiseranbetung* zu schaffen. Römische Legionäre trugen diesen Mithrasglauben nach Afrika und Germanien. In diesen Schichten hat er eine Zeitlang dem Evangelium ernstesten Widerstand geleistet, zumal als Kaiser *Diokletian* und später noch einmal *Julian im Mithras das Symbol sahen, um alle nationalen Kreise gegen die Kirche zu sammeln.* Aber der Hellenismus vermochte weder in der Sonne noch in der Person des Kaisers eine zeitgemäß denkbare Lösung zu finden. Die Parole »Mithras gegen Christus« hatte keine Zugkraft mehr. *Die Denkmystik beherrschte das Feld* und verdrängte die Götter der Antike.

6. Der Ketzertaufstreit 255–257

Nach außen gesehen herrschte in der Zeit zwischen *Valerian* (253–260) und Diokletian (ab 284) Ruhe. Fast schien es, als gehörten die Verfolgungen der Vergangenheit an. Euseb berichtet, wie stark sich gerade damals z. B. der Kirchenbau entwickelte. Über die einzelne Gemeinde hinaus schloß man sich mehr und mehr zu Synoden zusammen, um gemeinsame Fragen zu besprechen. Weithin sind schon seit 200 in den großen Entscheidungen der Gesamtkirche die Augen nach Rom gerichtet. In der Behandlung der Todsünder waren – gegen Novatian, den römischen Gegenbischof – *Cyprian* von Karthago (248/9–258) und *Calixt* von Rom (217–222) eines Sinnes. Cyprian legte Wert darauf, mit dem Nachfolger des Apostelfürsten übereinzustimmen. Ja noch mehr, langsam, aber stetig drang die Anschauung vor, daß im ewigen Rom für die Kirche des gesamten Reiches eine letzte Instanz gegeben sei. Wie aber im Passastreit Viktor die Sympathien der kleinasiatischen Kirche und auch des Irenäus eingebüßt hatte, so geschah es noch einmal im *Ketzertaufstreit*, daß das überaus schroffe Verhalten des *Stephanus I.* von Rom Cyprian zu einer Frontstellung gegen diesen werdenden Papst veranlaßte.

Roms Anspruch – Stephanus I. (254–257)

Dieser Streit hatte nicht nur kirchenpolitische Hintergründe; er betraf die zentrale Frage nach dem Kirchenbegriff. Gilt der von einer Sekte Getaufte als Empfänger des wahren Sakramentes, wenn er später zur katholischen Gemeinde übertritt? Hat also z. B. die Taufe durch Schismatiker wie Novatian Gültigkeit? *Die Afrikaner* standen auf dem alten Grundsatz, daß nur die von den Aposteln gegründete Kirche die Sakramente rechtmäßig verwalten könne. *Rom* vertrat in der größeren Nähe des Kampfes die mildere Praxis und *nahm die von den Ketzergruppen Zurückkehrenden unter Anerkennung ihrer dort empfangenen Taufe* nach einer Bußzeit *wieder auf.* Worauf steht die Kirche, auf der Heiligkeit des Sakramentes oder auf der Unverletzlichkeit ihrer von den Aposteln hergeleiteten Tradition? Auch wenn sich die Reformation für die römische Lösung entschieden hat, wird man, ähnlich wie im Kampf um Novatian oder im Passastreit, urteilen müssen, daß damals nicht die Gesichtspunkte des Glaubens, sondern der Macht, nicht der Seelsorge, sondern der bequemeren Handhabung den Ausschlag gaben. Als Bischof Stephanus auf die Rechte seines Primates als Petrusnachfolger pochte und Gehorsam von den Afrikanern forderte, gab ihm nicht nur Cyprian, sondern auch der Bischof von Alexandrien eine unzweideutige Antwort, die die Unterwerfung unter einen päpstlichen Anspruch noch nicht kennt. Mit Bezug auf Gal. 2,11ff. schrieb damals Cyprian:

»Nicht nach der Gewohnheit darf man richten, wenn man etwas befiehlt, vielmehr muß die Vernunft das letzte Wort sprechen. Denn auch Petrus, den doch der Herr als ersten erwählt und auf den er seine Kirche gegründet hat, maßte sich nicht in unverschämter und anspruchsvoller Weise etwas an, als Paulus über die Beschneidung mit ihm stritt, daß er etwa gesagt hätte, er habe den Primat und ihm müßten Neulinge und Epigonen gehorchen . . .« (Ep. 71,3).

Bei aller Anerkennung der römischen Sonderrechte vertritt hier der Bischof von Karthago und mit ihm viele andere die durchaus freie Anschauung von der Gleichheit aller Bischöfe. Immerhin wird die auch von Cyprian gebilligte Auslegung von Matthäus 16 über den Vorrang des Petrus von Jahrzehnt zu Jahrzehnt bestimmender. Vorerst aber waren weder Afrika noch der Osten gewillt, sich den römischen Diktaten zu beugen.

7. *Die verwalteten Kirchen als Gefährdung des Staates*

Gerade in diesen Auseinandersetzungen wurde es weithin erkennbar, wo die führenden Stellen in der Kirche zu suchen sind. Wie das römische Reich in Provinzen gegliedert ist und diese auch für den Kaiserkultus und seine priesterlichen Ordnungen Bedeutung haben, so bilden sich auch für die Zusammenkünfte der Bischöfe seit dem ausgehenden dritten Jahrhundert gewisse Formen aus. *Die Hauptstädte werden zumeist die Metropolen, die Versammlungsorte der Synoden.* Der Satz von der Gleichheit aller Bischöfe und der Selbständigkeit der Einzelgemeinde, den Cyprian eben noch Rom gegenüber verteidigt hatte, wird durch diese überall sich anbahnende Praxis angefochten. Es wird aber mit diesem Sichtbarwerden der Kirche zusammenhängen, daß der Organisator des Reiches, *Kaiser Diokletian* (284–305) *in der synodalen und bischöflichen Ausgestaltung der Kirche die Gefährdung seiner* auf unbedingte Einheit des Staates gerichteten *Bestrebungen erkannte.*

8. *Der letzte Kampf*

Seit dem Toleranzedikt des *Gallienus* (260 – Germanen und Perser überfluten das Reich) hatte man die Christen in vielen Fällen von der staatlichen Opferpflicht entbunden, sie sogar in wichtige Verwaltungsstellen kommen lassen. Um so überraschender war nun Diokletians Vorgehen, zu dem er sich nach langem Zaudern von seinem Mitkaiser *Galerius* drängen ließ. Mit der Zerstörung der Kirche vom bithynischen Nikodemien, der Residenz des Kaisers, im Jahre 303 war das Signal gegeben. Systematisch folgen unmittelbar darauf die Edikte zum Abbruch der Kirchen, zur Vernichtung der heiligen Bücher, die Verfügungen über das Kaiseropfer und dies mit Geltung auch für die Geistlichen. Ströme von Blut sind in den nun folgenden Jahren geflossen. Bis 305 tobte die vielfach mit aller Grausamkeit der Folterung und Verstümmelung durchgeführte Christenhetze im Westen. Dem heidnischen Pöbel waren unter den kaiserlichen Erlassen Tür und Tor geöffnet. Im Osten fanden unter den Regenten *Galerius* und *Maximinus Daja* in den Jahren 305–311 noch schwerere Heimsuchungen statt. Neben einer Unmenge von »lapsi« (Abgefallenen) hat aber gerade hier die mannhafte Haltung der Christen ihren Eindruck nicht verfehlt. Der Staatsdespotismus mußte zu der Einsicht gelangen, daß sich eine Kirche Christi nicht mit brutalen Mitteln niederzwingen läßt. Die Majestät des Leidens redete eine unüberhörbare Sprache.

9. Das Geheimnis der Kirche im Leiden

Faßt man die innere Lage der Christenheit auf Grund der uns erhaltenen Literatur jener ersten 300 Jahre zusammen, bedenkt man noch einmal die Macht des magischen und ethischen Abweges, die Stärke des Verdienstgedankens, der bis zum Märtyrertum hin mit dem eigenen Opfer rechnete, so muß man angesichts dieser letzten Verfolgung bekennen, daß hier *das Geheimnis der Kirche, das menschlich Unwägbare ihrer Geschichte kund wird. Daß sie nicht durch ihre Theologie und Hierarchie und auch nicht durch ihre Standhaftigkeit gerettet wird, sondern durch den sie leitenden Christus*, bekunden gerade die Märtyrerberichte in schlichter, überzeugender Art. Was hier an der Schwelle zwischen Leben und Tod geschieht, inmitten vielfacher Untreue bis zu den Bischöfen hin, bleibt für alle Zeiten ein lebendiges Bekenntnis.

In der *valerianischen Verfolgung* fiel *Cyprian* durch das Schwert (258). Wenige Wochen zuvor schrieb der mutige Zeuge, nachdem er die bedrohliche Lage geschildert:

»Ich bitte, von euch aus dies auch den übrigen Amtsgenossen kund zu tun, damit überall die Bruderschaft durch ihre Ermahnung gestärkt und zum Geisteskampf bereitet werde, damit die einzelnen aus den Reihen der Unseren weniger an den Tod als an die Unsterblichkeit denken und voll Glauben mit ganzer Kraft dem Herrn geweiht mehr mit Freude als mit Furcht dem Bekenntnis entgegengehen, durch das Soldaten Christi nicht getötet, sondern wie sie wissen, gekrönt werden.« (Ep 80)

Was Euseb aus dem unmittelbaren Erlebnis der letzten Verfolgung bekannt hat, trägt denselben Grundzug unerschütterlichen Glaubens. Von einem schlichten Christen, der nach unsäglichen Foltern starb, sagt er:

»Er aber hielt an seinem Vorsatz fest und gab als Sieger mitten in diesen Qualen seinen Geist auf« (Eus. K. G. 8,6).

Von Krankheit zermürbt und von der Erfolglosigkeit der gegen die Christen verordneten Erlasse überzeugt, *unterzeichnete Galerius kurz vor seinem Tode das Toleranzedikt (Dreikaiseredikt 312/13)* in großem Stil, dem bald weitere Schritte folgten. Ging es nicht auf dem Wege gegen die Christen, so blieb dem Staat nichts übrig, als es mit ihnen zu versuchen. Die hierdurch gebrochene Bahn beschritt Konstantin weiter. Eine neue Zeit hebt damit an.

Zeittafel

Die römischen Päpste von 260–314

260–267/68	Dionysius: baut nach der valerianischen Verfolgung röm. Gemeinde wieder auf
268–273	Felix I.
274–282	Euchtychianus: friedliche Zeit, die römische Gemeinde wächst
282–296	Caius
296–304	Marcellinus: soll Diokletian die Heiligen Bücher ausgeliefert haben, gilt den Donatisten als »lapsus«
308–309	Marcellus I.: strenge Bußverfahren f. »lapsi«
309	Eusebius: strenge Bußverfahren gegen in diokletianischer Verfolgung Abgefallene
311–314	Miltiades: leitet die Synode von Rom 313, die Donatus verurteilt

Die römischen Kaiser von Diokletian bis Konstantin I. (d. Großen)

Diokletian, römischer Kaiser von 284–305, ernennt 293 (Reichsreform) **Galerius** und **Konstantius Chlorus,** den Vater Konstantins, zu Caesaren, 305 zu Augusti (Mitkaisern).

Diokletian und Galerius herrschen über den Osten 305–311,

Maximinian und Konstantius Chlorus, der Vater Konstantins, über den Westen.

Galerius ernennt 308 **Licinius** zum Augustus, der nach dem Sieg über den Caesar Maximinus Daja 313 über den ganzen Osten herrscht. Er heiratet Konstantius' Schwester Konstantia, teilt sich mit Konstantius die Herrschaft, unterschreibt 313 Mailänder Toleranzedikt. Erneute Christenverfolgung durch Licinius, 324 Niederlage, 325 Ermordung durch seinen Sohn.

Konstantius Chlorus, zu dem Konstantin vom Hofe Diokletians flieht, stirbt während eines Feldzugs 306 in Britannien; er beteiligt sich nicht an der Christenverfolgung seiner Mitregenten. Nach seinem Tode 306 rufen die Truppen seinen Sohn

Konstantin (der Große) zum Augustus aus. Gleichzeitig (306) rufen die Prätorianer in Rom **Maxentius** zum Kaiser aus, der die Herrschaft über Italien und Nordafrika beansprucht. Ihn besiegt Konstantin an der **Milvischen Brücke** 312.

Die Nachfolger Konstantins:

1. Die Söhne:
   Konstantius, 337–361, herrscht über den Osten, ernennt seinen Vetter Julian z. Caesar, stirbt im Kampf gegen Julian.
   Konstans, 237–350, herrscht über Italien, Illyrien, Afrika, seit 340 über das ganze Abendland.
   Konstantin II., 337–340, herrscht über Gallien, Britannien, Spanien; er stirbt im Kampf gegen Konstans 340.
2. Deren Nachfolger:
   Julian (der Abtrünnige), 361–363, empfängt streng kirchliche Erziehung durch Konstantius, der Julians Vater und älteren Bruder umbringt. Julian wendet sich vom Christentum ab, wird Hellenist.
   Jovianus, 363–364, Alleinherrscher über Ost und West.
   Ihm folgen im Westen:
   Valentinianus I. , 364–375; Gratianus, 375–383; Valentinianus II., 375–392; Eugenius, 392–394.
   Im Osten:
   Valens, 364–378; **Theodosius der Große,** 379–395; dieser ist von 394–395 Alleinherrscher.
   Gratianus und Theodosius beenden die Religionsfreiheit, die seit Jovianus herrschte; Heidentum, Irrlehrer werden verfolgt, jeder Römer hat Christ zu sein.

10. Kapitel

Von Konstantin bis zu Theodosius – Von Nicäa bis Konstantinopel 306–337

Die Entscheidung an der Milvischen Brücke 312 – Das christliche Kaiserreich als Brücke zwischen der alten und der neuen Zeit – Konstantinopel wird neue Residenz – Mönchtum als Weg in die Freiheit? – Der Donatismus im Ketzer-

DIE AUSBREITUNG DES CHRISTENTUMS BIS ZUM JAHRE 325
MITTELMEERGEBIET
BRITANNIA
GERMANIA
BELGICA
Col. Agrippina
Aug. Trever.
Mogontiacum
LUGDUNENSIS
Lutetia
GALLIA
AQUITANIA
Lugdunum
Vienna
Arelate
Massilia
Tolosa
Regina castra
Aug. Vindelicorum
Vindobona
RAETIA NORICUM
Mediolanum
Aquileia
DACIA
ILLYRICUM
HISPANIA
Toletum
Saguntum
Nova Carthago (Carthagena)
CORSICA
SARDINIA
ITALIA
Ravenna
Roma
Ostia
Neapolis
Puteoli
SICILIA
Syracusa
Carthago
MAURETANIA
Hippo Regius
Tagaste
Thapsus
Hadrumetum
AFRICA
Leptis Magna
Ptolemais
CYRENAICA
Serdica
Philippi
MACEDONIA
Constantinopolis
Thessalonice
EPIRUS
Corinthus
Athenae
CRETA
Chalcedon
Nicomedia
Nicaea
Sinope
GALATIA
PONTUS
ARMENIA
ASIA
Smyrna
Sardes
Ephesus
Laodicea
CAPPADOCIA
CILICIA
Tarsus
Antiochia
Edessa
MESOPOTAMIA
Tripolis
SYRIA
Damascus
Tyrus
Caesarea
PALAESTINA
Hierosolyma
ARABIA
Alexandria
Memphis
Antinoopolis
AEGYPTUS
Ptolemais
100 300 500 700 1000
km
Kerngebiete des Christentums und Gebiete mit starkem Einfluß in Kultur und Verwaltung
Gebiete mit geringem christlichem Einschlag um das Jahr 325

taufstreit – Nicäa (325) entscheidet gegen Arius – Das Glaubensbekenntnis – Athanasius – Julian der Abtrünnige – Die zweite ökumenische Synode in Konstantinopel 381

1. *Was bewegt Konstantin zur Anerkennung der Kirche?*

Kein Übergang in der Geschichte der Kirche dünkte schon den Zeitgenossen so gewaltig zu sein wie der zwischen Kaiser Diokletian und Konstantin. Als die Schlacht gegen Maxentius an der Milvischen Brücke bei Rom (312) Konstantins Herrschaft über den Westen entschied und er im Jahr darauf mit dem Herrn des Ostens, Licinius, das Mailänder Religionsedikt (313) herausgab, schienen lange Kämpfe der Nachfolger Diokletians beendet zu sein und die Freiheit der neuen Religion gesichert. In Wirklichkeit erreicht erst Konstantins Sieg über Licinius bei Adrianopel (324) die Anerkennung des Christentums als begünstigte Religion auch für den Osten und damit zugleich die Alleinherrschaft des ersten christlichen Kaisers.

Die Auseinandersetzung über Konstantins Persönlichkeit hat bis heute zu keinem endgültigen Ergebnis geführt. Jakob Burckhardt und Eduard Schwartz haben sich bemüht, ihn von einer letzten Wurzel aus zu verstehen. Ist er »der Egoist«, der »politische Rechner«, der alle vorhandenen physischen Kräfte und geistigen Mächte mit Besonnenheit zu dem einen Zweck benützt, sich und seine Herrschaft zu behaupten, ohne sich irgendwo festzulegen, oder sah ihn Schwartz richtig als den antiken Menschen, der in ehrlichem Glauben sich als »Vollstrecker des göttlichen Willens« betrachtet, wie ihn die Kirche des Kreuzes lehrte? Nur daß er selbst in dieser Geschichte der Mittelpunkt und damit auch der Herr dieser Kirche blieb!

Konstantin, 285 als Sohn des »Augustus« Constantius Chlorus, eines der beiden höchsten Beamten im Römerreich, und der später heilig gesprochenen Helena, in Nisch/Serbien geboren, wächst am Hof des Kaisers Diokletian auf. Nach harten Kämpfen und dem Sieg über die Machtkonkurrenten im Osten und Westen *(Galerius, Licinius, Maxentius)* wird er von den Soldaten zum Kaiser gewählt.

Konstantin Alleinherrscher des gesamten Reiches

An der *Milvischen Brücke* bei Rom entscheidet sich die Schlacht, bei der nach einer von ihm selbst verbreiteten Vision das Kreuzeszeichen den Sieg ansagte: »In diesem Zeichen wirst du siegen!« *(In hoc signo vinces.)* Jedenfalls tragen nunmehr die Legionäre Schilde mit dem griechischen Christusnamen, abgekürzt XP, und außerdem die Fahne mit dem Kreuzeszeichen. Der Kaiser begünstigte die Kirche und ihre Amtsträger durch Steuererlaß und allerlei Milderungen der Strafgesetze. Er nimmt in der Gesetzgebung auf kirchliche Belange Rücksicht, wie etwa in der Abschaffung der Kinderprämien, und dies im Blick auf das Ideal der Ehelosigkeit. Auf einem anderen Blatt steht, daß Konstantin seine Taufe erst auf dem Sterbebett empfangen hat, wiewohl er vorher Katechumen war. Dazu nötigte ihn wahrscheinlich das Amt des Pontifex Maximus, des obersten Vertreters des alten heidnischen Staatskultus. Offenbar wollte er einen zu scharfen Bruch vermeiden und das Heidentum nicht gewaltsam beseitigen. Zu einer klaren und eindeutigen Stellungnahme ist er schwerlich durchgedrungen. *Der Synkretismus lag in der Luft,* und das politische Ziel wird schließlich doch das beherrschende gewesen sein.

Hat die Kirche wirklich Grund, diesen Umschwung der Zeit zu begrüßen?

Geriet sie nicht aus der Not der Verfolgung durch den Staat in die *allergefährlichste Abhängigkeit* von ihm? Wenn sich schon Konstantin als den »Bischof für äußere Angelegenheiten« bezeichnete, wenn sich die Kirche in ihren schwersten Gesamtfragen, im *Donatistenkampf* und dann auf dem *Konzil in Nicäa* an ihn wandte, mußte dann nicht der Eindruck entstehen, daß in der Hand des Kaisers die letzten Fäden zusammenliefen? Und doch verfolgte Konstantin letzten Endes kein kirchenpolitisches Ziel. Ihm lag alles an der *Einheit des römischen Reiches,* das er als Diokletians mächtiges Erbe empfangen hatte. Er erkannte, daß die Verfolgung der Christenheit den Staat zerriß und seine besten Kräfte verbluten ließ. Da warf er das Steuer herum und stellte die Kirche in den Dienst, das auseinanderfallende Weltreich mit neuem Geist zu erfüllen. Und sie hat es getan!

Die Geschichte der Antike wäre aller Voraussicht nach um die Wende des vierten Jahrhunderts beendet gewesen, wenn nicht Staat und Kirche diesen Bund geschlossen hätten. So aber wird das *christliche Kaiserreich* zur Brücke zwischen der alten Welt und der neuen Zeit. Der Bund, der sich zwischen Philosophie und Theologie vollzogen hatte, greift nun auch auf den engen Zusammenschluß der staatlichen und kirchlichen Macht über. Wir sehen in der Entwicklung von nun mehr als anderthalb Jahrtausenden, durch wieviel gegenseitige Bedrückung und verkehrte Verschmelzung diese Verbindung gegangen ist. Man darf aber bei allem Verständnis für das Aufatmen der Christenheit nach den Zeiten der Verfolgung nicht vergessen, daß damals schon die Kirche allzu bereit war, sich von Konstantin regieren zu lassen.

Konstantinopel, das bisherige Byzanz, wird kaiserliche Residenz.

2. *Das Mönchtum, ein Weg in die Freiheit der Kirche?*

In derselben Zeit der werdenden Hofkirche, die nicht ruhte, bis ihr erster Kaiser Konstantin der Große und seine Mutter Helena heilig gesprochen wurden, lebten in der ägyptischen Wüste die *Eremiten,* unter ihnen als der erste *Antonius* († 356 mit 105 Jahren); *Pachomius* gründete die ersten *Klöster des gemeinsamen Lebens,* bald gab *Basilius der Große* (329–379) *dem Mönchtum die Regel und das Gepräge für die Jahrhunderte.* Welch ein entschlossener Verzicht auf die Welt und ihre Gunst lag in diesen Unternehmungen! Ließ sich die Hofkirche glänzende Gotteshäuser bauen, so meinten diese oft wunderlichen Heiligen, Gott in Höhlen und Gemäuern dienen zu müssen. Und doch, es *mangelte hier wie dort am Wesen der Kirche,* die vor der Welt weder kriecht noch flieht, sondern ihr in der Kraft der überwindenden Botschaft begegnet.

3. *Rettet der Donatismus die Einheit der Kirche?*

In zwei bedeutsamen Augenblicken der jungen Reichskirche hat Konstantin zwischen Kirche und Staatsgewalt zu vermitteln gehabt. Noch einmal brach in Afrika die Kirchenfrage auf, die im Ketzertaufstreit (255–257) mit solcher Macht entstanden war. Die Frage lautete nun: Kann ein Bischof seines Amtes walten, wenn bei seiner Wahl ein Formfehler vorgekommen war? Durfte er überhaupt gewählt werden, wenn er wegen Verleugnung zu den Todsündern rechnete? Auf Konstantins Anfrage hin hatte sich die *Synode von Arles* (314) gegen die afrikanischen Beschwerdeführer entschieden, also auch die Weihe des Bischofs Caecilian von Carthago für rechtsgültig erklärt, der wegen Verleugnung zu den Todsündern gezählt wurde. Gegen diesen Beschluß erhob sich in Nordafrika eine gewaltige Bewegung, die nach ihrem Führer *Donatus* (um 314) bald die *donatistische* genannt wurde. Wiederum standen sich die Kirchenbegriffe des *in sich wirksamen Sakramentes* und *der Heiligkeit der Person,* die das Amt trägt, gegenüber. Es gelang nicht, zu einer Einigung zu kommen. Im Gegenteil, Konstantin sah sich gezwungen, die Donatisten als selbständige Kirchengemeinschaft anzuerkennen.

4. *Nicäa entscheidet gegen Arius (325)*

Größer und weithin sichtbarer steht Konstantin auf dem *Konzil von Nicäa* vor den Augen der Zeitgenossen. Zwischen den mancherlei theologischen

Auffassungen vermittelte auch hier wieder der Wille des Kaisers, der die Kirche vor einer Zersplitterung in bedeutungslose Sekten bewahren wollte. Vom Gesichtspunkt der Reichspolitik aus sollte Nicäa die unbedingte Einheit der katholischen Kirche bezeugen. Demgegenüber standen die Lehrfragen an zweiter Stelle. Aber eben um sie wurde mit einem Einsatz gerungen, der Konstantin innerlich unverständlich sein mußte und in den er nur gezwungenermaßen mit seinem scharfen Menschenverstand und praktischen Sinn eingriff.

Jesus ein Mensch oder der ewige Logos – das war die Frage von Nicäa

Eine lange und schwere Entwicklung der *christologischen Frage* drängte hier zur Entscheidung. Wohl hatte die Logoslehre das Problem des Gottmenschen zunächst beantwortet und die Angriffe der Gnostiker abgewiesen. *Ist Christus der ewige Logos vom Vater, dann ist mit seiner Menschwerdung die Erlösung begründet.* So sahen es Irenäus und Tertullian und mit ihnen die kirchliche Tradition ihres und des folgenden 3. Jahrhunderts. Aber schon Origenes und seine Freunde konnten sich mit diesen Erklärungen nicht zufrieden geben. Für sie war der *Logos ein kosmisches Weltprinzip*, in das nachträglich die christologischen Gedanken eingegliedert wurden. Damit war aber der Zusammenstoß zwischen dem *spekulativ-philosophischen* und dem *historisch-christlichen* Denken gegeben! Die Frage lautete nun immer wieder so: Wie verhält sich der Mensch Jesus zu dem ewigen Logos?

5. *Die Logik des Arius*

Auf dem Boden der *Kirche von Alexandrien* kam der Kampf zum Austrag, der dann in Nicäa entschieden werden sollte. Seine Bedeutung wird schon daran sichtbar, daß niemand, der theologisch dachte – und dieser Kreis war nicht klein, er reichte bis zu den Marktfrauen von Konstantinopel – unbeteiligt blieb.

Arius (†336) war als Presbyter von seinem Bischof *Alexander* des Amtes verwiesen worden, als er folgende Sätze verbreitete: *Ist Gott »der Ewige; der allein Unsterblichkeit hat«, dann muß Christus* vom Vater in einer bewußten Distanz gesehen werden; er kann *nicht ewig, sondern nur geschaffen sein,* wenn auch vor aller Schöpfung. Es gab also eine Zeit, in der Gott allein war.

Dahinter erscheint als nächster Gedanke: Es ist unmöglich, das Wesen des Sohnes dem des Vaters gleichzusetzen. Denn einer, der keinen Anfang hat, ist unvergleichlich mit jedem anderen Geschöpf. *Der Logos, den Jesus in sich trug, kann darum auch nicht als wahrhaftiger Gott bezeichnet werden, er ist es nur in uneigentlicher Weise, weil er die Gnade empfängt, und er wird es auf dem Wege einer Entwicklung, die ihn schließlich zum Gott und Herrn krönt* – so Arius.

Dieser Logik des Arius konnte die Mehrheit des Konzils nicht widersprechen, kam sie doch von Origenes her. Männer wie Bischof Eusebius von Cäsarea hatten schon vorher der arianischen Lehre zugestimmt. Der Origenismus mit der Betonung des selbständigen Logos beherrschte durchaus die Situation. Aber von zwei Seiten kam in diesem kritischen Augenblick ein unerwarteter Vorstoß. *Bischof Alexander* von Alexandrien gewann in seinem jungen Diakon *Athanasius* (295–373) einen eindrucksvollen Verteidiger seines Standpunktes. Und der Westen, nur mit sechs Abgeordneten vertreten, stimmte unter Führung des Bischofs *Hosius von Corduba* Alexander und Athanasius zu. Diese Synthese zwischen dem Westen und Osten, zwischen der lateinischen und griechischen Theologie hielt nun Konstantin für die verheißungsvollste Lösung der schweren Frage. Unter kaiserlichem Druck haben an die 300 Theologen die Formel von Nicäa unterschrieben, die Mehrheit zweifellos gegen ihre innere Überzeugung. Und dennoch, dieser sehr menschliche Gang der Ereignisse hat einem Bekenntnis Bahn gebrochen, das die gesamte Kirche gerettet hat! Worum ging es den Alexandrinern, was ist die tiefste Wurzel ihres Gegensatzes zu Arius?

Athanasius: Jesus ist wesensgleich mit dem Vater

Harnack hat darauf hingewiesen, daß Athanasius weniger Theologe als Bekenner gewesen ist. Dieses Urteil hat insofern recht, als sich die Männer der Orthodoxie Arius gegenüber nicht auf eine sorgfältig ausgefeilte Antwort einließen, sondern *um die Substanz der Kirche kämpften, um die Basis des Heils*. Ihnen war deutlich, daß die Kirche um ihr Evangelium betrogen war, sobald sie auf die Linie der Arianer einging. In einer solchen Lage aber kann man nicht mehrere Sätze aussprechen, sondern im Grunde nur einen. Und das hat Athanasius getan: *Daß Jesus Christus als Gott selbst zu uns gekommen ist* und nicht erst nachträglich dazu wurde. Darum hat Jesus von der ersten bis zur letzten Stunde seines Wirkens das Leben eingesetzt. Wäre Christus nicht mit dem Vater wesenseins, wie könnte die Kirche dann noch die Erlösung verkündigen! Die Lehren über den Logos können hierbei nicht mehr vertreten werden.

Das aber ist echte Theologie, die um des wahren Glaubens willen auch den Schein einer zünftigen Gelehrsamkeit drangibt. Insofern ist Athanasius durchaus bestrebt gewesen, die Theologie wieder zu dem ihr eigentümlichen Schwerpunkt zurückzuführen, zu dem Wunder der Erlösung, das sie nie menschlich begreiflich machen kann.

Das Fundament der Kirche

Mit der Betonung der Christologie, des Heils gegenüber dem ethisch wirkenden Bild, das Arius gab, hat sich Athanasius ganz entschieden vom »Logos der Philosophen« abgewandt. Ist der Christus-Logos ewig, dann bezeugt er damit, daß die Einheit mit dem Vater eine wesentliche und nie nur entwicklungsmäßig hinzugekommene ist. Nicht das nicänische Symbol, nicht einmal die Formel *homousios* = Wesenseinheit entstammt der persönlichen Formulierung des Athanasius. Er folgte darin den Abendländern und griff dieses Wort erst viel später als sein eigenes Bekenntnis auf. Ihm lag einzig daran, worauf es auch den Alexandrinern des 5. Jahrhunderts ankam, *das durch Christus geschehene Heil als das Fundament der Kirche zum Ausdruck zu bringen.*

Freilich bleibt schon hier die Frage offen, wieweit diese Theologen dem Anliegen der Antiochener bis zu Arius hin gerecht wurden, jetzt noch die wahre Menschheit Jesu zu sehen. Glitt der Arianismus zur Moral herunter und sah man in Christus schließlich nur noch den ringenden Menschen, dem wir als unserem Vorbild nacheifern müssen, so lag in der Zurückstellung des historischen Jesus die große Gefahr Alexandrias, nur noch das Heilswunder anzubeten und damit der geschichtslosen Magik zu verfallen. Ging aber an dieser doppelten Klippe das nicänische Symbol schweigend vorbei, so konnte es nicht ausbleiben, daß sich alle nicht wirklich überzeugten Vertreter der griechischen Kirche mit dieser Lösung nicht zufrieden gaben.

Das Nicänische Glaubensbekenntnis lautet (was wir heute Nicänum nennen, ist eigentlich das Nicaeno-Konstantinopolitanum):

»Wir glauben an einen Gott, allmächtigen Vater, Schöpfer alles Sichtbaren und Unsichtbaren,

und an einen Herrn, Jesus Christus, den Sohn Gottes, geboren aus dem Vater, den eingeborenen (einziggeborenen) d. h. aus dem Wesen des Vaters, Gott aus Gott, Licht aus Licht, wahren Gott aus wahrem Gott, geboren, nicht geschaffen, desselben Wesens mit dem Vater, durch den alles geschaffen ist, was im Himmel und auf Erden ist, der um unser, der Menschen, und um unsrer Seligkeit willen herabgekommen und Fleisch, Mensch, geworden ist, der gelitten hat und am dritten Tage auferstanden ist, aufgefahren in den Himmel, von dannen er kommen wird zu richten Lebendige und Tote.

Und an den heiligen Geist.«

6. *Wesensgleichheit oder Wesenseinheit*

In der auf Nicäa folgenden heftigen Auseinandersetzung ist das Leben des Athanasius – seit 328 Bischof von Alexandrien – auf das schwerste verflochten. Konstantin und seine Nachfolger – *Konstantius* vor allem – haben ihm die fünfmalige Verbannung nicht erspart. Schon schien der Arianismus zu siegen und mit ihm eben doch die zähe Kraft des Origenismus, als Kaiser *Julian* (361–63), innerlich angewidert vom Streit der Kirche, die Zeit zu einer gewaltigen Erneuerung des Heidentums für gekommen erachtete.

Aber auch jetzt verzagte Athanasius nicht. Daß es ihm nicht an Formeln lag, sondern am Wesen des Heilszentrums, zeigt seine Verbindung mit den drei Kappadoziern *Basilius von Cäsarea, Gregor von Nazianz und Gregor von Nyssa*. Dem Origenismus näher stehend – sie sprachen in der Trinitätslehre von drei göttlichen Hypostasen (Vertretungen) statt von einer Wesenseinheit (Usia) –, haben diese Theologen in der *Wesensgleichheit statt Wesenseinheit (homoiusius* statt *homousius)* das lösende Wort zu finden geglaubt. Athanasius verstand sich zu dieser Einigung, weil der gemeinsame Gegensatz zu den Arianern deutlich genug zum Ausdruck kam, vor allem aber auch die Absage an die charakterlose Hoftheologie derer, die mit der bewußt unklaren Formel »ähnlich in allem« jeder Schwierigkeit aus dem Weg gehen wollten. Man konnte also auch jetzt dem Verlangen des griechischen Geistes nach logischem Denken treu bleiben und doch das Bewußtsein in sich tragen, das Erbe der Kirche nicht an die Gnosis verkauft zu haben. Stärker als zu Beginn des Kampfes in Nicäa herrschte jedenfalls der Wille vor, den Gegensatz zum philosophischen Erfassen des Geheimnisses nicht zu stark hervortreten zu lassen. Daß der Kampf um die Christologie zu Ende geführt sei, konnte niemand behaupten. Die einstigen Gegner hatten sich in der Abwehr des Arianismus um Athanasius und die Kappadozier zusammengefunden.

Die Synode von Konstantinopel

Wie stark die philosophischen Strömungen die Welt der Gebildeten noch beeinflußten, zeigt die kurze Regierungszeit von Kaiser Julian. Sie stellt den gigantischen Versuch dar, die *Antike im vollen Umfang mit Einschluß des orientalischen Mysterienwesens wieder einzuführen und die Kirche von allen Bindungen mit dem Staat zu lösen* und allmählich in den Hintergrund zu drängen. Der Toleranzgedanke hinderte ihn aber, mit schärferen Maßnahmen gegen die Christen vorzugehen. Die Epoche dieses Romantikers und Philosophen auf dem Thron war bald zu Ende und ihre Nachwirkung nicht sonderlich groß.

Unter Julians Nachfolgern trat Schritt für Schritt die Kirche wieder in ihre alten Rechte. Die heidnischen Opfer werden von neuem verboten, die Tempel geschlossen, ja der Sturm gegen sie unter den Augen des Staates und der Bischöfe unternommen. In diesen Kampf wird schließlich auch der Arianismus als Gegner einbezogen. Die Kaiser *Gratian* und *Theodosius* treten für den orthodoxen Glauben ein. Die *zweite ökumenische*, der gesamten Kirche geltende *Synode zu Konstantinopel* (381) besiegelt das Bekenntnis von Nicäa gemäß dem Verständnis der Kappadozier. Während es gelang, in den Grenzen des römischen Reiches den Arianismus erfolgreich zu bekämpfen, fand er bei den germanischen Stämmen mit der nun einsetzenden Völkerwanderung wachsende Verbreitung.

Einen Weg von nicht 60 Jahren beschreibt die Geschichte zwischen den beiden Konzilien Nicäa und Konstantinopel. Aus der vom Staat begünstigten Kirche Konstantins ist die *orthodoxe katholische Staatskirche* geworden, deren Belange Gratian und Theodosius mit allen Mitteln wahrnehmen. Die Abhängigkeit der Kirche vom Staat ist größer denn je zuvor. Die Rivalität zwischen den Patriarchen verschafft den Kaisern vielfach überragenden Einfluß. *Auf den Kirchensynoden hat der Kaiser die gesetzgebende Gewalt*. Ihm sind die Rechtshändel der Bischöfe übergeben, er beauftragt die Synode mit ihrer Erledigung. Immerhin besaß die Kirche des Westens ein stärkeres Bewußtsein von ihrer Selbständigkeit als die des Ostens.

Literatur

Konstantin: J. Burckhardt, Die Zeit Konstantins und die christliche Kirche, 1936
E. Schwartz, Kaiser Konstantin und die christliche Kirche, 1913
F. Loofs, Das Nicänum, 1922
Joh. Geffcken, Kaiser Julian, 1914
H. Dörries, Das Selbstzeugnis Kaiser Konstantins, 1956
Ders., Konstantin d. Große, 1958

Christianisierung jenseits der römischen Grenzen

Um 300 gründen Gregor der Erleuchtete und der armenische König **Trdat** die **armenische Staatskirche.** Es folgen Schaffung des armenischen Alphabets und einer Nationalliteratur, Übersetzung der Bibel und der Kirchenväter.

Nach **Persien** dringt das Christentum im 3. Jahrhundert von Syrien aus ein. **Afrahat** schafft christliche Literatur. Verfolgung der Christen, die unter dem Verdacht der Konspiration mit den Römern stehen, 345–380 durch Sapor II.

Konzil v. Selencia 410: Die persische Kirche wird selbständig.

In **Abessinien** begründen zwei Forschungreisende Mitte des 4. Jahrhunderts die Kirche. Von hier aus Mission in Arabien.

Goten: Kriegsgefangene aus Kappadozien missionieren seit 258 unter den Verfolgten. Wulfila (um 310–383), Sohn eines Goten und einer gefangenen Kappadozierin, Begründer der Kirche.

11. Kapitel

Augustin 354–430

Ambrosius in Mailand – Augustins Konfessionen – Sein Kampf gegen Manichäer und Pelagianer – Der Gottesstaat – Die höchste Seligkeit – Der neuplatonische Schleier – Das Urteil der Geschichte

1. *Ambrosius ein Bekenner*

Während sich im Osten nach den Kämpfen um das Nicänum neue christologische Auseinandersetzungen vorbereiten, bildet sich bei den vorrückenden Goten an der Donau durch *Wulfila* eine arianische Kirche. Gegen den Westen des römischen Reiches wendet sich der Sturm der Völkerwanderung. Weder im staatlichen noch im kirchlichen Leben zeigen sich besondere Führergestalten, die in diesem schicksalsschweren Augenblick die dringenden Aufgaben des Ganzen zu sehen vermochten.

Nur eine Ausnahme überragt in königlicher Priestergestalt die Zeitgenossen: Bischof *Ambrosius von Mailand* (ca. 340–397), Sohn eines hohen Staatsbeamten in Trier. Ihm liegt das in den Grundmauern schwankende Gefüge des Staates in gleicher Weise auf der Seele wie der Sonderauftrag der Kirche, die auch dem Kaiser Theodosius die Buße nicht ersparen kann, die ihm der mutige Bischof nach dem Blutbad von Thessalonich auferlegte.

»Du scheinst nicht zu wissen, o Kaiser, wie furchtbar deine Mordtat ist. Aber du darfst nicht, vom Schmucke des Purpurs betrogen, unwissend darüber bleiben, welch schwacher Leib darunter verborgen ist, der vom Staube genommen zum Staube zurückkehren wird. Du herrschst über Menschen, o Kaiser, die von gleicher Natur, ja, deine Mitknechte sind. Nur *ein* Herr und König ist über allen. Mit welchen Augen willst du den Tempel unsres gemeinsamen Herrn ansehen? Wie willst du mit den blutigen Händen den hochheiligen Leib des Herrn ergreifen? Wie sein hehres Blut an den Mund bringen, der du durch deinen wütenden Ausspruch so viel Blut vergossen hast?

Versuch es nicht, deine Sünden durch neue Sünden zu mehren! Nimm die Bande willig an, die der allgemeine Herrscher von oben billigt; sie haben heilende Kraft.«

Theodosius hat sich diesem Bußruf nicht entzogen.

Zerbröckelte aber der Bestand des Reiches unter dem Ansturm der Germanen und zerteilte sich die Kirche mehr und mehr in ängstlich auf ihre Selbständigkeit bedachte Patriarchate, so war es eine besondere Stunde, als ihr in *Aurelius Augustinus* (354–430) ein Mann von umfassendem und tiefem Geist geschenkt wurde.

Ohne Zweifel ist Augustin die bedeutsamste Gestalt der Kirche zwischen Paulus und Luther. Wie Paulus die Brücke zu den Griechen geschlagen hat und Luther den Weg zu Paulus zurückfand, so scheint Augustin berufen gewesen zu sein, zwischen der Ost- und Westkirche einen neuen Weg zu bahnen und die Geschichte von 400 Jahren noch einmal einer grundlegenden Reinigung zu unterziehen. Ein reiches Erbe lag auf ihm, eine stürmisch bewegte Jugend ließ ihn die mannigfachsten Strömungen durchleben.

2. *Augustins Konfessionen*

Im wörtlichsten Sinn beobachten wir diesen Mann, der ein Kirchenvater war, im Abstand von 1500 Jahren. Wir haben sein Selbstzeugnis in den »Konfessionen«. In Form eines Gebetes beschreibt er sein Leben. Wir sehen seine Wirkungen im Lauf der Geschichte bis hin zur Reformation und Gegenreformation. Und wir befinden uns auch heute noch im Streite darüber, wie denn die widersprechendsten Aussagen dieses Mannes zu verstehen oder gar zu harmonisieren sind. Ihn hat im weiteren Verlauf der Geschichte die Mystik wie die Hierarchie, die staatliche wie die kirchliche Oberleitung für sich in Beschlag genommen. Das legt sofort die Frage nahe, ob er wirklich eine Führernatur gewesen ist oder ob ihn vielmehr die Gegner und Freunde in raschem Wechsel hin und her warfen.

Augustin bekennt seinen Weg zu Christus

Es ist nicht der Ort hier, die Lebensgeschichte Augustins im einzelnen zu beschreiben. Soviel aber muß deutlich werden, daß der heißblütige Sohn Nordafrikas in mächtiger Lebensbewegung von Jugend an um die Erkenntnis seines Wesens und seiner Bestimmung gerungen hat. Ihn bezeichnet mit klarer Prägung das eine Wort:

»Zu dir hin schufst du uns, o Herr, und unser Herz ist unruhvoll, bis daß es Ruhe hat in dir!« (Conf. 1,3).

Nach dieser Ruhe der Seele hat sich schon der Neunzehnjährige gesehnt, als er aus dem *Hortensius* des Cicero im Pflichtbegriff die Wahrheit zu erfassen trachtete. Nach seinem Interesse an der Stoa drängt es ihn zu dem ihm radikaler dünkenden Manichäismus. Auch hier enttäuscht durch Menschen und Lehren, droht er in der Skepsis zu versinken. Durch diese Entwicklungen hindurch zieht sich der stille und stete Einfluß der christlichen Mutter *Monica* und damit auch der Kirche, die ihm dann in Ambrosius entscheidend entgegentritt. Aber alles, was religiöse Tradition und die vorhandene Philosophie zu bieten hatten, vermochte den jungen Professor der Rhetorik nicht frei zu machen vom Widerstreit zwischen Sollen und Sein. Und nirgends empfand er diesen Riß stärker als auf dem ganz persönlichen sittlichen Gebiet, dort, wo ihn die Liebe zu einem Mädchen stärker band, als er es sich selbst zugeben wollte.

In merkwürdiger Doppelheit verläuft nun die Geschichte seiner Bekehrung. Aus der Skepsis rettet ihn zunächst der *Neuplatonismus*. Hier öffnet sich ihm die Welt des Geistes und der höhere Wert der Innerlichkeit im Unterschied zur Materie und zum niederen Begehren der Sinne. Den eigentlichen Stoß aber kann ihm die philosophische Überlegung nicht geben. Sinnenlust und der Ehrgeiz, berühmt zu werden, halten ihn noch völlig umfangen. An dieser Stelle bricht nun in Verbindung mit dem, was er von begeisterten Asketen, von Männern wie dem Mönch Antonius und anderen hört, schließlich das bekannte »*tolle-lege*« – nimm und lies, wie es die Kinder bei einem Spiel riefen, in seine Geschichte ein und führt ihn zum Aufschlagen von Röm. 13, 11–14: »Nicht in Fressen und Saufen, nicht in Kammern und Unzucht, sondern ziehet an den Herrn Jesum Christ!« Seit dieser Stunde wußte Augustin, daß ein Stärkerer sein Leben ergriffen hatte, seinen Willen bestimmte und ihn nicht nur zur Befreiung von einer wilden Ehe, zur mönchischen Askese drängte, sondern wirklich und persönlich erfaßte. Darum fühlte er sich jetzt nicht in die Enge gewiesen, sondern in die Weite einer neuen und großen Lebensaufgabe. Der Presbyter und spätere Bischof des kleinen Sprengels von Hippo Regius (Nordafrika) hat sie bis an sein Ende in rastloser Arbeit zu lösen gesucht.

3. *Der Kampf an den Fronten gegen Mani und Pelagius*

Die entscheidende Ausprägung hat Augustin durch die Auseinandersetzung mit den *Manichäern*, *Donatisten* und *Pelagianern* erhalten. In der Verschiedenartigkeit dieser Fronten liegt die Unmöglichkeit, ihn in wirklich eindeutiger Weise zu beschreiben.

Augustins Augenmerk bleibt wie vor ihm das der anderen Afrikaner, Tertullian und Cyprian, auf das Heilswerk Christi gerichtet. Die dialektische Spekulation der Griechen ist ihm im Grunde fern, obwohl er das griechische Erbe nie aufgab. Ähnlich wie die Apologeten des 2. Jahrhunderts hat er sich in der Auseinandersetzung mit seinen Gegnern immer wieder auf den *Autoritätsglauben* zurückgezogen:

»Ich würde dem Evangelium nicht glauben, wenn mich nicht die Autorität der katholischen Kirche dazu bewegte« (Contra epistulam Manich, 5,6).

In eine Doppelfront geriet Augustin durch den *Kampf gegen die Manichäer und Pelagianer.* Mußte er gegen den Perser die Freiheit und Verantwortlichkeit des Menschen behaupten und seine Sünde und Schuldverhaftung bekennen, so zwang ihn der Moralismus des Pelagius zur entgegengesetzten Stellungnahme.

Für *Mani* (s. Seite 56) ist die Menschheit eine »Masse des Verderbens«, niemand kann von sich aus das Gute tun, weil die Erbsünde von Anfang an alles vergiftet. Nur die ersten Menschen waren imstande, nicht zu sündigen, darum auch nicht zu sterben. Gab aber Adam in schwerer Sünde diese Freiheit auf, so blieb für alle Zeit nur die Herrschaft der Sünde und des Todes übrig. Sie ist ein Urprozeß zwischen Licht und Finsternis.

Pelagius hingegen, ein aus England stammender Laienasket (um 360–418), betonte die Freiheit des Menschen, verwarf die Erbsünde. Adam gab nur ein schlechtes Beispiel. Damit war ebenso wie fast ein Jahrhundert zuvor bei Arius der Angriff gegen das Fundament der Kirche unternommen: Vermag der Mensch frei von Erbsünde gut zu sein, dann ist Christus lediglich ein Vorbild und sein Evangelium keine Botschaft von der Erlösung. Hier kämpft Augustin wie einst Athanasius um die Basis der Kirche. »Eia, ihr Brüder, es bedurfte des Blutes des Gerechten, um die Handschrift der Sünden zu tilgen« (de trin. XIII, 10,13). Wie immer sich seine Gnadenlehre entwickelte, wieviel von neuplatonischem Beigeschmack ihr anhängt, auf diesem Kampfplatz zwischen Ethik und Erlösungstat, wider den Manichäismus und Pelagianismus, hat er seinen Mann gestanden.

Beide Linien drängten nun aber zur Wesensbestimmung des Menschen in der Kirche. Gegen den griechisch-orientalischen Geist der ethischen und fatalistischen Verkürzung der Botschaft betont Augustin in dreifacher Ausführung die Bedeutung der einen, heiligen und katholischen Kirche, die uns allein aus dem Konflikt zwischen Mani und Pelagius helfen kann. Sie ist zunächst die hierarchisch geordnete Heilsanstalt im Sinn der apostolisch begründeten Bischofslisten:

»Mich hält (im Schoß der Kirche) die Übereinstimmung der Völker und Nationen, es hält mich darin die durch Wunder begründete, durch Hoffnung genährte, durch Liebe gemehrte, durch das hohe Alter gekräftigte Autorität; es hält mich fest die von dem Bischofssitz des heiligen Petrus selbst bis zu dem jetzigen Episkopat sich fortsetzende

Aufeinanderfolge der Bischöfe, es hält mich fest der Name ›Katholische Kirche‹« (Ep. 54,1).

Diese sichtbare Kirche der festgefügten Tradition ist aber auch zugleich die Versammlung der Heiligen. In ihr ist jedenfalls die Schar der Prädestinierten zu finden, die Gott erwählt und berufen hat. Weil man aber diese Erwählten nicht feststellen kann, weil Unkraut und Weizen noch vermischt sind, wartet die Kirche auf ihre Reinigung nach dieser Erdenzeit. Bricht hier die Eschatologie mit Macht herein, so wirkt der dritte zentrale Gedanke wieder sammelnd. Die Kirche ist jetzt schon das Tausendjährige Reich und darum zur Weltherrschaft berufen. In seinem großen Werk vom »Gottesstaat« *(de Civitate dei)* hat Augustin das ausgeführt. Papst und Kaiser haben das, jeder in seinem Sinn, verstanden.

4. *Verfolgung aus Liebe*

Durch den Kampf mit den *Donatisten*, die ihm sonderlich in seinem Kirchengebiet zu schaffen machten, erfuhren die Sätze über die sichtbare Kirche ihre besondere Verschärfung. Die unter Umständen mit Staatsgewalt zu erzwingende Einheit der Kirche, erschien Augustin eine »Verfolgung aus Liebe« zu rechtfertigen. Er hielt sie für berechtigter als die »Freiheit des Irrtums«. Und doch zog er daraus nicht den Schluß, nur das von den Priestern seiner Kirche gespendete Sakrament habe Gültigkeit. Obwohl ihm die Donatisten in seinem eigenen Kirchensprengel zahlenmäßig zunächst überlegen waren, erkannte er ihre Taufe an und nahm damit die Stellung des römischen Bischofs im Ketzertaufstreit des dritten Jahrhunderts ein. Irgendeine Anerkennung der Andersgläubigen war aber damit nicht gegeben. Der Segen des Sakraments bleibt an die Kirche und letzten Endes an die Prädestination gebunden. Diese Überlegungen machten Augustin fähig, nach einem vergeblichen Religionsgespräch mit den Donatisten (411) dem staatlichen Verfolgungsgesetz gegen sie zuzustimmen.

5. *Der Gottesstaat*

Das Problem *Staat und Kirche* war damit noch einmal aufgerollt. In seinem umfangreichen Werk über den Gottesstaat hat Augustin seine weittragenden Sätze in apologetischer Richtung veröffentlicht. Über den unmittelbaren Anlaß hinaus – den Heiden zu beweisen, daß die Kirche am schlimmen Zustand der Zeit, an der Auflösung des römischen Reiches durch die Völkerwanderung keine Schuld trage – hat er hier die großen Linien gezogen, um die Überlegenheit der unsichtbaren und doch sichtbaren, göttlichen Kirche über die von Dämonen bestimmten Reiche dieser Welt zu erweisen. Dem mit der Sünde verbundenen Staat kann darum nur dadurch geholfen werden, daß er sich der Kirche unterordnet. Wir sehen, eine kirchenfreie und doch von Gott her kommende Verantwortung des Staates hat erst die Reformation zu bezeugen vermocht. Durch Augustin ist der schwere Kampf zwischen *Sacerdotium* (Priesterherrschaft) und *Imperium Romanum* für das folgende Jahrtausend begründet.

6. Gnade durch Prädestination

Warum aber bleibt das Denken dieses Kirchenvaters an den entscheidenden Punkten gebunden, warum bricht der freie Strom neutestamentlicher Erkenntnis nicht durch, wiewohl auch Paulus, besonders in der Auslegung des Römerbriefes, stark in das Gesichtsfeld tritt? Augustin hat die Gnade durch die *Prädestination* entpersonifiziert und auf die Erwählten allein die *gratia irresistibilis,* die unwiderstehliche Gnade, bezogen. Mit dieser logisch-beschränkten, um ihre wirkliche Stoßkraft gebrachten Gnade verband er weiter den Satz, daß die *gratia* sich als helfende Kraft, einem Fluidum ähnlich, dem guten Willen des Glaubenden mitteile. Dieser Glaubende ist aber im Grunde nichts anderes als der Gott Liebende. Und hier liegt der Schwerpunkt der augustinischen Frömmigkeit. »Gott anhängen« als die höchste Seligkeit, durch Christus zu Gott emporsteigen, in der hingebenden Liebe auf alles verzichten und darin Gottes innewerden – das ist das Glück des Menschen. Auf dieser Liebe, nicht auf dem Glauben allein steht das letzte Wort Augustins.

7. Der neuplatonische Einfluß

Der bis an Augustins Ende wirkende Einfluß des Neuplatonismus hat alle biblischen Gedanken dieses tiefdringenden und alle Gebiete erfassenden Geistes irgendwie bedeckt. Man kann zwar für fast alle evangelischen Wahrheiten einen Beleg in einer seiner Schriften finden, aber der Gesamteindruck ist doch der: Eine fremde Macht hindert den Durchbruch der paulinischen Grunderkenntnisse, lähmt immer wieder das Zeugnis von der in Jesus Christus geschichtlich und persönlich geschehenen Erlösung, lenkt immer neu den Blick auf die Geheimnisse der Prädestination, der Taufmagik, der Gnadeninspiration und endlich auf den, vor dem alles zurücktritt, den Gott der Liebe. Und hier tut sich der eigentümlich mystische Ton bei Augustin überwältigend kund. Im Augenblick, da er von dieser geheimnisvollsten Berührung mit Gott spricht, schwebt die befreite Seele gleichsam schon in anderen Sphären. Im letzten Gespräch mit der Mutter, wie es im 3. Buch der Konfessionen aufgezeichnet ist, hat uns der dankbare Sohn in diese verborgene Welt hineinsehen lassen:

»Wir sprachen über das, was wir soeben erlebt: wie die Unruhe des Fleisches zum Schweigen kommt und alle inneren Vorstellungen von irdischen Dingen stille werden; wie die Pole schweigen und die Seele nicht mehr spricht; wie sie nicht mehr an sich denkt und im Entzücken hinausgehoben wird über sich. Alle Träume und alle Traumgebilde, alle Sprachen und alle Zeichen schweigen ihr – es wird lautlose Stille. Dann aber vernimmt das wache Ohr, wie alle Dinge sprechen: Wir haben uns nicht selbst gemacht, er tat es, der in Ewigkeit bleibt. Und schon verstummen sie wieder und lauschen dem, der sie gemacht hat, und nun spricht er allein. Er spricht nicht durch sie, sondern durch sich selbst, daß wir seine Stimme hören. Er spricht nicht durch Menschenlippen, nicht durch Engelstimmen, nicht durch den Donner der Wolken, nicht durch Rätsel und Gleichnisse. Nein, er selbst spricht, den wir in all diesen Dingen lieben, er spricht zu uns unmittelbar. Denn unsre Seele ist immer höher gestiegen bis zu ihm hinauf und in einem aufflammenden Gedanken, einen Augenblick lang hat sie die ewige Wahrheit berührt, die über den Welten ruht[1].«

8. Der schauende Geist

Man muß stillstehen vor der Reinheit und Schönheit dieses Denkens. Für die kirchengeschichtliche Entwicklung aber wird es gerade unter dem Eindruck dieser Erfahrungen Augustins deutlich, wie ungemein stark die neuplatonischen Gedanken sich in der Mystik des Mittelalters ausgewirkt haben. Hier wird Jesus in seiner Knechtsgestalt nicht mehr ganz ernst genommen. Der schauende Geist gelangt zu höheren Gefilden und ist dennoch in seinem Ich gefangen und findet darin sein Glück. Im Augenblick, da es zur vollen Wendung zu Gott kommen soll, bleibt der Mensch im eigenen Wunschbild hängen, verläßt er den harten Kampfplatz der Welt und führt den Streit gegen den feinsten Egoismus nicht bis zum Ende durch. In diesem ruhenden, berauschend-bezaubernden Gottesbild Augustins mag wohl noch einmal die Erinnerung an Origenes auftauchen. Es gibt einen Punkt in der griechischen Theologie, wo das Schweigen das Wort ablöst und der ersehnte Friede die bewegliche Geschichte, die hingebende Liebe den lebendig empfangenden Glauben und die Weltflucht die Weltdurchdringung zurücktreten lassen. Nicht daß der Bischof von Hippo den Gegenwartsaufgaben entsagte, aber ein Stück jener bitteren Ironie überfiel ihn mitten im Kampf, wenn er von der »Komödie des Menschengeschlechtes« sprach[2]. Ganz ist sein Herz nicht

[1] Nach der Übersetzung von E. Zurhellen-Pfleiderer, Göttingen, 1907
[2] Enarrationes zu Ps. 127

mehr dabei, denn sein Innerstes verzehrt sich in Sehnsucht nach der anderen Welt.

9. *Die bleibende Autorität*

Die Geschichte hat ihr Wort über Augustin gesprochen. Zunächst gelang es dem folgenden Jahrhundert, die »gefährlichen« Sätze des Kirchenvaters »semipelagianisch« (= halbpelagianisch) abzuschwächen. Was er von der Prädestination und der Unwiderstehlichkeit der Gnade zu sagen hatte, wurde beiseite gelassen, als man 529 auf der *Synode von Orange (Cäsarius von Arles)* die übrigen Sätze Augustins anerkannte. Der Heilige war damit für die Kirche gerettet. Den mit den letzten und schwersten Fragen kämpfenden Theologen aber glaubte man der Vergessenheit überliefern zu können. »Was immer und überall und von allen geglaubt wurde«, ist jetzt nach Vincenz von Lerinum katholische Tradition. Ein Satz, der in allen seinen Teilen geschichtlich unwahr ist. »Unser Herr Christus nannte sich nicht die Gewohnheit, sondern Wahrheit«, hatte Tertullian noch zu bekennen gewagt[3]. Augustin aber wurde nun als Mann der Kirche mehr und mehr der Vertreter des Autoritätsglaubens[4].

Dennoch ist dieser einzigartige Theologe die ständige Unruhe für seine Kirche geblieben. Er hatte zuviel vom lebendigen Wort in sich aufgenommen, um nicht Jahrhundert um Jahrhundert ein Wegweiser zur persönlichen Frömmigkeit zu werden und um nicht die Christenheit davor zu bewahren, hinter der sichtbaren Kirche die wahre Gemeinschaft der Heiligen, hinter dem Werk des Menschen die allein und alles wirkende Macht der Gnade, hinter der kirchlichen Autorität die lebendige Stimme zu vergessen, deren unüberhörbarer Ton ihm einst bei Paulus begegnet war. Ohne Augustin kein Anselm von Canterbury, kein Bernhard von Clairvaux.

Bei aller Verehrung für Augustin, namentlich in der Schrift *»De spiritu et litera«*, führt Luthers Glaubensbekenntnis in eine völlig andere Richtung. Da ist Gesetz und Evangelium, Sünde und Gnade, der verborgene und offenbare Gott in neuer Tiefe entdeckt. Unter dieser zweifachen Sicht der Gewalt ist der neuplatonische Schleier zerrissen. Nicht daß wir Gott genießen, sondern daß er unser Herr wird durch Christus, ist nun der bestimmende Inhalt des Evangeliums.

[3] Virg. Vel. 1
[4] Vgl. Contra Ep. Manich. V, 6. S. 135, 1

Literatur

Hans Becker, Augustin, 1908
K. Holl, Augustins innere Entwicklung; Ges. Aufsätze, 1928
G. Krüger, Augustin, der Mann und sein Werk, 1930
W. v. Löwenich, Menschsein und Christsein bei Augustin, 1947
A. Guardini, Die Bekehrung Augustins, 1950

12. Kapitel

Die christologischen Kämpfe des 5. Jahrhunderts

Reichssynoden als Instrument kaiserlicher Macht – Staatskirche im Osten – Kirchenstaat im Westen – Die christologischen Kämpfe des 5. Jahrhunderts – Der christologische Streit zwischen Antiochia und Alexandrien – Apollinaris – Nestorius – Konzil von Chalcedon (451) – Kirchentrennungen im Osten

1. *Kirche in der Hand des Staates*

Was sich im Zeitalter Konstantins auf dem Wege der einheitlichen Reichskirche angebahnt hatte, fand unter Konstantins Nachfolgern in steigendem Maße seine Fortsetzung. Standen sich bisher die einzelnen Provinzialkirchen in mehr oder weniger selbständiger Haltung gegenüber, so sorgte nun die kaiserliche Gewalt dafür, daß der Zusammenhang der einen katholischen Kirche nach außen und innen in die Erscheinung trat. Als Instrument hierzu dienten vor allem die Reichssynoden. Hier werden die gemeinsamen Ordnungen der Zucht, namentlich für die Kleriker, und bald auch die Formulierungen der Lehrgesetze verhandelt. Unter staatlichem Druck wird der Kampf gegen die Ketzer unternommen. Kaiser wie *Valentinian I.* (364–375) und *Theodosius der Große* (379–395) fühlten sich durchaus als Beschützer des orthodoxen Glaubens.

Die kirchlichen Führer sahen in dieser Konzentration eine sehr willkommene Stärkung des christlich-katholischen Einflusses im Gesamtreich. Im übrigen beauftragten die Kaiser in Einzelfragen, bei Klagen über Bischöfe z. B., die Provinzialsynoden, auf denen dann immer noch im Notfall kaiserliche Kommissare zugegen sein konnten. In der Auseinandersetzung mit den Donatisten ist davon mehr als einmal Gebrauch gemacht worden.

2. *Die Kirche im Osten*

Sieht man die Gesamtentwicklung vom Osten her, so kann es den Anschein gewinnen, als verliere die Kirche mehr und mehr ihre Freiheit und werde nichts anderes als ein Organ des Staates. Hier wirkte besonders auch die soziale Bevorzugung mit, die dem Klerus verliehen wurde. Im Steuerwesen, in der Gerichtsbarkeit, in ungezählten Verwaltungsgesetzen zeigte es sich, daß der Staat in der Kirche und in ihren Vertretern die ihm eigene und förderliche Behörde sah, die er vor allen anderen Einrichtungen heraushob. Kein Wunder, daß dadurch das Ansehen der Bischöfe wuchs. Sie wurden die Schiedsrichter in den kleineren Rechtshändeln des Volkes, sie boten den Verfolgten Schutzhaft, sie nahmen sich der Armen, der Heimatlosen, der Kriegsgefangenen an. Überall, wo der Staat in einseitiger Strenge die Gesetze handhabte, die persönliche Freiheit der einzelnen Unternehmungen beschnitt, suchte und wußte die Kirche mildernd, ausgleichend zu wirken. Das hat ihr in der Volksseele Vertrauen erworben, und doch ist es auch der Anlaß für sie geworden, ihren Schwerpunkt zu verlagern. Diese Kirche wurde selbst ein Machtfaktor, gewann einen Riesenbesitz an Ländereien und dachte dabei durchaus nicht daran, die dazu nötigen Sklaven zu entlassen. Daß ein Sklave ein höheres kirchliches Amt erreichen könnte, erscheint im 4. Jahrhundert als unmöglich.

3. *Machtzuwachs der Kirche im Westen*

Etwas anders gestaltet sich das Bild im Westen. Das kaiserliche Regiment hat hier nie so stark durchgegriffen wie im Osten. Alte Römerart blieb es, in Stadt- und Provinzialbezirk die bürgerliche Selbständigkeit zu wahren. Vor allem aber leistete die Kirche von Anfang an Widerstand, der im Verhalten der römischen und afrikanischen Kirche schon seit dem 3. Jahrhundert ausgeprägt ist. Früh erkannten die römischen Bischöfe die Gefahr der kaiserlichen Kirchenpolitik. Mutig unterstützten sie Athanasius gegen seine arianischen Gegner bis hin zum Kaiserthron. Klug ergriff auch der kommende Papst Julius I. auf der *Synode von Sardika* (343) das Recht, abgesetzten Bischöfen auf dem Wege einer neuen Provinzialsynode zu helfen. Weitere Vollmachten werden dem Bischof von Rom durch die Kaiser Gratian und

Valentinian II. zugesprochen, indem ihm das *Gericht über alle westlichen Metropoliten* übergeben wird. Gleichwohl gelang es dem Mailänder Ambrosius durch die Gewalt seiner Persönlichkeit, einen den Römern ebenbürtigen Einfluß zu erlangen. *Den Rahmen der Reichskirche aber füllten sie alle nicht. Hier blieb der Kaiser der unbestrittene Herr.*

Er konnte das aber nur so lange sein, als ihm die politischen Mittel hierzu zu Gebote standen. Mit dem Sinken seiner Macht, mit dem Einbruch der Germanen im Westreich wird es für die Kirche zur unabweisbaren Frage, wer das entscheidende Wort in ihr zu sagen habe. In diesem Augenblick beginnt mit Notwendigkeit der Kampf der in den Hauptstädten tätigen Bischöfe, der Metropoliten, untereinander. Und dieser Kampf ist es, der den gleichzeitig einsetzenden dogmatischen Streit so unsagbar schwer und hoffnungslos macht. Alles, was seit Nicäa durchgerungen war, bricht nun mit erneuter Gewalt auf und wird jetzt unter politischen Gesichtspunkten gesehen. Der Gedanke der einen Kirche geht durch den Ehrgeiz und die Kurzsichtigkeit der Führer verloren.

4. *Der alte Streit: Wer war Jesus?*

Und nicht allein durch sie. Es sind wie bei Arius die letzten und ungelösten Fragen, die in neuen Wendungen das Kampffeld des 5. Jahrhunderts beherrschen. Ging es bei Nicäa um das Verhältnis des Sohnes zum Vater, um den Grund der Erlösung durch den, der gleichen Wesens mit dem Vater ist, so ist nun eine noch schwerere Not offenbar geworden in der *Frage nach der Menschheit Jesu.* Kann der, der den Logos in sich trägt, im Vollsinn ein Mensch sein? Kann das Endliche die Behausung des Unendlichen werden? Alte Kämpfe von Origenes her werden damit wieder lebendig. In der Zeit, da die Hierarchie die Kirche in ihre Eisenklammern spannen will, rafft sich der griechische Geist noch einmal auf, um seinen schärfsten Widerstand am Evangelium zu offenbaren. So kommt es, daß uns in den nun folgenden Kämpfen nicht nur Politiker begegnen, sondern auch Theologen von bedeutendem Maß.

Antiochia und Alexandria im christologischen Kampf

Hier muß zuerst *Apollinaris von Laodizea* († um 392) genannt werden. In eigenartiger Tiefe hat er das Verhältnis der Gottheit und Menschheit Christi durchdacht. »Christus war unmöglich im Vollsinn ein Mensch. Denn wo ein solcher ist, da ist auch Sünde«. Daß Jesus mit menschlichem Fleisch bekleidet war, ja eine Seele besaß, ist noch begreiflich, aber die Vernunft wird bei ihm durch den Logos ersetzt. Er ist das persongestaltende, einheitliche Prinzip bei Christus. Und darauf läuft nun bei Apollinaris alles hinaus. Er wollte das Christusbild vor dem künstlichen Zerteilen in zwei Naturen = zwei Personen retten:

»Nicht von zwei Naturen sprechen wir bei dem einen Sohn, von einer, die anzubeten ist, und einer, die es nicht ist, sondern nur *von einer Natur des Gottes Logos,* die Fleisch geworden und angebetet wird mit seinem Fleisch in einem Gebet.«

Damit war das Hauptanliegen der griechischen Theologie zum Ausdruck gebracht: die eine Natur, bei der wir vor dem Wunder der Menschwerdung stehen und damit vor dem Fundament der Kirche und ihrer Erlösungsbotschaft.

Es mag Athanasius und seinen kappadozischen Freunden, Gregor von Nazianz und Gregor von Nyssa, nicht leicht geworden sein, den Angriff auf Apollinaris zu eröffnen. Sie mußten ihn unternehmen, um die volle Menschheit Jesu zu retten. Sie taten es schweren Herzens, weil sie im Grunde nichts anderes betonen wollten als *das Geheimnis* der einen »vergotteten Natur«. Dennoch ist durch diese Theologie des von der Kirche verurteilten Apollinaris der scharfe Keil hineingestoßen worden, der in den Kämpfen der folgenden Jahrhunderte die Gegner schied.

Antiochener gegen Appollinaris

Die Fronten wären nicht in solcher Wucht aufeinandergeprallt, wenn sich nicht die Lehre der *antiochenischen Theologen* mit vollem Bewußtsein gegen den Apollinarismus gestellt hätte. *Diodor, 378 Bischof von Tarsus* († vor 394) und *Theodor, Bischof von Mopsuesti* (350–428), hatten auf Grund ihrer exegetischen Arbeiten am Neuen Testament das geschichtliche Bild Christi wieder herausgearbeitet. Die Tragik ihrer Entdeckung liegt aber darin, daß sie dadurch nicht zu einer neuen christologischen Verkündigung kommen, sondern ihr Ergebnis mit der bisherigen Logoslehre verbinden. Ihre Aussagen gewinnen so einen schematischen Charakter, indem sie zwei Naturen in Christus unterscheiden, auf die nun die neutestamentlichen Aussagen verteilt werden.

»Der Gedanke einer Wesenseinigung hat nur da Wahrheit, wo zwei gleichen Wesens sind. Wo verschiedenes Wesen ist, da ist er eine Lüge. Die Art der Einigung aber, die nach dem Wohlgefallen sich vollzieht, bewahrt die Naturen unvermischt und zeigt uns die aus beiden gebildete Person als eine, untrennbar eine, und einen Willen und eine Tatkraft mit der daraus folgenden einen Selbständigkeit und Macht.«[1]

So oft hier auch die Einheit betont ist, der Akzent ruht doch auf dem Ne-

[1] Theodor von Mopsuestia bei Swete II 331, 1 ff.

beneinander zweier in sich verschiedener Wesenheiten. Ihre Einheit ist darum nie eine wirkliche, sondern immer nur eine willentliche. Zu einer durchschlagenden Christologie haben es deshalb die Antiochener nicht gebracht. Ihre Stärke war die Kritik der anderen Standpunkte und die exegetische Genauigkeit. Die Not der Zeit aber forderte mehr, und darum steht Apollinaris einem Athanasius im Grunde doch wohl näher als die Antiochener. Hinter deren scheinbar sachlichem, exegetischem Denken lauert der alte Feind in allem Griechentum: Christus ist nach seiner göttlichen Seite nicht leidensfähig, dann ist es schließlich der Mensch Jesus allein, der das Werk der Erlösung vollbringt. Man muß es verstehen, daß gegen eine solche Formulierung Sturm gelaufen wurde. Waren diese Antiochener in Wahrheit noch die Anwälte wider den neu aufbrechenden Doketismus, wenn sie die Kirche dem Rationalismus, dem nur noch Denkbaren auslieferten und das Wunder draußen ließen?

Die Alexandriner standen bei Apollinaris. Bei ihnen vollzog sich aber das Widerspiel von theologischer Tradition und kirchenpolitischen Gesichtspunkten. Sie kamen von Origenes her und wußten von da aus in der Tat etwas um die Schwere der Fragen, und sie waren nicht lange nach Athanasius die Verwalter desselben Amtes. Und doch überwiegt an der entscheidenden Stelle ihr heißer Machtkampf gegen das kaiserliche und bischöfliche Konstantinopel jede theologische Überlegung. In den beiden Kämpfen mit Nestorius und Flavian, den Bischöfen von Konstantinopel (»Neu-Rom«), offenbart sich die Leidenschaft der Alexandriner.

5. *Nestorius von Konstantinopel gegen Cyrill von Antiochia*

Es wurde schon als ein erster Sieg gebucht, als es Theophilus, Patriarch von Alexandria, gelang, *Chrysostomus* (geb. 354 in Antiochia, seit 398 Patriarch von Konstantinopel, in der Verbannung 407 gestorben; seit dem 6. Jahrhundert heißt er: »Johannes von Konstantinopel«) zu stürzen. Angeblich spielte hier die antiochenische Theologie dieses volkstümlichen und in der Leidensschule vertieften Mannes hinein. In Wirklichkeit war sie nur der Anlaß, dem Kaiser zu beweisen, welche Macht am Nil vorhanden war und wer das letzte Wort der Ostkirche zu sprechen habe. Chrysostomus wurde 403 verbannt, noch einmal begnadigt, 404 wieder verbannt, 407 nach Pityus. Auf der Reise dorthin starb er. Sein Ruf im Sterben: »Gott sei gedankt – für alles!« klingt schon aus einer anderen Welt in diese intrigenreiche Diplomatie seiner Zeit hinein.

Kaum 25 Jahre später erfolgte der zweite Angriff. Den Patriarchen *Nesto-*

rius von Konstantinopel (†451), einen strengen Antiochener, ließ es nicht ruhig, daß man von Alexandria her Maria die »Gottgebärerin« nannte. Er schlug, um es den Gegnern leichter zu machen, den Ausdruck »Christusgebärerin« vor. Umsonst! Das Stichwort zum Kampf war gefallen und die Fakkel entzündete die Kirche.

Es ist mit Recht als das eigentliche Ärgernis in der ganzen Angelegenheit bezeichnet worden, daß sich in diesem Zweikampf zwischen Nestorius und dem *Alexandriner Cyrill* unerwarteterweise der römische *Bischof Coelestin I.* auf die Seite Cyrills stellte. Theologisch gehörte er zu den Antiochenern. Sie standen beide nach alter Tradition auf dem Dogma der zwei Naturen. Es ist nur der Gegensatz zu dem politisch immer mächtiger werdenden Konstantinopel, der das Bündnis mit Alexandria veranlaßt. Nestorius wird auf dem *Konzil zu Ephesus* verurteilt (431). Ein schwacher Kaiser, *Theodosius II.*, gibt dem Drängen zweier Kirchenhäupter nach und opfert seinen eigenen Patriarchen! Zwei Jahre später – 433 – soll eine armselige Unionsformel zwischen den Streitenden den Schaden wieder gut machen. Und Cyrill ist charakterlos genug, sie zu unterschreiben, hat er doch sein Ziel erreicht und den Sieg über den Rivalen errungen. Rom aber mußte bald erkennen, daß es unter Preisgabe seiner theologischen Stellung lediglich ein politischer Wurfball des gewaltigen Alexandriens wurde.

Auch nach dieser Niederlage blieben die Antiochener im Osten noch stark genug, um den Nachfolger Cyrills, den *Bischof Dioskur*, auf den Kampfplatz zu rufen. *Eutyches*, ein alexandrinisch gesinnter Theologe, wurde um seiner Einnaturenlehre – Christi Körper habe nur scheinbar menschliche Züge – von Bischof *Flavian von Konstantinopel* abgesetzt. Daraufhin forderte Dioskur eine vom Kaiser einzuberufende Reichssynode in Ephesus. Beide Parteien – die Antiochener und die Alexandriner – riefen nun den römischen Bischof an. Diesmal aber saß kein Coelestin, sondern der bedeutende *Leo I.* (440–461) auf dem römischen Stuhl. Er war Theologe genug, um die Unhaltbarkeit des Bündnisses mit Dioskur und dessen heimlichem Doketismus zu erkennen, und Politiker genug, um eine neue Stärkung des Alexandriners abzulehnen. *Mit der Schwenkung Leos ist der christologische Kampf zugunsten Konstantinopels besiegelt.* Zwar gelang es Dioskur noch, auf der von Leo so genannten *»Räubersynode« von Ephesus (449)* Flavian zu beseitigen. Als aber kurz darauf Pulcheria ihren schwachen Bruder Theodosius auf dem Kaiserthron ablöste, ist die Stunde gekommen, in der sich die kaiserliche und römische Politik gegen Alexandria verbünden. Aus dieser Union ist im Jahre 451 das *Konzil von Chalcedon* erwachsen. Es sollte den Kampf beenden, die gegnerischen Anschauungen noch einmal wie 433 überbrücken und dadurch die Reichskirche vor dem Auseinanderbrechen bewahren.

6. *Chalcedon 453*

Feierlich lauten die Sätze:

»Wir bekennen einen und denselben Christus, Sohn, Herrn, Eingeborenen, der in zwei Naturen, unvermischt und unverwandelt, ungetrennt und ungesondert erkannt wird. Bei der Einigung ist der Unterschied der Naturen keineswegs aufgehoben, vielmehr wird die Eigenheit jeder Natur gewahrt, die beide in eine Person und in eine Hypostase zusammenlaufen. Dieser Christus ist auch nicht geteilt oder getrennt in zwei Personen, es ist ein und derselbe Sohn und Eingeborene, Gott Logos und Herr Jesus Christus, wie es in der Vorzeit die Propheten von ihm gelehrt haben und es der Herr Jesus Christus selbst getan hat und das Symbol der Väter es auf uns gebracht hat.« (Mirbt 159)

Das Chalcedonense ist kein Bekenntnis für einen Gottesdienst. Es ist eine scharfe theologische Formulierung mit dem Ziel, Antiochia und Alexandria zur Verständigung miteinander zu bringen. Jede Seite soll dabei zu ihrem Recht kommen. Gleichzeitig wird jede Ausage durch die entgegengesetzte korrigiert: unvermischt – ungetrennt. Das ist entweder irrational oder ein paradoxes Geheimnis, vor das uns der Gottmensch stellt. Zwei Naturen und doch eine Person. Das will in Chalcedon zur Sprache kommen. Daß es nur zum Teil gelungen ist, die Einheit der Kirche zu erhalten, lag nicht nur am Machtdenken der Kirchenführer, sondern am Geheimnis des Christus selbst, der sich in keine logische Formel pressen läßt. Und so ist es gekommen, daß eine ganze Reihe kleiner Ostkirchen aus der Großkirche ausschieden.

7. *Der Riß zwischen Rom und Konstantinopel*

Hinter den antiochenischen Sätzen – zwei Naturen und eine Person – stand vor allem der römische Bischof. Ihm lag das innerste Ringen der Ostkirche fern. Er sah nur den nächsten Zweck der Union. Als Dioskur abgesetzt und Leos Formeln angenommen waren, glaubte man in Rom, den Sieg erlangt zu haben. In diesem Augenblick aber schuf die kaiserliche Politik die bleibende Rivalität zwischen Rom und Konstantinopel, indem der 28. Kanon von Chalcedon *Neu-Rom* als gleichberechtigt neben *Alt-Rom* stellte. Nun lag die Einheit der Kirche eben doch in der Hand des Kaisers.

Am Chalcedonense brechen alle folgenden Kämpfe auf. Der Osten konnte sich unmöglich zufrieden geben mit einer Formel, die ihm die »zwei Naturen«, und noch dazu unvermischt, aufzwingen wollte. Das Geheimnis der Kirche schien verraten zu sein, der Kirche, die auf die Erlösung durch den Gottmenschen beruhte und die nie und nimmer durch willensmäßige, ethische Einheitsformeln ersetzt werden konnte. An diesen Unmöglichkeiten eines kaiserlich-römischen Zwangsverfahrens hat sich der Osten verkämpft.

Mit kurzen Strichen ist dieser Ausklang zu schildern:

Was zu erwarten war, trat ein. Ägypten lehnte die Formel ab, es kam bis zur Ermordung des aufgezwungenen, antiochenisch gerichteten Patriarchen von Alexandria. Vergeblich versuchte *Kaiser Zeno* durch eine Ergänzungsformel die verhängnisvollen Worte von den »zwei Naturen« fortzulassen (482):

»Wir bekennen den, der eines Wesens ist mit dem Vater nach der Gottheit und eines Wesens mit uns nach der Menschheit. Einer war es und nicht zwei. Von einem stammen die Wunder und die Zeichen.«

Damit war wohl für kurze Zeit der Riß zwischen Alexandria und Antiochia verdeckt, aber den entschiedenen »Monophysiten« (Einnaturigen) konnte dieses »Henotikon« (»Einig«) keine Lösung sein, im Gegenteil, es schuf andererseits noch den Bruch mit dem Westen, indem Rom für mehr als 30 Jahre die Kirchengemeinschaft mit dem Osten aufhob. So sahen die Kaiser des 6. Jahrhunderts keinen anderen Weg, als das Chalcedonense in aller Form wieder einzusetzen.

Ostkirchen trennen sich von ihrer Reichskirche

Trotz aller monophysitischen Bemühungen gelang es nicht, die Zersplitterung des Ostens in eine Reihe von Nationalkirchen zu verhindern. Die *syrische* (Jakobiten), *koptische* (Ägypten) und in Verbindung mit ihr die *abessinische* Kirche sonderten sich ab. Sie sahen im arabischen Vorstoß das gerechte Gericht über die vom Kaiser irregeleitete Großkirche. Ihrem eigenen Bekenntnis wurden allerdings dabei sehr viele untreu und gingen in der Welt des falschen Propheten spurlos unter. Auch die seit dem Ende des 3. Jahrhunderts bestehende *armenische* Staatskirche trennte sich, obwohl sie zeitweilig unter nestorianischen Einflüssen gestanden hatte, schließlich aus monophysitischen Gründen von der Reichskirche (7. Jahrhundert).

Der mystische Zug des Ostens

Vor der Botschaft des Evangeliums, die den Griechen und Barbaren galt, war eine Theologie getreten, die mit der griechischen Philosophie das Geheimnis logisch zu zergliedern suchte. Das Lebensinteresse der Ostvölker lag aber auf einem anderen Gebiet. Ihnen war das theologische Ringen im Grunde fremd. Ihr Sinn war auf die mystische Vereinigung mit dem Heiligen gerichtet. Das Christentum der Mönche trägt weithin magische Züge in sich. Hier ist die Anbetung des Kreuzes in reliquienhafter Weise verstanden, indem man »heiliges Holz« berührt. Hier ist vor allem auch die Marienverehrung in steigender Verbreitung. Diese Religion »zweiter Ordnung« (Harnack), niederer Kultus, besitzt eine ungemein zähe und volkstümliche Kraft. Sie läßt den Menschen in seinen überkommenen Vorstellungen, sie führt ihn nicht zur Entscheidung, die auch das Denken und den Willen aufruft, sondern zu jener gefühlsmäßigen Haltung, die einer allgemeinen Religiosität, dem Leben und Weben in einer heiligen Sphäre entspricht.

Karl Holl hat im Blick auf die gesamte Frömmigkeit des griechischen Mönchtums von jener »merkwürdigen Mischung kindlicher Einfalt und heiligen Ernstes« gesprochen und damit den doppelten Eindruck wiedergegeben, der uns »immer zugleich an die Jugendzeit des Christentums und an das Sterbegefühl der alten Völker erinnert«. Man darf von der monophysitisch bestimmten Frömmigkeit wohl sagen, daß sie das Geheimnis der Erlösung festhielt. Hier liegt letzten Endes der tiefe Eindruck eines *Antonius* auf Athanasius sowohl wie auf Augustin. Es geht um Realitäten, um den einen fleischgewordenen Logos, für den ein Leben in Armut und Schmach nicht zu teuer bezahlt ist.

Literatur

A. v. Harnack, Dogmengeschichte II, 324–476
F. Loofs, Dogmengeschichte 1906, 289–318
K. Holl, Über das griechische Mönchtum. Der Osten, 1928

Zeittafel

Die alexandrinischen Patriarchen von 328–457

328–373 **Athanasius:**	Theologe, als Diakon Bischof Alexanders auf dem Konzil zu Nicäa, bekämpft mit Erfolg Arianismus, wird mehrfach verbannt.
373–380 Petrus II.	
380–385 Timotheus	
385–412 **Theophilus:**	Verfasser von Bibelauslegungen, verurteilt Nestorius; hohes Ansehen besonders in den griechisch sprechenden Ländern.
412–444 **Cyrillus:**	stürzt Chrysostomus, Metropolit von Konstantinopel; festigt Alexandriens Vormachtstellung. Er stürzt den Antiochener Nestorius (431 Konzil zu Ephesus) und beugt sich der Vermittlungsformel von 433.
444–451 Dioscurus	
451–457 Proterius	

Die römischen Bischöfe von 314–514

314–335 Silvester I:	nach korrigierter Legende Empfänger der »Konstantinischen Schenkung«
337–352 Julius I.:	tritt für Athanasius ein; Anspruch auf Oberhoheit auch über Osten.
352–366 Liberius:	wird verbannt, weil er gegen Kaiser Konstantius' Verlangen für Athanasius eintritt, veranlaßt Schisma: Felix II.
366–384 Damasus I.:	Spanier, hohe Verdienste um die Revision der lateinischen Bibeltexte, der Vulgata, die er dem **Hieronymus** übertrug und förderte.
384–399 Siricius:	erste päpstliche Rechtsgutachten (Dekretale)
399–402 Anastasius I.:	Donatusgegner

402–417 Innocenz I.:	Alarich erobert Rom, verschont Kirchengut, I. steht zu **Chrysostomus,** vertritt römischen Primat.
417–418 Zosimus	
418–422 Bonifazius I.:	bekämpft Pelagianismus; Freund Augustins
422–432 Coelestin I.:	verwirft auf Synoden von Rom 430 und Ephesus 431 die Lehre des Nestorius.
432–440 Sixtus III.	
440–461 **Leo I. d. Große:**	als römischer Bischof Oberhaupt aller Bischöfe, »Räubersynode« von Ephesus 449; Chalcedon 453 bringt Sieg durch römische Lehrformel; Sturz des Bischofs von Alexandrien, Leo tritt Attila und Geiserich erfolgreich entgegen.
492–496 Gelasius I.:	
496–498 Anastasius II.:	**Chlodwig** läßt sich taufen.
498–514 Symmachus	

Weströmische Kaiser seit Theodosius 395–476

Nach dem Tode des Theodosius 395 folgen dessen junge Söhne:
395–423 Honorius **im Westen** – Arkadios **im Osten** 395–408.

	Honorius' Feldherr Stilicho beruft Truppen aus Gallien ab, um Westgoten in Italien abzuwehren; Germanen gehen nun über den Rhein (406/7) und errichten auf röm. Reichsboden ihre Königreiche. 410 Eroberung Roms durch die Westgoten.
423 Bürgerkrieg	
425–455 Valentinian III.:	Sohn Konstantius' III. und der Galla Placidia, die bis 450 seine Regentin war, ermordet seinen Feldherrn Aetius und wird von dessen Gefolgsleuten ermordet. **Erstarkung des Papsttums unter Leo I. d. Gr.**
455	Plünderung Roms durch die Vandalen.
475/76 Romulus Augustulus:	letzter weströmischer Kaiser, wird von Odoaker abgesetzt.

Ende des weströmischen Reiches.

476–493 Odoaker: wird von germ. Söldnern zum König ausgerufen, von oström. Kaiser Zeno anerkannt; 593 von Theoderich d. Gr. eigenhändig ermordet.

493–526 **Theoderich d. Gr.:** Ostgotenkönig, Herr von Italien.

Oströmische Kaiser seit Theodosius 395–565

395–408 Arkadios

408–450 **Theodosius II.:** läßt Nestorius, seinen eigenen Patriarchen, fallen zugunsten Cyrills v. Alexandrien und Coelestin I. v. Rom.

450–457 Pulcheria

457–474 Leo der Thrazier

474–491 Zeno der Isaurier

491–518 Anastasius

518–527 Justin I.

527–565 **Justinian I.:** zum letzten Mal politische Einheit des Ostreichs mit Afrika und Italien; größter Kirchenbauer seit Konstantin; Sammlung und Erweiterung des gesamten römischen Rechts; Gegner v. Origenes und Theodor v. Mopsuestia.

TEIL II

Das Mittelalter

Die Grundfragen der mittelalterlichen Kirchengeschichte

Eng verbunden mit dem Schicksal des alten römischen Kaiserreiches ist die Kirche, seitdem Konstantin sie zur stärksten Stütze seiner Weltherrschaft gemacht hatte. Wie sollten die Stöße, die an das Fundament des Imperiums gingen, nicht auch den Bestand dieser Kirche auf das schwerste erschüttern? Wenn die Germanen in das morsche Gefüge der römischen Provinzen dringen, wenn der Islam mit verheerender Gewalt seinen Vormarsch bis nach Westeuropa unternimmt, wie konnte das alles auf die Gestaltung der Kirche ohne Einfluß bleiben?

Aber die Kirche des Mittelalters hat dadurch nicht nur eine geographische Veränderung erfahren. Ihr Schwerpunkt verlegt sich von den Mittelmeerländern zum Norden und zum Westen Europas. Mit dieser Veränderung ist zugleich ein Zweites gegeben: die Kirche wird zur Lehrmeisterin der jungen Völker. Das hat aber zur Folge, daß alle in ihr wohnenden erzieherischen Kräfte und damit auch alle Last der Gesetzlichkeit und energischen Leistung nun erst recht wirksam werden. *Vor die Bezeugung des Glaubens tritt die ernste Unterweisung, die Lehre und die Zucht.* Der Mönch und der Führer der Kirche, der Bischof oder der Papst, haben diese Schulung und Meisterung unternommen. Je mehr der germanische Geist zu seiner Selbstentfaltung drängte, um so mächtiger wurde die Buß- und Herrschgewalt Roms.

Sie würde gemildert worden sein, wenn den in den Raum der Geschichte hineinwachsenden Nationen eine neue Verarbeitung der christlichen Glaubenssätze geschenkt gewesen wäre. Anfänge hierzu sind gewiß vorhanden. Man denke nur an den altsächsischen *Heliand* (9. Jh.)! Bestimmend aber ist und bleibt die Theologie der alten Kirche, die Christologie der griechischen Väter und ihrer lateinischen Erben. Und als gar im hohen Mittelalter, in der Zeit des 13. Jahrhunderts, Aristoteles aus neu entdeckten Quellen bekannt wurde, da legte sich der griechische Geist noch einmal auf die Lehre der Kirche. Der innere Druck wuchs, bis in einer engen Klosterzelle unter dem schwersten Kampf eines Theologen, der Christus und Aristoteles nicht mehr zu einen wußte, Reformation geboren wurde.

Daß dieser Weg der mittelalterlichen Kirche, ein Weg von rund tausend Jahren, kein vergeblicher war, daß in ihm gerade alle jene Unklarheiten und falschen Bindungen der ersten Jahrhunderte zur Reife gelangen, das muß die Darstellung dieser Geschichte erweisen. Unter den Stürmen des frühen Mittelalters bis zum Jahre 1000 schürzen sich die Knoten, stellen sich die großen Gegner auf dem Kampfplatz ein. Die folgenden 250 Jahre sind durchglüht von jener elementaren Auseinandersetzung zwischen Papst und Kaiser, zwischen Kirche und weltlicher Macht, wie sie schärfer kaum gedacht werden kann. Demgegenüber bilden die Jahrhunderte bis zur Reformation nur einen Ausklang, einen vergeblichen Versuch, die Kirche als Kirche zu behaupten wider die dauernd wachsende Kritik von innen und außen.

Keine dieser drei Epochen ist für unsere Gegenwart belanglos. Jede bringt ihren ganz bestimmten Beitrag zu der brennenden Frage nach dem Verhältnis von Kirche und Staat. Wo aber ein Jahrtausend lang so heiß und tief gerungen worden ist, gebührt es uns auf jeden Fall, mit Ehrfurcht zu lauschen, was an letzten und entscheidungsvollsten Antworten die am Kampf Beteiligten vernommen haben.

13. Kapitel

Von Leo I. bis Gregor I., dem Großen, 440–604

Der päpstliche Primat wird biblisch begründet – Gregor I., Jurist und Mönch – Macht und politischer Weitblick festigen Rom – Die Mission, in England beginnend, ist endgeschichtlich ausgerichtet

1. *Die biblische Begründung des Papsttums*

An der Geschichte des Papsttums sind je und je Menschen zu der Überzeugung gelangt, vor dem sichtbaren Erweis göttlicher Führung zu stehen. Gar zu oft sprechen die einzelnen Umstände eine geradezu überwältigende Sprache, haben doch gute und böse Zeiten dazu beigetragen, den Einfluß Roms zu verstärken. Alles, was sichtbarer Erfolg, äußerer und eindrucksvoller Glanz ist, hier tritt es mit einer Macht in die Erscheinung, die alles übrige in der Welt, selbst die Reiche der Cäsaren, in den Schatten stellt. Ohne Zweifel, wer mit menschlichen Maßstäben mißt, muß zum Schweigen kommen. Weil es aber in der Kirche um die Ziele Gottes geht, bleibt unser Messen immer zu kurz, sobald es die letzten, eschatologischen Linien aus den Augen läßt. Erst von da aus fällt auch in dieses größte Werden und Wachsen einer Kirche das Wort: Was aber sichtbar ist – das ist zeitlich!

Noch einmal ziehen die großen Augenblicke der alten Kirche an uns vorüber, wenn wir die Entwicklung zum Papsttum zusammenfassen. Es hat die Würde der »ewigen Stadt«, das Erbe der Kaiser und ihrer zentralen Weltregierung mit dem Ruhm verbunden, Lenker der Gemeinde zu sein, in der Paulus und Petrus ihr Leben gelassen haben. Je unsicherer die Entscheidungen in den Fragen des Glaubens und der Kirchenleitung wurden, um so gläubiger sah man auf Rom und sein Taufbekenntnis (um 150), auf den Kanon der Schrift, wie ihn Rom vertrat, und vor allem auf die lückenlose Bischofsliste, die apostolische Sukzession, die man auf Petrus zurückführte. Männer wie Irenäus und Cyprian haben bei aller Selbständigkeit ihrer Kirche, sobald sie an die Ganzheit des Leibes Christi auf Erden dachten, doch immer wieder auf Rom geblickt als auf den sichtbaren Mittelpunkt, an dem man mehr als irgend sonst in der Welt erkennen könnte, was katholisch, d. h. allgemeingültig ist.

»Du bist Petrus . . .«

Die Anschauung von der im römischen Bischofsstuhl gegebenen Einheit der Kirche erhielt durch Matthäus 16 ihre Hauptstütze. Weder Alexandria noch Konstantinopel konnten dem etwas Ähnliches entgegenstellen, mochten sie in den christologischen Kämpfen noch so gewaltig auf ihre politischen Vorteile pochen. Sie blieben im Raum der Staatsgeschichte des oströmischen Reiches, um dann auch mit ihm zu versinken. Rom aber gründete sich auf das Herrenwort: *Du bist Petrus, und auf diesen Felsen will ich meine Gemeinde bauen, und die Pforten der Hölle sollen sie nicht überwältigen* (Matth. 16, 18). Kein Wort des Neuen Testamentes ist von der Kirche Roms mit gleichem Dank gehört worden. Aus der Zerrissenheit der Kirche und ihrer Sondermeinungen ragte hier der einzige Fels heraus, auf den sich die Jahrhunderte stellen durften. Das Amtsbewußtsein der Männer wie Viktor im 2. und Siricius im 4. Jahrhundert, das Auftreten der Bischöfe Roms bei den großen dogmatischen Streitigkeiten des Ostens von Nicäa bis Chalcedon, die Haltung sonderlich eines *Leo I.* (440–461) – das alles ist gar nicht anders zu erklären als letzten Endes durch die Auslegung der Schrift, zu der man bald auch die Worte: »Weide meine Lämmer« (Joh. 21, 15–17) und »Stärke deine Brüder« (Luk. 22, 32) zählte.

Daß diese Kernworte nicht nur dem Petrus, sondern allen seinen Nachfolgern galten, und daß sie im Sinn einer amtlichen Beauftragung, einer rechtlichen Verwaltung der gesamten Kirche zu verstehen seien, unterlag keinem

Zweifel. In der Auseinandersetzung mit *Hilarius, dem Bischof von Arles*, kommt Leos grundsätzliches Verständnis seines Papsttums deutlich ans Licht:

»Den geliebtesten Brüdern allen in der Vienensischen Provinz eingesetzten Bischöfen Leo, Bischof von Rom.

Das heilige Amt der Verkündigung der ewigen Wahrheit hat Jesus Christus nur in der Weise allen Aposteln auferlegt, daß er es vorzüglich dem seligsten Petrus, dem höchsten aller Apostel zuteilte (Matth. 16, 18f.); von diesem will er, sollen wie vom Haupte seine Gaben sich über den ganzen Körper ergießen, so daß, wer es wagte, von Petri Festigkeit sich zu entfernen, wissen muß, daß er am göttlichen Geheimnisse keinen Teil mehr hat. Eure Brüderlichkeit möge also mit uns anerkennen, daß der apostolische Stuhl nach der ihm gebührenden Ehrfurcht auch von den Bischöfen eurer Provinz durch unzählige Berichte zu Rate gezogen und ihre Entscheidungen entweder rückgängig gemacht oder bestätigt wurden (epistolae decretales). Von diesem Wege aber hat sich Hilarius entfernt. Er wünscht euch derart seiner Gewalt zu unterwerfen, daß er selbst dem heiligen Apostel Petrus nicht untertan sein will. Wer immer aber diesen seinen Vorrang bestreiten zu müssen glaubt, kann freilich dessen Würde nicht vermindern, aber vom Geiste des Stolzes aufgeblasen, stürzt er sich selbst in den Abgrund.«[1]

Papst rettet Rom vor den Hunnen

Es ist darum nur zu begreiflich, daß man von dieser Grundauffassung her auch nachträglich Geschichte gemacht hat. Nun sollte schon Nicäa beschlossen haben: »Immer hat die römische Kirche den Primat gehabt!« Tatsache ist, daß man bis zu Chalcedon wohl von einem Ehrenplatz Roms sprach, dem aber Neu-Rom (Konstantinopel) nicht nachstehen sollte. Über solche Konstruktionen hinaus aber ragt die geschichtlich beglaubigte Tat Leos I., der den Hunnenkönig Attila bewog, ohne Plünderung von Rom wegzuziehen. In dieser welthistorischen Stunde – man denke an die gewaltige *Hunnenabwehr auf den Katalaunischen Feldern bei Troyes 451* – stand der damals schon Papst genannte Führer der römischen Christenheit wie ein Fels. Kein Wunder, daß seine Person sagenhaft verklärt wurde, als er beim bald darauf folgenden Einbruch Attilas und Geiserichs zum zweitenmal Rom rettet. In der Not der Stunde gewinnt der römische Stuhl eine ernste politische Bedeutung.

Aus dieser zeitgeschichtlich begründeten Stellung hat Leo auch nach Osten hin den Anlaß genommen, in einem Brief an den Bischof von Thessalonich Anweisungen zu geben, wie sie nur aus einem ganz bestimmten Bewußtsein seiner Vollmacht zu erklären sind.

»Wenn es sich aber um eine wichtige Sache handelt, die von deiner Brüderlichkeit, die dort den Vorsitz führt, nicht entschieden werden kann, so schicke einen Bericht ein

[1] Vgl. Mirbt, Quellen z. Geschichte des Papsttums u. d. röm. Katholizismus, 1911[3], S. 148

Die afrikanische Kirche bis um 600

und frage bei uns an. Denn unsere Vertretung haben wir deiner Liebe so anvertraut, daß du zwar zur Teilnahme an unserer Sorge, nicht aber zur Fülle unserer Macht berufen bist.« (446)

2. *Gregor – Jurist und Mönch*

Man versteht von hier aus, wie in den Zeiten des nach *Justinian I* (527–565) völlig dahinsinkenden Kaisertums sich alle Macht auf den Bischof von Rom konzentrierte und alle politischen, wirtschaftlichen und kirchlichen Instanzen sich an ihn klammerten. In *Gregor I.*, der von 590 bis 604 die Geschichte der Kirche weit über Rom hinaus zu lenken hatte, spiegelt sich geradezu der Kampf eines Mannes, den diese ungewöhnlich verantwortungsvolle Macht mit innerster Sorge und dauerndem Widerspruch erfüllt. In diesem letzten Römer, wie man ihn nannte, kämpft der Mönch gegen den Papst, der Weltflüchtige gegen den zur Weltherrschaft aufgerufenen Diener der Kirche.

Man wird Gregor nie ohne Benedikt verstehen. Seine Lebensgeschichte führt in die Anfänge der ersten Klostergründung auf italienischem Boden, zum Orden des *Benedikt von Nursia* und seinem im Jahre 529 entstandenen Sammelpunkt auf dem *Monte Cassino.*

Jene emsige Weltzurückgezogenheit der geistig und körperlich eifrig tätigen Mönche, jener völlige Verzicht auf persönliche Freiheit, verbunden mit einer wenn auch noch nicht scharfen, aber doch das ganze Leben bestimmenden Askese – das sind die stärksten religiösen Eindrücke, die der aus vornehmem Hause stammende Gregor in seiner Jugend empfing.

Er war als Jurist nicht imstande, die theologische Grenze dieser Frömmigkeit zu erkennen. Im Gegenteil, er hat alles das gesteigert, was die Religion der Mönche und Eremiten von jeher auszeichnete. Nichts ist zu wundersam in der Verehrung der Heiligen und ihrer Reliquien, nichts überschreitet das, was man sonst als reinen Aberglauben zu bezeichnen pflegt – Gregor hat dafür nicht nur Verständnis, sondern eine mehr als mit seiner sonstigen Bildung zu vereinbarende Zuneigung. Notwendigerweise ist nun alle Bemühung der Frommen auf die Abwehr der bösen Geister gerichtet, auf das Wiedergutmachen begangener Fehler, auf ein dauerndes Büßen, Beten und Opfern des Menschen.

Man vergegenwärtige sich, was dieser ungemein wirksame Papst den kommenden Jahrhunderten mit folgenden Sätzen gesagt hat:

»Wir müssen die gegenwärtige Welt, weil wir sehen, daß sie bereits dahingeschwunden ist, von ganzem Herzen verachten und Gott täglich Tränenopfer, tägliche Opfer seines Leibes und Blutes darbringen. Denn dieses Opfer rettet die Seele in eigenartiger Weise vom ewigen Verderben, indem es jenen Tod des Eingeborenen auf geheimnisvolle Art für uns wiederholt! – In der Stunde der Opferung öffnen sich auf das

Wort des Priesters die Himmel. Engelchöre wohnen jenem Geheimnis Jesu Christi bei, das Irdische verbindet sich mit dem Himmlischen, und aus Sichtbarem und Unsichtbarem wird eins.«[2]

Hier ist alles umgekehrt! *Aus der Tat des Gekreuzigten ist ein dunkles Mirakel geworden, das der Priester Gott darbringt.* Wohl soll dieses Opfer vom ewigen Verderben erretten, aber zur Gewißheit des empfangenen Heiles, zur Vergebung der Sünden vermag es dennoch nicht zu führen.

Ausdrücklich hat Gregor betont, daß man bis an sein Ende zwischen Furcht und Hoffnung schweben müsse. Die eigentümlich katholische *Verwechslung von Heilsgewißheit und jener Heilssicherung,* die man um jeden Preis vermeiden will, stammt recht eigentlich von ihm. Über diese lebenslängliche Ungewißheit hilft aber auch das Fegefeuer nicht hinweg, das Gregor in Verstärkung älterer Überlieferungen und unter Berufung auf eine mißverstandene Paulusstelle (1. Kor. 3, 12–15) in den Vordergrund rückte. Schließlich muß die endgültige Reinigung und Erlösung in der Zeit nach dem Tode erfolgen und bleibt auch hier in Dunkelheit gehüllt. Was können die Seelenmessen ausrichten, wenn als letzte Auskunft nur das dumpfe Wort vom Gericht laut wird? Jene Seite in Augustins Theologie, die am unerforschlichen Rätsel Gottes haltmacht, gerade hier aber den Willen des frommen Menschen anspornt, hat Gregor auf das einseitigste ausgebaut und damit nur allzu willige Hörer gefunden.

»Nun sagt Paulus – in der erwähnten Stelle – der könne durchs Feuer hindurch gerettet werden, nicht der auf diesem Grund Eisen, Erz oder Blei baut, d. h. größere und deshalb schwerere und dann nicht mehr lösbare Sünden, sondern Holz, Heu, Stoppeln, d. h. sehr kleine und leichte Sünden, die das Feuer leicht verzehrt. Doch muß man dies wissen, daß dort selbst von den kleinsten Sünden keiner irgendwelche Reinigung erlangen wird, der nicht, solange er noch in diesem Leben steht, durch gute Taten im voraus verdient, sie dort zu erlangen.«[3]

Gregor war durch seine Lebensführung, die ihn einst bis nach Konstantinopel gewiesen hatte, weitblickend genug, um die Brennpunkte des Zeitgeschehens mit scharfem Blick zu erkennen. Wie alle großen Päpste war er darauf bedacht, durch die *Mehrung des Landbesitzes der Kurie* eine freie Basis zu schaffen, von der aus er helfend wie bestimmend einzugreifen vermochte. Nur so gelang es ihm, Rom von den Langobarden zu befreien und die bis dahin sehr selbständige Kirche Mailands fest an sich zu binden und überall hin Fäden zu knüpfen, wo immer die Not der Völkerwanderung Gelegenheit bot. Bevor ein Bonifatius im 8. Jahrhundert die Verbindung zwischen Rom und den Germanen schuf, war Gregor schon mit Erfolg an der Arbeit, sich den Westgoten in Spanien, der fränkischen, seit Chlodwig katholischen, aber fast ausschließlich national beschränkten Kirche zu nähern.

[2] Dialoge 4, 58
[3] Mirbt, S. 185

Während sich hier die Grundlinien der kommenden Jahrhunderte anmelden, wird das Verhältnis zum Osten ein immer aussichtsloseres. Man fürchtete in Rom, daß unter Mitwirkung der Ostkaiser in einem günstigen Augenblick der große Rivale auf dem Bischofsthron Konstantinopels seinen Anspruch auf die gesamte Kirche anmelden werde. Hiergegen gab es nur ein einziges Mittel: *Gregor berief sich von neuem auf die alten, verbrieften Vorrechte des von Petrus begründeten Stuhls,* ohne damit jedoch den so peinlichen Titel des »ökumenischen Patriarchen« von Ost-Rom beseitigen zu können. Die immer mehr wachsende Kluft zwischen den beiden Kirchen konnte auch durch die kluge Politik dieses Papstes nicht mehr verhindert werden.

3. *Mission in England und Frankreich*

Um so hoffnungsvoller erschien die *Mission,* die Gregor *durch den Abt Augustin im Jahre 596 unter den Angelsachsen* eröffnete. Über Erwarten schnell gelang, bei König Aedilbrecht von Kent angefangen, die Christianisierung und kirchliche Organisierung dieses Volkes. *Canterbury wurde Augustins Bistum,* weitere Provinzen folgten. Zum ersten Mal hatte das päpstliche Rom eine Missionierung unternommen mit dem deutlichen Ziel, *das gewonnene Land in feste Einheit mit der Mutterkirche* zu bringen. England sollte gewissermaßen das Musterbeispiel für alle germanischen Länder werden. Wie hier der Grundsatz der Anpassung obenan steht, mag ein Brief Gregors an den Abt Mollitus zeigen:

> »Die Götzentempel brauchen bei diesem Volk keineswegs zerstört zu werden, nur die Götzenbilder, die darin sind. Man weihe Wasser, sprenge damit in diesen Tempeln, errichte Altäre und bringe Reliquien hin . . . Weil sie beim Götzenopfer viele Ochsen zu schlachten pflegen, soll ihnen auch in dieser Beziehung die Feier umgestaltet werden, so daß sie am Tage der Kirchweihe oder an den Geburtstagen der Märtyrer, deren Reliquien dort aufbewahrt werden, unter religiösen Mahlzeiten ein Fest feiern. Denn hartem Sinne alles zugleich zu entziehen, ist zweifellos unmöglich. Wer eine Höhe ersteigen will, muß sich stufen- oder schrittweise, nicht aber sprungweise erheben.«

Die Antwort auf diese vermittelnde Missionspolitik sind die Angelsachsen nicht schuldig geblieben. Das Heidentum, das durch dieses schnell erobernde Vorgehen Roms nicht wirklich besiegt war, erhob sich, und bald schien Gregors größte Tat eine Episode zu sein. Daß es anders kam, ist dem Jahrzehnte späteren Eingreifen der iro-schottischen Mönche zu danken.

4. *Im Zeichen der vergehenden Welt und gerade darum in der Gegenwart tätig*

So ist das Gesamtbild dieses Papstes weit gespannt. Wie er als echter Mönch die Frömmigkeit an die leidenschaftliche Hingabe des Christen band, so sah er auch in den großen Linien der Politik, in den organisatorischen Verknüpfungen, das geeignete Instrument, um die Völker fest um Rom zu scharen. Man wird im gleichmäßigen Rhythmus des *Cantus firmus*, wie ihn Gregor einführte, die symbolhafte Haltung eines Mannes erkennen dürfen, der in zäher Gesetzlichkeit das Leben zu meistern sucht, ob er der Welt entflohen ist in die Stille des Klosters, oder ob er sie mit den Mitteln römischer Kirchenlenkung zu beherrschen begann. Und dennoch – über allem, was hier in seiner Begrenzung als bald wieder stockender Anfang erscheint, steht die gewaltige Weitsicht Gregors des Großen, als er seine Kirche aus dem fruchtlosen Rivalitätenstreit um die Mittelmeerherrschaft zum neuen Kampfgebiet in die germanischen Länder wies. Man wird nicht die Frage nach dem Entweder-Oder zwischen Kirchenpolitik und Mission an ihn zu stellen haben, für ihn fielen beide Unternehmungen zusammen. Aber daß er dieses Missionsziel aufgriff und in ihm ein Wesensmoment der Kirche erkannte, wird immer mit seinem Namen verbunden bleiben.

Von einer besonders charakteristischen Seite lernen wir Gregor aus einem Brief an König Aedilbrecht von Kent verstehen. Er sah der Zeiten Flucht in der letzten Schau mit eschatologischem Weitblick:

»Der gegenwärtigen Welt Ziel ist nahe, und das Reich der Heiligen will kommen, das niemals enden wird. Wenn aber dieses Ziel der Welt heranrückt, dann steht vieles drohend bevor, was es vorher nie gegeben hat: Veränderungen der Luft und Schreckenszeichen vom Himmel und Stürme gegen die Ordnung der Jahreszeiten, Kriege, Hunger, Pestilenz und Erdbeben überall in den Landen. Wenn ihr also merkt, daß sich etwas davon in eurem Reich ereignet, so laßt euch den Sinn davon nicht verwirren. Denn deswegen schickt Gott solche Hinweise auf das Ende dieses Äons, damit wir um unsre Seelen besorgt sein sollen, auf die Stunde unsres Todes gerüstet und auf den kommenden Richter in guten Werken vorbereitet erfunden werden.«[4]

Die Linie des Mönches und des Missionars, der Mensch der vergehenden Welt und der Mann der Geschichte in ihren letzten Zielen vereinigen sich noch einmal in diesen Sätzen und geben von dem Bild dieses bedeutenden Papstes einen Gesamteindruck.

Literatur

Hans von Schubert, Geschichte der christlichen Kirche im Frühmittelalter, 1921

E. Caspar über Gregor I. in: Meister der Politik, I, 1923

F. Faessler, Leben des hl. Benedikt, 1949

[4] Hist. eccl. I/32

Zeittafel

Die Merowinger 466–751

um 466–511	Chlodwig, Frankenkönig aus dem Hause der Merowinger.
640	Pippin d. Ä., zusammen mit Arnulf v. Metz Hausmeier der Merowinger
714	Pippin d. Mittlere, Hausmeier des Frankenreiches; sein Sohn
689–741	Karl Martell: Gründer der fränkischen Großmacht, sein Sohn
714–768	Pippin der Jüngere, König 754, teilt das Frankreich unter seine Söhne Karlmann und Karl (I. d. Gr.)
768–814	Karl I. der Große

Päpste von 514–615

514–523 Hormisdas:	Beilegung des ersten Schismas zwischen Rom und Byzanz (519)
523–526 Johannes I.:	soll im Auftrag Theoderichs in Byzanz zugunsten der arianischen Goten vermitteln; verläßt als 1. Papst Rom, kann (und will wohl auch) Theoderichs Forderungen nicht durchsetzen, wird von Theoderich in Ravenna festgehalten
526–530 Felix III.:	von Theoderich eingesetzt
530–532 Bonifazius II.:	Beendigung des semipelagianischen Streits;
533–590	folgen acht Päpste

590–604 Gregor I. d. Große: Angehöriger d. röm. Adels, wird in einem von ihm gestiftenen Kloster Mönch, legt den Grund für die weltliche Macht des Papsttums; fördert den Übertritt der Langobarden z. Katholizismus; wird Vermittler simplifizierter Tradition (Fegefeuer usw.); versucht die germanischen Völker um den römischen Stuhl zu sammeln.

604–606 Sabinianus
606–607 Bonifazius III.
608–615 Bonifazius IV. usw.

14. Kapitel

Die Christianisierung der Germanen 6.–8. Jahrhundert

Paulinisch und völkisch bestimmte Mission – Gründe der Völkerwanderung – Die Kirche der Franken – Chlodwig – Die Iro-Schotten-Mission – Bonifatius und die Karolinger – Rom und nationales Interesse

1. *Völkerwanderung*

Zwischen *Christianisierung* und *Missionierung* besteht ein wesentlicher und weitreichender Unterschied. Die *Mission* wendet sich als Bekehrungspredigt an die einzelnen. Die *Christianisierung* begnügt sich mit der Erfassung eines gesamten Volkes und mit seiner Einordnung in die christliche Sitte, in die Erziehung zu kirchlichen Gewohnheiten. In diesem Sinne besteht zwischen der Missionspraxis eines Paulus und eines Bonifatius ein grundlegender Gegensatz. *Und doch wird man fragen müssen, ob diese Verschiedenartigkeit lediglich im Kirchenbegriff, in der Erfassung der Heilsbotschaft begründet ist oder auch im Missionsvolk.*

Bei Paulus ist es der jüdisch-griechische Individualist, bei Bonifatius der in die Gefolgschaft seiner Sippe, seines Gaues eingegliederte Germane, der seinem Herzog in Treue unbedingt folgt. Hatte der Missionar der deutschen Stämme wirklich die Aufgabe und die Möglichkeit, dieses einheitlich handelnde Volkstum zu zerstören und den einzelnen gewaltsam aus seinem Zusammenhang zu lösen? Liegt es einzig in der Hand des Verkündigers, ob er missioniert oder christianisiert? Im Blick auf die Germanenmission wird man zu dem Urteil gedrängt werden, daß *ganze Stämme und Völker in der Erkenntnis einer bestimmten Stunde und unter Vorantritt ihrer Führer den Schritt zum Christentum unternommen haben.* Wer hier neutestamentliche Normen gesetzlich mißt, muß freilich auf Schritt und Tritt seinen Protest anmelden. Die Wege der Mission sind aber nie nur unsere eigenen.

Wir haben anhand des alten *isländischen Sagenguts* in den Hintergrund der ungeheuren Bewegung sehen gelernt, die wir unter dem Namen der *Völkerwanderung* zusammenfassen. Es ist ein Wahn zu glauben, daß ein unerschüttertes Volk aus den Wäldern des Nordens und Ostens hervorgebrochen sei, als es zur Berührung mit den Christen kam. Vor diesem Zusammentreffen liegt ein jahrhundertelanges Wandern und dann der gewaltige Kampf mit den Römern, die Begegnung mit der höheren Kultur, vor allem aber *die Erfahrung einer zu Ende gehenden Geschichte,* in der Frage nach dem Sinn des Lebens. Mit dem Naturmythos lassen sich die realen Mächte einer Zeitenwende nicht überwinden. In diese innerlich gespaltene Welt versagender Volksreligion und vorwärts treibender geschichtlicher Sendung tritt die Botschaft! Sie erreicht die einen noch in der alten Heimat der deutschen Wälder, die meisten aber auf der Wanderung und beim Einbruch in ein fremdes Land.

Von Osten nach Westen vollzieht sich schon Jahrhunderte vor Christus der *Vormarsch der Germanen und Kelten.* Ihm zeitlich parallel geht eine zweite Bewegung von *Norden nach Süden.* An den Rhein und an die Donau drängen sie. Da gebietet ihnen Roms überlegene Macht ein erstes Halt. Es gelingt dem Kaiserreich, die Germanen und Kelten nach harten Kämpfen zu friedlichen Grenznachbarn zu machen. Hier finden auch die ersten Berührungen mit Christen statt, namentlich innerhalb des Heeres. Neue Kämpfe folgen im Ausgang des zweiten Jahrhunderts und um die Mitte des dritten. Von der unteren Weichsel her wandern die *Goten* bis an das Schwarze Meer. Sie sind es, die *durch Wulfila* die im Südosten damals vorherrschende Form des *arianischen Christentums* annahmen. In den immer leerer werdenden Osten aber, zwischen Weichsel und Elbe, ziehen slawische Völker kampflos ein.

Zeittafel

Die Völkerwanderung in Stichworten

Die **Westgoten** fallen unter **Alarich** seit 395 in Mazedonien, Illyrien, Griechenland, seit 401 in Italien ein; 410 Plünderung Roms. Die Kirchen bleiben von der Plünderung verschont. Nach Alarichs Tod 410 Einfall in Gallien, Spanien.

Seit 415 Tolosanisches Westgotenreich, Hauptstadt Toulouse.

Vandalen erobern mit Sueven und Alanen Spanien. Geiserich führt sie 429 nach Nordafrika, Gründung des Vandalenreiches (429–534) mit Hauptstadt Karthago.

Burgunder gründen am Rhein Königreich mit Gundikar (413–436); nach Niederlage durch Römer und hunnische Völker in römischem Dienst; Reichsgründung an Rhone und Saone 443.

Alemannen (Sweben) gründen Reich am oberen und mittleren Rhein (350–454).

Angeln, Sachsen, Jüten erobern Britannien.

Hunnen werden von Römern und Westgoten 451 auf den Katalaunischen Feldern geschlagen.

Vandalen plündern 455 Rom.

Seit 476 stellen die jungen Völker des Nordens den Herrscher Italiens: **Odovakar,** 493 von **Theoderich dem Großen** gestürzt.

Um 485 ist das Reich des Syagrius in Nordgallien das einzige rein **katholische** Gebiet, überall sonst leben katholische Christen unter **arianischer** (Burgunder, Vandalen) und **heidnischer** (Sweben, Alemannen, Angeln, Sachsen, Jüten) Herrschaft. Durch den Übertritt des Franken Chlodwig zum Katholizismus 486 und die Errichtung des Frankenreiches in Gallien (nach Chlodwigs Sieg über Syagrius) bahnen sich ganz neue Verhältnisse an.

2. *Die Kirche der Franken – Chlodwig gründet das Frankenreich*

Neue Wanderzeiten folgen. Die bisher seßhaften *Sachsen und Angeln* verlassen das heutige Schleswig und *nehmen Britannien in Besitz.* Andere Sachsenstämme dehnen sich bis zur Grenze der Thüringer südwärts aus. Weiter sind es nach Süden und Südwesten die *Bajuvaren, Alemannen und Franken,* die sich bis *an die Donau und den Rhein* ansiedeln. Gegen Ende des 5. Jahrhunderts aber tritt jene Wende ein, die die gesamte Geschichte Deutschlands auf das folgenreichste bestimmt hat: *Chlodwig, der König der salischen Franken (466–511), gründet das umfassende Frankenreich mit dem Sitz in Paris und der Herrschaft über Nordgallien, über die Alemannen und Burgunder, weiter über die Westgoten zwischen Loire und Garonne.* Daß er nicht zum Arianismus, sondern *zur katholischen Kirche* übertrat, lag nicht nur an seiner katholischen Frau, sondern an Gallien, dem älteren römischen Kirchengebiet, in dessen Mitte das neue Reich trat. Und dieser Übertritt ist für die Gesamtentwicklung der Germanen von größter Bedeutung geworden. Nicht Chlodwig, aber Rom hat an den Bund gedacht, dieses junge Reich in die Obhut der Kirche zu nehmen. Zunächst aber sah der Frankenkönig in seinem

Übertritt vor allem das günstige Mittel, mit Hilfe der Römer seine Macht über die Burgunder und Westgoten auszudehnen, und zwar im Namen von Glaubenskriegen.

»Mich schmerzt es zu sehen, daß der schönste Teil von Gallien im Besitz der Arianer ist. Laßt uns mit Gottes Hilfe gegen sie aufbrechen, so wollen wir ihre fruchtbaren Landschaften unter uns verteilen.«

Chlodwig stand durchaus eine Nationalkirche vor Augen, in der er sich auf seine Bischöfe stützte und deren Wahl durch Klerus und Volk seine Bestätigung bedurfte. Damit treten die Reste der alten römischen Reichskirche in Gallien und am Rhein zurück. Ein Verschmelzungsprozeß zwischen den übrigen germanischen Stämmen vollzieht sich kraft des einen katholischen Glaubens. *Die Bischöfe*, die man aus den Adelsgeschlechtern gewinnt, stehen in dieser Verbindung von Volk und Kirche an hervorragender Stelle, zumal sie von den Königen mit weitgehenden Verwaltungsvollmachten ausgestattet werden. Ähnlich wie unter den Westgoten in Spanien und bei den Ostgoten Theoderichs in Italien kommt es also im Land der Franken zu einer *Reichskirche unter der Hoheit des Königs*.

Stammweise, unter der Führung ihrer Fürsten, sind die Germanen damals zum römischen Christentum übergetreten. In welcher Form bot sich ihnen nun das Evangelium dar? Es war schon stark vermischt mit dem alten gallischen Volksglauben und wurde nun auch mit den Göttern der Franken, die zu Heiligen wurden, verbunden. Der Christus, »der die Franken liebt«, wie es im salischen Recht heißt, stand nicht ohne weiteres im Gegensatz zum alten Volksglauben. Hier wie in der Kirche der Angelsachsen liegt der Ton weithin auf der Anpassung, auf dem friedlichen Hineinwachsen der jungen Völker in die wohl andersartige und fremde, aber doch vor allem wundersame und staunenerregende Welt einer Kirche, die auch für ihre alten religiösen Belange Verständnis zeigte.

Wir besitzen aus der Feder *Gregors von Tours* (†594) eine *Geschichte der Franken.* Sie ist ganz im Sinne Augustins geschrieben mit der Gegenüberstellung der beiden Welten und in eschatologischer Sicht. Daneben aber wird offenbar, in welche ungeheuren Kämpfe auf sittlichem Gebiet die Franken gerieten, als sie in der Zeitenwende zwischen ihrer alten, nationalen Stammesgesetzgebung und der für sie neuen und doch so innerlich morschen römischen Kultur der Botschaft von Christus begegneten. Der Kampf endete oft so, daß man den Eintritt in eines der zahlreichen Klöster für die einzig mögliche Lösung hielt, um den Bruch mit der Welt in ernsthafter Buße zu vollziehen. Auch in der teilweise entstellten Form behielt jedenfalls das Evangelium die Kraft, vor eine solche Entscheidung zu führen und den Streit wider den alten Menschen nicht abzuschwächen, sondern erst recht zu erregen.

Albert Hauck hat mit ergreifender Anschaulichkeit den Zerfall des fränkischen Volkstums gezeigt. Aber auch er stellt demgegenüber nicht nur die starke christliche Sitte, die das alltägliche wie das besondere kultische Leben umschließt. Das könnte ein Firnis sein, der bald verschwindet. In die Tiefe der Erörterung greift die andere Beobachtung, daß die Wirklichkeit Gottes und seiner Geschichte diesem Volk der Franken mitten in seinem Kraftgefühl unwiderleglich offenbar wurde. Am jähen Ende von Glück und Leben hörten diese Menschen die Sprache Gottes. In alttestamentlichem Ernst spricht das *König Guntchram* in folgenden Worten aus:

»Dadurch glauben wir den Herrn der höchsten Majestät, durch dessen Herrschaft alles gelenkt wird, zu versöhnen, wenn wir unter unserem Volk gerechtes Recht wahren; jener fromme Vater und Herr, der gewohnt ist, die menschliche Schwachheit allezeit durch seine Hilfe zu unterstützen, wird um so mehr das gnädig gewähren, was alle bedürfen, wenn er merkt, daß sie den Mahnungen seiner Gebote nachkommen« (bei Hauck I, 188).

Mit dem Wissen um diese menschliche Schwachheit verbindet sich der Wunderglaube und die Zuversicht, daß dieser Gott Gebete erhört, auch wenn alle anderen Waffen versagen. Neben viel Betrug zeigt sich hier eine starke, kindliche Gläubigkeit. Sie richtet sich auf *Christus* vornehmlich *als auf den himmlischen König*, nicht nur auf den Gekreuzigten. So hat ihn Gregor von Tours, dem Heliand ähnlich, als den mächtigen König beschrieben, dem Ideal eines fränkischen Fürsten nicht unähnlich. So faßt ihn auch als den Gekreuzigten *Venantius Fortunatus* in seinem Gedicht:

Des Königs Banner schreiten vor,
geheimnisvoll blitzt auf das Kreuz,
an dessen Pfahl Fleisch hat gehängt
den, der des Fleisches Schöpfer ist.

Erfüllt ist nun – gesungen einst
von David in dem frommen Lied
den Nationen angesagt:
Gott ist am Marterholz der Herr![1]

3. *Die Iro-Schotten-Mission*

Es ist ein eigentümlicher Weg, der uns in die geheimnisvollen Zusammenhänge der Kirchengeschichte hineinsehen läßt, wenn wir die nun folgende Entwicklung zu verstehen suchen. Dieselbe römische Kirche, die zur Christianisierung der Franken führt, hat durch die römische Besetzung Britanniens im 5. Jahrhundert zur iroschottischen Kirche die Bahn gebrochen.

1 Übersetzt nach Carm. 11, 6: Vexilla regis prodeunt, vgl. Psalm 96

Über hundert Jahre vergehen. Inzwischen hat Gregors Mission bei den Angelsachsen begonnen und ist bereits wieder zum Stillstand gelangt. Da kommt aus dieser, im 6. Jahrhundert zu neuem Leben erwachenden iroschottischen Kirche, namentlich von den *Mönchen des Klosters Hys*, der Anstoß zu einer neuen Bewegung. Stärker denn je unterstellt sich nun die englisch-römische Kirche dem Papst, während die Iroschotten für den Missionsdienst über das eigene Gebiet hinaus frei bleiben. *Columban der Jüngere* (†615), ein streng asketischer Mönch, gelangt auf seinen Wanderungen von Irland in das Frankenreich. Erschüttert von den dortigen Zuständen gründet er das *Kloster Luxeuil in Burgund.* Von hier aus sind weitreichende Einflüsse in der Seelsorge, Beichtpraxis und Volkspredigt ausgegangen, oft unter heftiger Spannung zu den Organen der fränkischen Kirche. Columban missioniert unter den Alemannen am Bodensee und zieht weiter nach Italien. *Gallus, Pirmin* und *Kilian* und einzelne, meist unbekannte iroschottische Asketen, sind bis in das Innere Deutschlands vorgedrungen.

Die strenge Askese der iroschottischen Klöster hat zu einer vertieften *Sündenerkenntnis* geführt. Man blieb nicht nur in der Buße und Zerknirschung stecken, sondern ist hier und da bis zur Rechtfertigung des Sünders vorgestoßen. In den Predigten eines Schülers Columbans, Eligius, begegnen uns Stellen, die das Leben des Christen als Dank für die erfahrene Gnade bezeichnen. Das kann durchaus neben einem anderen Satz stehen, der die Gewißheit der Barmherzigkeit Gottes von den guten Werken abhängig macht. Und dennoch bleibt es allen Nachdenkens wert, daß in dieser Frühzeit des Evangeliums *Karl Martell* das *Bekenntnis der Sünde vor einem Mönch Martin aus dem Kloster Corbie* geübt hat. Mehr als dogmatische Sätze es auszudrücken vermochten, ist innerhalb der kirchlichen Praxis an wirklicher Seelsorge und Erfahrung durch die befreiende Kraft des Evangeliums geschehen.

Über das Ausmaß des iroschottischen Dienstes fehlen die Berichte. Nur soviel läßt sich auf Grund der gesamten Entwicklung sagen: Die Organisierung der Mission im großen Stil gelangt oft sehr bald an ihre Grenze. In solchen Augenblicken setzt die Einzelarbeit den Vormarsch fort, bis die Bedeutung des Missionsdienstes auch von der Gesamtkirche wieder verstanden wird.

4. Die Kirche des Bonifatius

Das gilt auf das Ganze gesehen auch von der *Missionsarbeit an den Germanen rechts des Rheins,* wie sie im größten Umfang im 8. Jahrhundert *durch Bonifatius* (um 675–754) geschah. Als das zerfallene Reich der Merowinger durch die starke Hand der fränkischen Hausmeier zusammengehalten wird,

Das Werk Willibrords, Winfrid-Bonifatius' und Pirmins

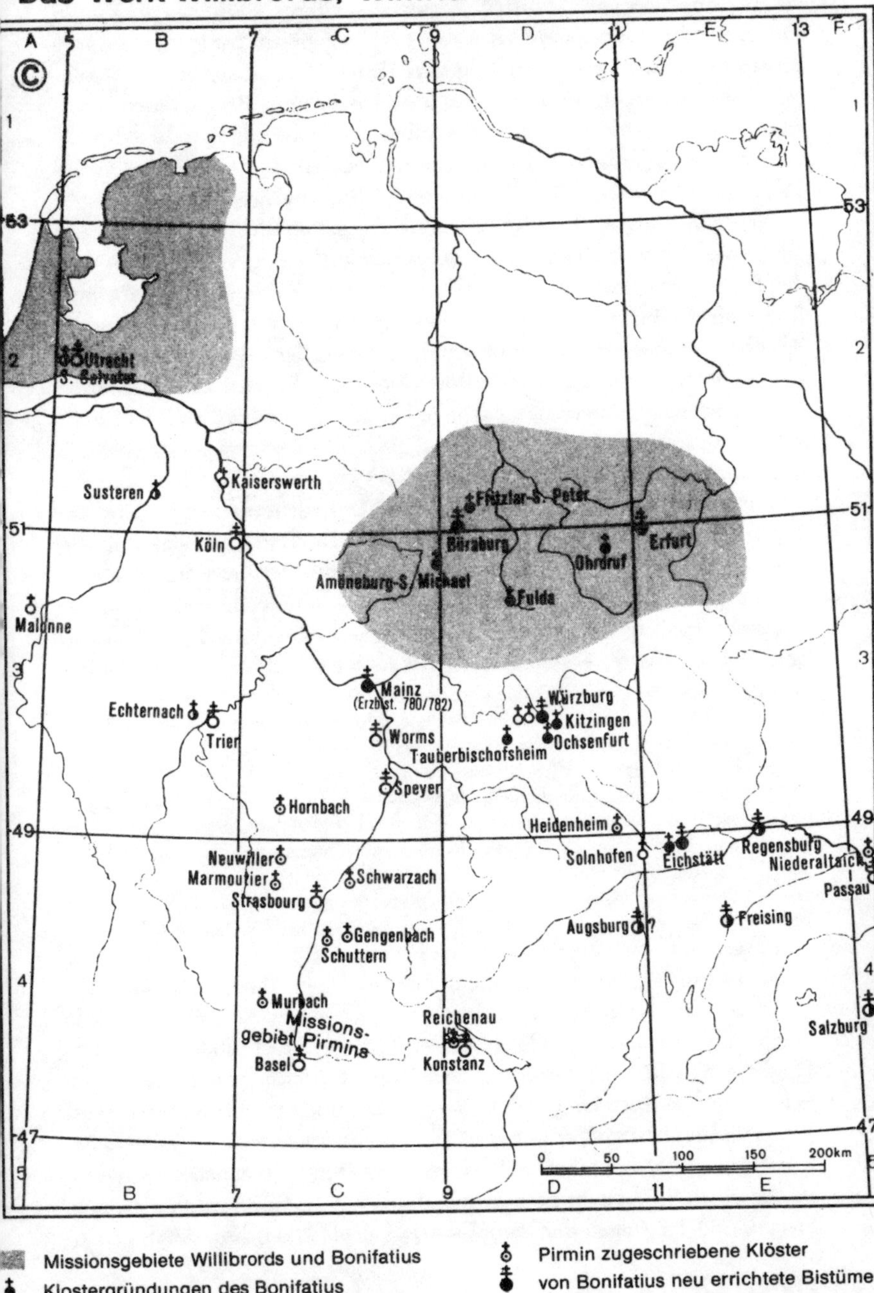

Missionsgebiete Willibrords und Bonifatius
Klostergründungen des Bonifatius
Klostergründungen Willibrords
Klostergründungen anderer Angelsachsen
Pirmin zugeschriebene Klöster
von Bonifatius neu errichtete Bistümer
von Bonifatius reorganisierte Bistümer
Bistümer mit Anhängern des Bonifatius

als der Arnulfinger *Karl Martell, Pippins des Älteren Sohn, den arabischen Vormarsch bei Tours und Poitiers* zum Stehen gebracht hat (732), da war es deutlich, wem die Kirche ihren Schutz verdankte. Und wieder sind es Missionare vom Norden her, Angelsachsen und nicht Männer der fränkischen Kirche, die als Pioniere vorwärtsdringen und die Größe der Stunde wahrnehmen, in der es, gedeckt durch den mächtigen Arm der Arnulfinger, neues Land für das fränkische Reich und seinen Christenglauben zu erobern gilt.

Wynfrith – in der lateinischen Übersetzung *Bonifatius* –, der in Wessex geboren und dann in einem Kloster der Benediktiner aufgewachsene »Apostel der Deutschen« (geb. um 675), hat zunächst die Arbeit seiner Vorgänger fortgesetzt (Wilfried, Willibrord) und *seit 716 unter den Friesen* gearbeitet. Aber bald erkannte er, daß es mit einzelnen Versuchen nach Art der iroschottischen Mönche nicht getan sei. Wie Chlodwigs Übertritt zum Katholizismus, *so ist* auch *Bonifatius mit seinem bewußten Anschluß an Rom für die gesamte kirchliche Entwicklung des Mittelalters entscheidend geworden.* Man darf wohl sagen, daß er Deutschland vor einem Zerfall in einzelne Stammeskirchen bewahrte, der im Verlauf der iroschottischen Mission unvermeidlich gewesen wäre. Daß er seit 722 als ein vom Papst geweihter Bischof in Hessen, Thüringen und Bayern seine kirchengründende Arbeit vollzog, ist für die kommenden Jahrhunderte das bestimmende Ereignis. Wie er seinen Amtseid als ausschließliche Bindung an Rom verstanden hat, besonders auch im scharfen Gegensatz zu den bis dahin freien Gründungen der Iroschotten, beweist der Wortlaut seines Bischofsgelübdes:

»Ich, Bonifatius, von Gottes Gnaden Bischof, gelobe Euch, Dir, dem heiligen Petrus, dem Apostelfürsten, und Deinem Stellvertreter, dem Papst Gregor, und seinen Nachfolgern bei dem Vater und dem Sohn und dem Heiligen Geist . . . daß ich alle Treue und die Reinheit des katholischen Glaubens an den Tag legen und mit Gottes Hilfe in der Einheit dieses Glaubens verharren will, in der alles Heil der Christen ohne Zweifel liegt; daß ich meine Mitwirkung Dir und dem Besten Deiner Kirche . . . durchweg zur Verfügung stellen, aber auch wenn ich erfahre, daß Priester gegen die alten Anordnungen der heiligen Väter verstoßen, mit ihnen keine Gemeinschaft oder keine Verbindung haben, vielmehr, wenn ich sie hindern kann, sie hindern, wenn nicht, sie sogleich treulich meinem apostolischen Herrn anzeigen will.«

Zu beachten ist, daß hier nur die Bonifatius' eigene Bindung an Rom festgelegt ist. Das Verhältnis zur weltlichen Obrigkeit, zu *Karl Martell,* bleibt völlig ungeklärt. Es ist auch bis zu dessen Tode (741) nicht anders geworden. Dieser fränkische Machthaber und vorwiegend politisch, nicht kirchlich denkende Mann verbat sich jede Einmischung Roms in seinem eigenen Reichsgebiet und *duldete Bonifatius nur in den Kolonialländern der Ostgrenze.* Bonifatius aber in seiner zähen und auf weite Sicht hin arbeitenden Art schuf indessen einen Stützpunkt nach dem anderen durch Anlage von Klöstern in Hessen und Thüringen und dann, von 738 ab als Erzbischof, durch Errichtung von Bistümern in Bayern und den schon genannten Provinzen. Erst mit *dem Tode Karl Martells öffnet sich* dem rastlosen Organisator *der Weg in die fränkische Kirche.* Aber auch jetzt bewahrt diese ihren unabhängigen Charakter. Jedenfalls ist Pippin der Jüngere, Karl Martells Sohn, nicht gewillt, auf dem Umweg über Bonifatius mit dem Papst zu verhandeln. Das alte germanische Bewußtsein des auch priesterlich herrschenden Königtums zeigt sich hier in voller Schärfe. Es sind darum nicht nur Altersrücksichten, die den unermüdlichen Pionier schließlich aus dem kirchenorganisatorischen Wirken verdrängen und ihn in Fulda, seinem Lieblingssitz, und in der Mission unter den Friesen seine letzte Arbeit und den Märtyrertod finden lassen (†754).

Ähnlich wie bei Gregor I. verbindet sich auch bei Bonifatius die mönchische mit der hierarchisch-organisatorischen Grundhaltung. Seine Bindung an den Papst entsprach dem Dank, den seine angelsächsische Heimat Rom schuldete. In seiner Arbeit eint sich persönlicher Mut – man denke an die Fällung der Donareiche bei Geismar – mit zähem Festhalten an bestimmten Plänen über Jahrzehnte hinaus. »Sein Charakter war größer als sein Talent«, urteilt Hauck über ihn.

Blieb er persönlich dem deutschen Wesen fremd, so schuf er doch in den Klöstern die Stätten, die bald Brennpunkt der Bildung, Quellorte auch deutscher Volkskultur werden sollten. Wer will aber das Band, das er mit Rom knüpfte, einfach streichen? Eine fränkische Nationalkirche unter dem Befehl des Königs, auch wenn er Karl der Große hieß, mußte in sich selbst verkümmern und drohte lediglich zum politischen Werkzeug des Staates zu werden. Die Geschichte der alten Kirche durfte nicht übersprungen werden und jene Bildung, die Griechenland und Rom der Christenheit übermittelt hatten, nicht spurlos versinken. Zu tief saßen schon die germanischen Völker im weiten römischen Reich: die Ostgoten und Langobarden in Italien, die Vandalen in Nordafrika, die Westgoten in Spanien. Aber fast alle diese Reiche wurden zertrümmert, sei es noch unter *Justinians* byzantinischer Herrschaft, sei es durch den Einbruch der Araber im 7. und 8. Jahrhundert.

Nun aber wird Franken das zukunftsstärkste Reich für die Kirche. Auf deutschem Boden rüstet sich nun, namentlich durch die Lebensarbeit des Bonifatius, noch einmal der Kampf zwischen Evangelium und Antike. Er ist durch den auf die praktischen Anliegen der Zeit gerichteten römischen Geist vorübergehend abgebrochen worden. Wird ihn die junge deutsche Reichskirche verstehen und in neuer Weise aufnehmen? Zunächst vernimmt sie staunend in den Klosterschulen, wie einheitlich sich beide Ströme in der Kirche Roms fanden und wie nun auch der germanische Geist diese wunderbare Synthese zu bejahen habe.

Es kann sich hier nur um einen Überblick handeln, zumal uns eine Gesamtdarstellung der Slawenmission bisher fehlt. Sowohl die Ost- wie auch die Westkirche sind an der Christianisierung in den weiten Gebieten östlich der Elbe und nach Rußland hinein beteiligt. Vom 7. Jahrhundert an bis in das späte Mittelalter verläuft eine sehr unterschiedliche Beeinflussung der slawischen Völker, bald durch einzelne Boten, dann wieder in Verbindung mit politischen Zielen, z. T. auch mit gewaltsamen Maßnahmen.

Zunächst vollzieht sich unter den *Awaren, Mähren* und *Tschechen* beim Vormarsch Karls d. Gr. eine Missionierung großen Stils. Im 9. Jahrhundert meldet sich Byzanz in diesen Gebieten an, als *Stanislaus von Mähren* um Hilfe bittet, um den deutschen Einfluß abzuriegeln. Unvergessen bleiben aus dieser Zeit die beiden »Slawenapostel« *Cyrillus* und *Methodius*. Papst *Nikolaus I.* versuchte, die von Osten kommenden Boten in seinen Bereich zu ziehen. Im Verlauf der weiteren politischen Entwicklung verbleiben diese Länder bei Rom, während *Bulgarien und Serbien zur griechisch-orthodoxen Kirche* kamen. Ihr erschloß sich auch *Rußland*. Im 10. Jahrhundert haben die Patriarchen *Ignatius* und *Photius von Byzanz* die Missionierung von Kiew aus begonnen. Einen Augenblick schien es, als würde durch Otto d. Gr. der von ihm entsandte Bischof *Adalbert* Eingang gewinnen. Aber der Zusammenhang mit der Ostkirche erwies sich als stärker. Rußland wurde die größte griechisch-orthodoxe Kirche. Bis zum 13. Jahrhundert haben von Kiew aus griechische Erzbischöfe die Leitung gehabt.

Anders verliefen die Dinge bei den Westslawen. 968 wird das in Posen gegründete Bistum an Magdeburg angeschlossen. Aber schon im Jahre 1000 wird *Gnesen zum Erzbistum* nach dem Willen Ottos III. und dadurch die deutsche Mission beendet. Als 967 Magdeburg Erzbistum wurde, lag die Ostmission bis zur Oder in seinen Händen. Sie ist vornehmlich durch Einwanderung deutscher Bauern und Kaufleute gefördert worden, nachdem die politische Herrschaft die Möglichkeit dazu gab.

Es ist schwer zu verstehen, daß gerade ein Mann wie *Bernhard von Clairvaux zum Kreuzzug* gegen die Heiden aufrief. Damals sollte dies furchtbare Unternehmen zunächst den *Wenden* gelten. Der Zisterzienser *Berthold von Loccum* wandte es auf das Baltikum an. Innocenz III. setzte sich für die Eroberung von *Livland* und *Estland* ein. Zuletzt ging es um die Niederringung der *Preußen*. *Hermann von Salza*, der Ordensmeister der *Deutschherren*, wurde vom Kaiser ermächtigt, einzugreifen. Ein langer, zäher Kampf zog sich bis zum Ende des 13. Jahrhunderts hin. *Litauen* folgte erst im 14. Jahrhundert. Der gewaltsamen Christianisierung in diesen Gebieten entsprach

Das orientalische Christentum in Asien bis zum 14. Jh.

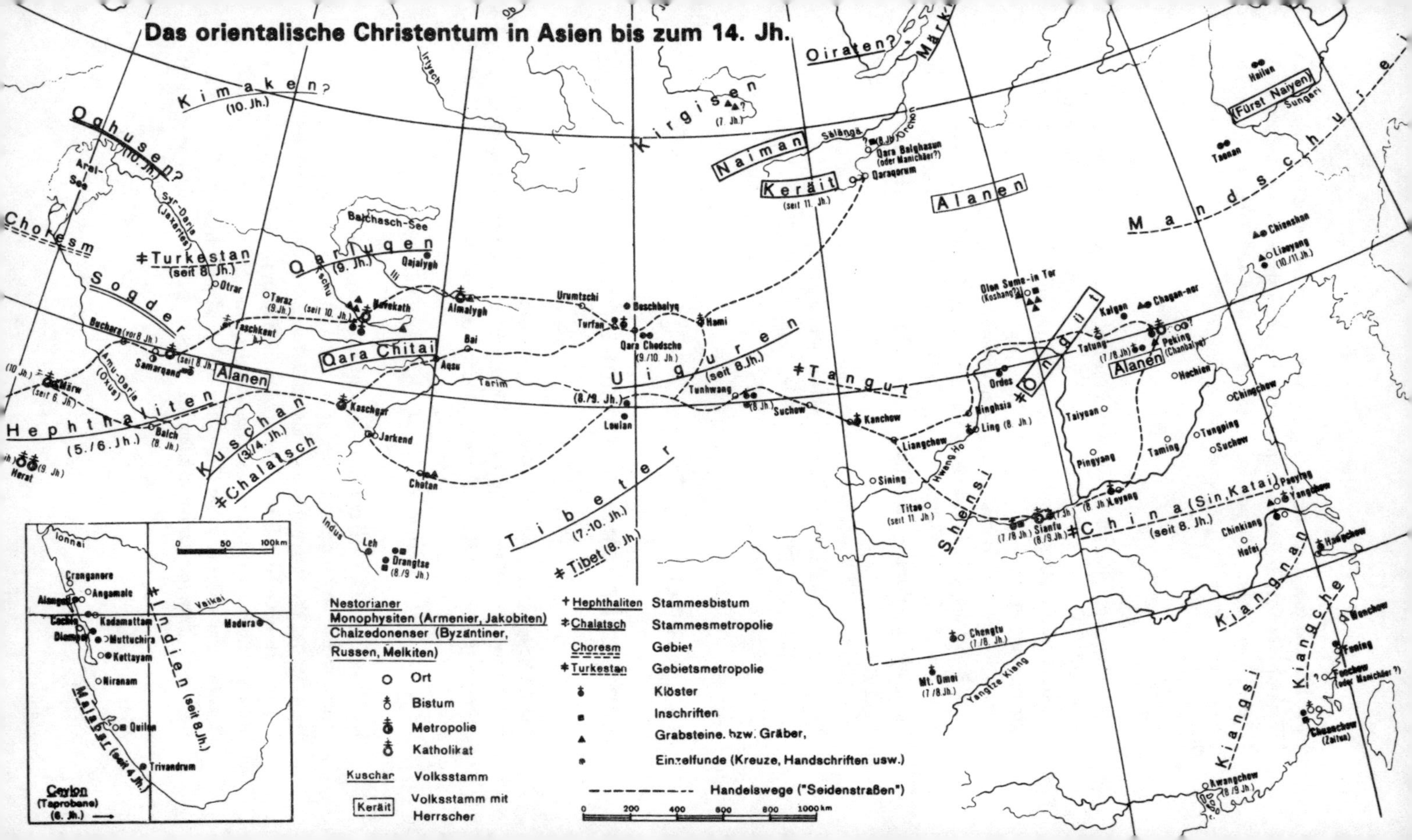

es, daß sich das Heidentum im geheimen behauptete. Andererseits hat die Teilung des Slawentums in eine römische und griechisch-orthodoxe Christenheit weitgehend die politische Trennung dieser Völker bis zur Gegenwart verursacht.

Literatur

Martin Kähler, Was heißt Mission? in Schriften zur Christologie und Mission, 1971

Johannes von Walter über die Christianisierung der Germanen in: »Gott und die Nation«, 1933

Hanns Rückert, Christianisierung der Germanen, 1932

Otto Kaemmel, Der Werdegang des Deutschen Volkes, 1903

K. Dietrich Schmidt, Die Bekehrung der Germanen zum Christentum, 1939

Ph. Schieffer, Winfried-Bonifatius und die christliche Grundlegung Europas, 1954

Albert Hauck, Kirchengeschichte Deutschlands, 1952[7]

Brackmann, Die Anfänge der Slawenmission, 1941

E. Schick, Kirchengeschichte Rußlands, 1945, Bd. 1

15. Kapitel

Die Kirche unter Karl dem Großen – 814

Der Einbruch des Islam – Die Reichskirche bricht auseinander – Aufgabenteilung zwischen Kaiser und Papst – Karl und die Sachsen – Die karolingische Renaissance – Karls kirchenpolitische Bedeutung

1. *Der Einbruch des Islam*

Man kann die Zeit Karls des Großen nicht erfassen, ohne noch einmal auf die Jahrhunderte vor ihm zurückzugreifen. Er erschien seinem Volk als der Retter aus einer Welterschütterung, als ein Führer, der wieder große und weite Ziele zu zeigen imstande war. Vom politischen Rom war keine Hilfe mehr zu erwarten. Seit dem Zusammenbruch des östlichen Kaiserreiches nach Justinian kämpfte auf italischem Boden der Rest des byzantinischen Besitzes um Ravenna herum mit der wie in allen Stämmen eroberungslustigen Herrschaft

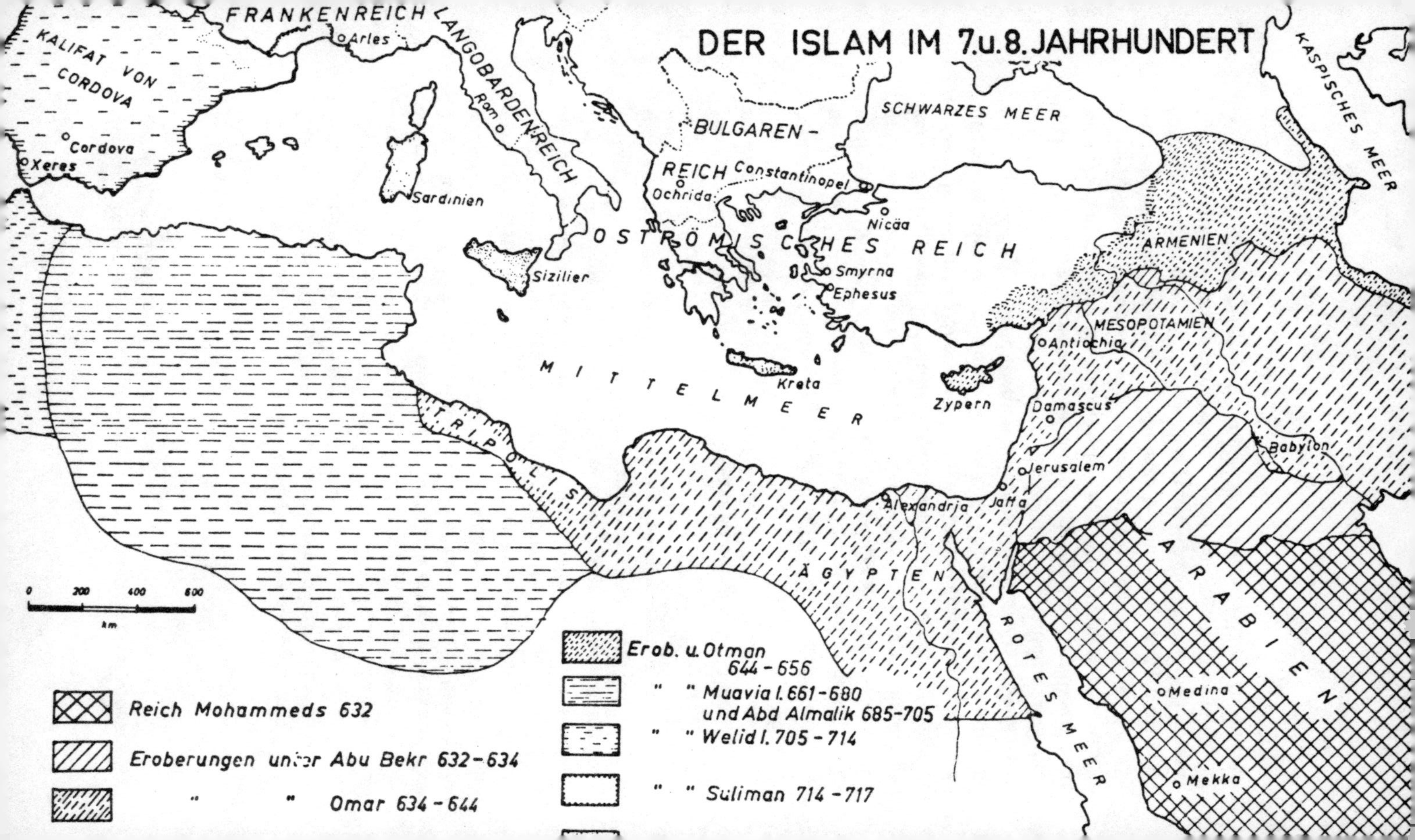
DER ISLAM IM 7.u.8. JAHRHUNDERT
KALIFAT VON CORDOVA
Cordova
Xeres
FRANKENREICH
Arles
LANGOBARDENREICH
Rom
Sardinien
Sizilien
BULGAREN-REICH
Ochrida
Constantinopel
Nicäa
OSTRÖMISCHES REICH
Smyrna
Ephesus
Kreta
Zypern
SCHWARZES MEER
KASPISCHES MEER
ARMENIEN
MESOPOTAMIEN
Antiochia
Damascus
Babylon
Jerusalem
Jaffa
Alexandria
MITTELMEER
TRIPOLIS
ÄGYPTEN
ROTES MEER
ARABIEN
Medina
Mekka
0 200 400 600
km
Reich Mohammeds 632
Eroberungen unter Abu Bekr 632–634
" " Omar 634–644
Erob. u. Otman 644–656
" " Muavia I. 661–680 und Abd Almalik 685–705
" " Welid I. 705–714
" " Suliman 714–717

der Langobarden im Norden. Um so einsamer und größer erscheint von hier aus die Gestalt Gregors I. im Ausgang des 6. Jahrhunderts!

Mohammed

Aber schon senkt sich ein zweiter tiefer Schatten über die Mittelmeerländer. Der Einbruch des Islam in das ost- und westeuropäische Römerreich ist von nicht auszumessender Bedeutung. *Mohammed*, der Prophet, verläßt seine Heimat Mekka, *flieht 622 nach Medina* und sammelt dort eine Gemeinde. Der Glaube an den einen Gott, Allah, ist ihm von Juden und Christen – möglicherweise auch aufgrund eines Aufenthaltes in Syrien – her bekannt. Das Vertrauen auf die unbedingte Allmacht dieses Gottes erweckt in ihm ein Sendungsbewußtsein, in dem sich Schicksalsgebundenheit und Aktivismus vereinen. Die Welt mit kriegerischer Gewalt zu erobern, wird den Nachfolgern des Propheten zur vordringlichen Aufgabe. Innerhalb von kaum 100 Jahren ist Ost-Rom auf die Balkanhalbinsel und kleinasiatische Gebiete beschränkt. Der Westen hat Nordafrika, Spanien und einen Teil Frankreichs bis zur Loire verloren. Jerusalem ist seit 638 in den Händen der Araber. Das Reich der Kalifen erstreckt sich von Indien bis über die Pyrenäen.

Die Reichskirche bricht auseinander – kleine Nationalkirchen bleiben Inseln im islamischen Gebiet

Mohammed will die Ausbreitung zunächst auf die heidnischen Gebiete begrenzen, weil Juden und Christen Anhänger des einen Gottes, desselben Gebieters sind. In Wirklichkeit haben die Christen der Reichskirche kaum Widerstand geleistet, sondern trotz der islamischen Toleranz ihr eigenes Bekenntnis aufgegeben. Die Kirche Augustins sinkt dahin. Anders haben es die von der Reichskirche getrennten kleineren Kirchen verstanden, sich auch in den kommenden Jahrhunderten und zum Teil bis heute durchzusetzen. So gibt es inmitten der islamischen Welt die *nestorianische Kirche in Persien*. Sie hat eine Mission unternommen, die bis nach China führte. Daß diese auch kulturell hochstehenden Nestorianer das griechisch-philosophische Erbe der Antike übersetzt und überliefert haben, ist für die mittelalterliche Scholastik bedeutsam. Auch die *koptische, syrische* und *jakobitische Kirche* hat sich unter der Duldung der Moslems behauptet, wenn auch schon im 8. Jahrhundert Massen abfallen. Vielleicht hat sich die *armenische Kirche* am stärksten durchgesetzt. Erst Ende des 19. Jahrhunderts (1895) und während des Ersten Weltkrieges haben die Kurden ein grausiges Blutbad angerichtet.

Es sind Hunderttausende ermordet worden. Ein trauriges Kapitel in der Geschichte unserer Regierung, die hier nicht eingriff.

Aufs ganze gesehen ist der Zusammenbruch der Reichskirche ein beschämendes Zeichen für die innere Kraftlosigkeit der alten Christenheit. In den getrennten Teilkirchen hat die besondere Bedeutung der Liturgie und das Zurücktreten der Predigt einen Schutzwall gebildet und den Gottesdienst vor theologischen Spaltungen bewahrt. Wer will feststellen, wieweit er das geistliche Leben erhalten hat?

Der Islam selbst hat bis heute eine schier unüberwindliche Mauer der Christusbotschaft gegenüber aufgerichtet. Dem großen Propheten Mohammed gilt Christus nur als Vorläufer.

Die Abwehr im Westen

Als ungefähr um die gleiche Zeit, im Beginn des 8. Jahrhunderts, die Stoßtruppen des falschen Propheten an den Toren Konstantinopels wie an der Westgrenze des Abendlandes rütteln, sind es nicht kirchliche Stellen gewesen, die zum Kampf gegen die Ungläubigen riefen. Der Kaiser des Ostens, *Leo der Isaurier*, und *Karl Martell*, der Großvater Kaiser Karls, wurden die Befreier Europas. Diese Tat des fränkischen Hausmeiers begründet mehr als alles andere das Ansehen seines Geschlechtes. Sie hat dem Sohn den Königstitel, dem Enkel die Kaiserkrone vermittelt.

Der Gedanke eines arabischen Einbruches in die junge germanische und eben erst von der Kirche erfaßte Welt kann in seinen Folgen kaum zu Ende gedacht werden. Um die *Schlacht von Tours und Poitiers 732* aber leuchtet, anders als man es sich sonst vorstellt, das Wort von der Unbesiegbarkeit der Kirche, die auch von den Pforten der Hölle nicht überwältigt werden kann.

2. *Um die Schenkung Konstantins*

Mit der Erhebung des Hausmeiers *Pippin d. J. (741–768)* zum erblichen Königtum (751) steht zum ersten Mal in der deutschen Geschichte das Zusammenwirken von weltlicher und päpstlicher Gewalt vor uns. Nachdem Papst Zacharias die Einklosterung des letzten Merowingers sanktionierte und 751 den fränkischen Hausmeier salbte, hielt Stephan II. als Gegenleistung um die Hilfe Pippins gegen die Übergriffe der Langobarden an. Im Vertrag von Quiercy (754) sind diese Verpflichtungen im einzelnen festgelegt worden. Als Patricius Romanorum (Schutzherr Roms) sollte der fränkische König für den festen Besitz des Kirchenlandes (auch gegenüber den Byzantinern) auf italischem Boden Sorge tragen. Damit ist eines jener zahlreichen Bündnisse des Mittelalters geschaffen, deren Führung letzten Endes immer bei der stärkeren Persönlichkeit liegt. Hier war es zunächst das junge fränkische Königtum, das im Papst lediglich den ihm verantwortlichen Bischof sah. *Rom gehört nun zum fränkischen Reich.* Mit einer Schenkungsurkunde wurde gleichzeitig (756) die Basis für den Kirchenstaat gelegt.

Gerade von hier aus kann man die damals bekannt gewordene »*Schenkung Konstantins*« verstehen, eine Fälschung, wie sie grotesker nicht gedacht werden kann. Sie stellt den Versuch dar, die gegenwärtige, für das Papsttum bedrückende Geschichte umzukehren und alle von Pippin erhaltenen Vorteile gegenüber Byzanz als Einlösung uralter Vorrechte auszulegen. Später verstand man darunter: Der Papst ist Oberherr auch über die Kirche des Ostens, Herr namentlich über Rom und seine westlichen Provinzen – und dies unter der Voraussetzung, »daß unsere (Konstantins) Regierung und Reichsgewalt nach dem Orient verlegt ist« – d. h. Rom ist Byzanz gegenüber selbständig. Das sind die Gedanken der Kurie, mit denen man dem Machtwillen Pippins und seiner Nachfolger zu begegnen wünschte und in der Tat begegnet ist. »Denn« – so schließt die entscheidende Urkunde – »wo die Oberherrschaft über die Priester und das Haupt der christlichen Religionen von dem himmlischen Kaiser seine Stelle erhalten hat, da ist es nicht recht, daß der irdische Kaiser Macht habe.« (Mirbt 194)

3. *Karl regiert seine Kirche*

Mit diesem Erbe seines Vaters und gegenüber einem solchen päpstlichen Sendungsbewußtsein trat Karl seine Regierung an (768–814). Ein geborener Herrscher, ein Mann mit höchsten Gaben und unbeugsamem Willen ergriff die Zügel des fränkischen Reiches. Über die Grenzen Chlodwigs hinaus hat er in den Jahrzehnten seiner Regierung das fränkische Regiment zu einer Machtentfaltung erhoben, die auf Jahrhunderte hinaus einzig dasteht und im Grunde niemals mehr von einem deutschen Herrscher erreicht worden ist. Von der spanischen Mark, wo ihn die Rolandsage im Kampf mit den Sarazenen schildert, bis nach Bayern und Kärnten, über die Langobarden und nach blutigem Ringen auch über die Sachsen erstreckt sich sein gewaltiges Reich. Er ist nun wirklich der Schirmherr des Papstes, dessen Land nur einen Teil des italischen Franken bildet. Ohne das Eingreifen Karls ist das Papsttum nicht mehr denkbar, weder politisch im Blick auf die Langobarden, noch moralisch, wenn man an die besonderen Kämpfe zwischen den Parteien in Rom selbst denkt. Dem Papst weist er sonderlich die Aufsicht über die Lehre in der Kirche zu:

»Die römische Kirche ist von dem Herrn über die andern apostolischen Kirchen erhöht, wie Petrus über die übrigen Apostel; nicht auf Grund von Synodalbeschlüssen, sondern kraft der Autorität des Herrn besitzt sie den Primat. Ihr Rat ist von den Gläubigen zu hören, aus den Schriften, welche sie als kanonisch anerkennt, sind die Beweisstellen zu entnehmen; die Anschauungen derjenigen Kirchenlehrer, welche sie annimmt, sind zu beobachten.« (Ep. Carol. 1,6)

Aufgabenteilung zwischen Kaiser und Papst

Dabei ließ Karl nicht im geringsten den Gedanken aufkommen, in seine eigene fränkische Kirche den Bischof von Rom hineinreden zu lassen. Er sah im Papst den priesterlichen Fürbitter, aber niemals den Leiter der universalen Kirche. Auch als ihm, wahrscheinlich in völlig überraschender Weise, *Leo III.* in Rom die Kaiserkrone aufs Haupt setzte (25. Dezember 800), zog er daraus nicht von ferne den Schluß, die geistlichen Rechte des Papstes höher einzuschätzen als bisher. Er wollte das alte römische Kaisertum erneuern, aber eben auf eine Art, die ihn nicht in Abhängigkeit von der geistlichen Spitze kommen ließ. Klar und scharf grenzt er in einem Brief an Leo III. die gegenseitigen Pflichten ab (Ep. Carol. 10):

»Unsere Aufgabe ist es, mit Hilfe Gottes die heilige Kirche Christi nach außen gegen den Einbruch der Heiden und die Verwüstung durch die Ungläubigen mit den Waffen zu verteidigen und nach innen durch Anerkennung des katholischen Glaubens zu festigen. Eure Aufgabe ist es, wie Mose mit zu Gott erhobenen Händen unseren Kriegsdienst zu unterstützen, damit das christliche Volk, dank eurer Fürbitte, von Gott geführt und ausgestattet, stets und überall den Sieg über die Feinde seines Namens habe.«

Man beachte, wie hier der Schnitt durchaus nicht mehr zwischen kirchlicher und politischer Aufgabe gezogen wird, sondern wie Karl der Meinung ist, als Landesfürst auch für die Aufrechterhaltung des katholischen Glaubens sorgen zu müssen. Diese Sorge erstreckte sich bei ihm nicht etwa nur auf die Stellenbesetzung der Bischofsstühle und anderer wichtiger geistlicher Posten. *Es gibt im Raum des gesamten Kirchenrechts wohl keinen Ort, der sich Karls gesetzgeberischer und gebietender Gewalt entziehen konnte.* Besonders dort, wo Kolonisation und Mission Hand in Hand gingen, hat Karls Kirchenregiment mit strengem Griff gewaltet.

Karl und die Sachsen

Unvergessen wird hier sein furchtbares Ringen mit den auf freier Scholle wohnenden *Sachsen* sein. Als diese ihm nach mehrfachem Vertragsbruch aus freien Stücken anboten, sich taufen zu lassen, um dadurch ihren Friedenswillen zu erweisen, nahm Karl diese Bedingung an, obwohl dadurch unter den Sachsen selbst eine grimmige Fehde entstand. *Herzog Widukind* verfolgte seine getauften Stammesgenossen. Hier setzt nun jene unglückliche Verbindung von politischen und kirchlichen Maßnahmen ein. Selbst *Alkuin*, der hochgeachtete Gelehrte am fränkischen Hof, konnte es keineswegs billigen, daß nun Karl die Taufe als staatliches Treuebekenntnis befahl:

»Wie der hl. Augustin sagt, ist der Glaube Sache des freien Willens, nicht des Zwanges. Heranziehen kann man den Menschen zum Glauben, nicht zwingen.«

Vielleicht zu einseitig im Urteil hat man die Hinrichtung der 4000 Sachsen zu Verden an der Aller Karl zu Last gelegt. Sie ist ein grausiger Bestrafungsakt für die politische Treulosigkeit der Sachsen und zeigt, in welchem Maße Karl dadurch gereizt wurde. Besonnen kann man diese Tat nicht nennen und entschuldigen wird man sie auch nicht. Sie steht nicht direkt mit der religiösen Frage in Zusammenhang, kann aber auch nicht ohne ihren Hintergrund, weder in ihren Ursachen noch in ihren Wirkungen, gedeutet werden. Übersehen werden darf endlich nicht, daß Widukind nach diesen Kämpfen aus freien Stücken als treues Glied der Kirche den letzten Teil seines Lebens verbrachte.

Mit eiserner Strenge hat Karl durch zahlreiche kirchliche Verfügungen die getauften Sachsen in christliche Ordnungen gezwungen. Todesstrafe liegt auf dem Bruch des Fastengebotes in der Zeit vor Ostern, aber auch auf dem Versäumnis, zur Taufe zu kommen, ferner auf dem Verbrennen der Toten und jeglicher Verschwörung »gegen den König oder das Volk der Christen«.

4. Die karolingische Renaissance

Bezeichnend ist hier, wie völlig ineinander die staatliche und kirchliche Gesetzgebung geht. Karl hatte erkannt, daß nur durch innere Bindung dieses stolze Volk der Sachsen zu unterwerfen war. Als Herr über die beiden Schwerter hielt er sich für berechtigt, die Kirchenordnungen – das Lernen der Gebete und Bekenntnisse unter Androhung von Geißelhieben und Nahrungsentzug – durchzuführen – eine heute unvorstellbare kirchliche Maßnahme! Und doch! Die Antwort der Sachsen auf diese »Mission« war nicht nur Heuchelei oder Revolution, sondern gelegentlich die Frage: Warum ist Christus so spät zu uns gekommen? Vor allem aber ist der *Heliand*, jenes freie und frohe Epos, ein Erweis von dem neuen Leben, von dem hochgemuten König, dem die zwölf Mannen nachfolgten in Treue und Freundschaft. Man kann hier, wenn man alles erwägt, nicht anders urteilen als mit dem Bekenntnis, daß Christus größer ist als seine Boten und ihre Methoden. Man höre aus der Bergpredigt die rhythmisch wohlklingenden Verse:

»Ich sage euch sicherlich,
selig sind in dieser Mittelwelt,
die im Gemüte arm sind aus Demut,
denn das ewige Reich in des Himmels Au ist ihnen geheiligt,
ihr Leben schwindet nicht.
Selig auch die Sanftsinnigen:
Sie sollen dasselbe Land, dasselbe Reich besitzen.
Selig dann, die ihr Unrecht beweinen;
sie dürfen Freude gewärtigen, Trost in demselben Reich.
Selig die Getreuen auch, die nach Gerechtigkeit richten:
Im Reich des Herrn finden sie vollen Lohn . . .« (nach Simrock)

In erstaunlicher Weise eint sich in Karls des Großen Herrschergabe der unterwerfende, erobernde Wille mit dem ordnenden, organisierenden Geist. Eingehender und weitreichender, als es Bonifatius vermochte, hat dieser königliche Beherrscher seiner Kirche für die genaue Einteilung der einzelnen Bistümer und Erzbistümer, der Pfarrsprengel und Klöster, der Domstifte und ihrer Schulen gesorgt. Der sich äußerst schnell vermehrende Landbesitz der Kirche erforderte nicht nur eine genaue Vermögensregelung, sondern die Einsetzung von verantwortlichen Zentralgewalten. So zählt man in Karls Testament nicht weniger als *21 Erzbistümer,* wozu auf deutschem Boden *Mainz, Köln, Trier* und *Salzburg* gehören. Alle diese Stellen sind aber immer zugleich auch Stützen des Frankenreiches, Säulen der Reichskirche, die als starker Bau das Gesamtgewölbe des Imperiums tragen. Ohne diese Kirche kein einheitliches Reich, das drei Völker umspannt und bis zu den Arabern im Westen und den Slawen östlich der Elbe achtungsgebietend wirkt. Was aber dann, wenn diese gewaltigen Säulen nach einer anderen Spitze drängen und nicht mehr im Imperium des Kaisers, sondern im Sacerdotium des Papstes ihre eigentliche Sinnerfüllung sehen? Zu gewaltig und überragend, auf die Person eines Einzigen zugeschnitten, scheint dieser Reichsbau zu sein, um über dieses Mannes Leben hinaus Bestand zu behalten.

5. *Karls Bildungspolitik*

Tiefer noch grub darum des Herrschers rastloser Geist, um die Fundamente noch unzerstörbarer zu legen, dorthin, wo in der Seele eines Volkes Quellen aufbrechen sollten. Was wir unter dem Namen der *karolingischen Renaissance* zusammenfassen, ist der einzigartige Versuch, das Bildungsniveau seiner Völker zu heben und, vom Klerus angefangen bis zum Adel und zur Beamtenschaft vordringend, für ein solides Wissen Sorge zu tragen. Wieder sind es Angelsachsen, die er zu dieser Arbeit beruft. Allen voran steht *Alkuin*, der fleißige Sammler lateinischer und christlicher Überlieferung, der Lehrer, der Theologe und naturfrohe Dichter. Hauck sagt gewiß mit Recht von ihm und seinem Verhältnis zu den alten Vätern der Kirche:

»Jeder Gedanke an Kritik ihrer Ansichten lag ihm fern; man hat den Eindruck, daß die Bewunderung für die Größe der Vergangenheit ihn mißtrauisch gegen die wissenschaftliche Kraft der Gegenwart machte.« (II 137)

Dieses Epigonenbewußtsein gibt der Renaissance jener Zeit eine ganz bestimmte Grenze im Unterschied zum Drang des ausgehenden Mittelalters. Und doch läßt uns, aus dem Munde des Abtes Benedikt von Aniane berichtet, das tägliche Gebet Alkuins in die persönliche Frömmigkeit dieses Mannes einen Einblick gewinnen, der an die besten Traditionen der Angelsachsen erinnert:

»Herr, verleihe mir, meine Sünden zu erkennen, sie aufrichtig zu bekennen und rechte Buße zu tun, und gib mir Vergebung meiner Sünden.«

In diesem Letzten lag für ihn die Mitte des Evangeliums. Anders fand er es auch in den Psalmen nicht, in denen er mit besonderer Innigkeit lebte.

Neben Alkuin stehen der Langobarde *Paulus Diaconus*, der später die Geschichte seines Volkes schrieb, und *Einhard*, dem wir Karls Biographie verdanken. Sie sahen mehr oder weniger in der Antike die große Lehrmeisterin, ja auch den Schlüssel zum Verständnis des christlichen Erbes. Fremd blieb dem Volk der Germanen und Romanen im Grunde das wissenschaftliche Bemühen dieser Gelehrten. Und doch *sind sie die Lehrmeister* geworden, *die durch zahllose Schüler die Bildung an die Klöster übermittelten und auch den Bau der Kirchen (Hauptwerk: Münster von Aachen) bestimmten.* Es ist keine neue Welt, die die Männer um Karl schufen. Sorgsam werden die Gewächse des Südens in den Garten des Nordens gepflanzt. Des Kaisers persönliches Streben aber war auf Größeres gerichtet gewesen. Er hatte im alten germanischen Volksgut, im Lied der Sage, im Spruch der Weisheitsregel ein kostbares Erbe entdeckt. Seine Gelehrten verstanden ihn darin nicht. So ist die Renaissance des 8. und 9. Jahrhunderts wie ein seltsamer Frühling, zu früh, um zur Reife zu führen, und doch schon ausgeprägt genug, daß in der Scholastik des hohen Mittelalters die Arbeit dieser Männer um Kaiser Karl fortgesetzt werden konnte.

6. Karls Kirchenpolitik

Der adoptianische Streit (782–799)

Wie weit und hoch Karls Ziele gingen, zeigt am deutlichsten die Art, mit der er sich in die inneren Fragen der Kirche hineinstellte und zu ihrer Entscheidung drängte. Als noch einmal die alten christologischen Kämpfe aufbrachen, die nach dem Verhältnis der göttlichen und menschlichen Person in Christus fragten, nahm unter Alkuins Führung die fränkische Theologie mit allem Nachdruck für die ökumenisch beglaubigte, orthodoxe Seite Partei. Danach hat Christus *seine Menschheit nicht* auf dem Wege der Annahme (adoptianisch) *von Maria her empfangen,* sondern diese *seine Erdennatur wird in das göttliche Wesen verwandelt.* Sie trägt demnach überhaupt keine persönliche Eigenheit an sich. Dieser offenbare Doketismus, wie ihn schon im 5. Jahrhundert Cyrill von Alexandria vertrat, gilt jetzt als rechtgläubige Kirchenlehre. Sie hat dem Abendmahlsverständnis des Mittelalters den Weg gebahnt, daß wir nämlich den *Christus in seiner gottmenschlichen Substanz physisch genießen dürfen,* weil nun auch alles Menschliche an ihm verwandelt ist.

Der Streit um den Heiligen Geist

Man wird den Eindruck nicht los, daß hier die junge fränkische Theologie ein Schlachtfeld betritt, dessen wahre Gefechtslage sie nicht mehr zu übersehen vermag. Was Karl dabei bewegte, war wohl vor allem das Bewußtsein, wie einst ein Konstantin der orthodoxen Sache gegen ihre Kritiker zur Seite gestanden zu haben. Während er sich hier mit der Anschauung der Griechen verband, trat er in einer anderen Frage zu ihnen in Gegensatz: Im Osten glaubte man, der Heilige Geist gehe nur vom Vater, nicht auch vom Sohn aus. Es war in diesem Streit vor allem der ganz praktische Schutz, den er seinen fränkischen Mönchen auf dem Ölberg nicht versagen wollte, die übrigens Augustin zu ihrem Zeugen für das *»und vom Sohne«* anrufen konnten, das Karl auf der Synode von Aachen anerkennen ließ (809).

Der Bilderdienst

Noch deutlicher aber wird das Grundmotiv seines Denkens und Handelns im Streit um die Bilderanbetung. Nach schweren Angriffen gegen die im Osten überaus verbreitete und beliebte Anbetung der Heiligenbilder durch *Papst Leo III.* (716–741), der durch den Bilderdienst die Reinheit der christlichen Lehre gefährdet sah, hatte man sich auf der 7. ökumenischen Synode zu Nicäa von 787 wieder zu einer bilderfreundlichen Stellung durchgerungen und nur die »Verehrung« wie den »Dienst« dieser ehrwürdigen Kirchenschätze – nicht direkt ihre Anbetung – beschlossen. Offenbar fühlte man sich dem Islam gegenüber, der die Bilder vollständig verwarf, wieder freier. Im Grunde konnte Karl gegen diesen Beschluß nichts einwenden, hatte doch auch der Gesandte des Papstes in Übereinstimmung mit seinem Oberherrn dem beigestimmt. Es ist darum nicht nur das mangelnde Verständnis für den Unterschied von »Anbetung« und »Verehrung«, sondern vor allem der Unwille Karls, daß man ihn, den Herrscher des Westens, überhaupt nicht in dieser Sache gefragt hatte, der ihn zum Gegenbeschluß der »ökumenischen« *Frankfurter Synode* 794 trieb. Scharf wandten sich hier die jungen fränkischen Theologen gegen die Bilderanbetung, schärfer als es der Osten verdient hatte, und schärfer auch als es schon damals für den Westen tragbar war. (Mirbt 200) Der Papst fügte sich zunächst.

Aber auch der Streit um die Bilder bleibt eine Episode, die nur blitzlichtartig die Linie des *Imperiums* zeigt. Er *drängt*, wie alle seinesgleichen, *zur Weltherrschaft*. War es politisch nicht ohne weiteres erreichbar, den Osten zu erobern, so blieb die andere Möglichkeit, auf dem Wege der Kirche der Herr über Europa zu werden. Die *Erneuerung des alten römischen Kaiserreichs* steht durchaus im Gesichtsfeld Karls des Großen. In dieser Beleuchtung gewinnt die Frankfurter Synode ihr wahres Gesicht. Als »zweiter David«, in Gestalt einer die Alte Welt umspannenden Theokratie, sah er seine königliche und, als vom Papst Gesalbter, auch priesterliche Aufgabe. Aber gerade an diesem Vergleich mag deutlich werden, daß auch diesem germanischen Riesen die Grenze nicht erspart blieb, die allem menschlich-titanischen Planen gewiesen ist. Er, der die Kirche in der Hand hielt, vor dem die Päpste schweigen und die Metropoliten sich beugen mußten, vermochte doch nicht den Tempel zu bauen, der das Ganze seines Baues mit göttlicher Gewißheit verankerte.

Das Reich Karls mit den beiden Schwertern in einer Hand bleibt ein Widerspruch in sich selbst. Es stellt zwei Reiche zusammen, die nicht auf eine Ebene gehören. Hier wird eine Spannung in eine Gleichung aufgelöst, die so nie und nimmer gelöst werden darf. Der uralte Kampf zwischen Priester und König, zwischen Krone und Altar wacht wieder auf. Karl glaubte ihn zu beseitigen, indem er den Träger der geistlichen Gewalt entmündigte. In dieser Überspannung seiner eigenen Stellung, im Glauben an die ihm zwiefach verliehene Gewalt, liegt die Tragik seines gewaltigen Unternehmens. Während er als *Patricius des Papstes*, als *Erzieher seines Klerus*, als *Organisator seiner Kirche* und *Pionier ihrer Mission* seine ungeheure Kraft verzehrte, wuchsen alle diejenigen Kräfte heran, die der Stunde harrten, in der die Kirche dem Adler gleich ihre Schwingen regte und den Staat in seine Grenzen weist. Daß sie mit gleichen Waffen zum Gegenstoß antrat, kann aber auch nicht ohne die Lebensarbeit Karls verstanden werden. Bei ihm hatte seine Kirche gelernt, sich mit allen Mitteln der Macht durchzusetzen und die Kirche als Volkskirche nicht jenseits der politischen Belange zu sehen, sondern mitten in den harten Gegebenheiten der Zeit.

Ein eigentümliches Bild erklärt den folgenschweren Verlauf der Geschichte. Wenn Karl in besonderen Stunden der Muße sich aus Augustins »*Gottesstaat*« vorlesen ließ, empfand er die Größe des ihm gewordenen Auftrags, Staat und Kirche miteinander zu verschmelzen. *Dies gleiche Buch lasen aber auch die Päpste und bald die Mönche von Cluny*, jedoch mit anderen Augen. Für sie blieb der Staat die Welt und die Welt das Gebiet des Teufels und seiner Gesellen. Ihre Antwort, die sie mit aller Energie aus diesem Kirchenvater herauslasen, konnte nur lauten: Die Reiche der Welt können nicht eher zum Frieden gelangen, als bis sie unter der Herrschaft des Nachfolgers Petri stehen.

Literatur

Tor Andrae, Mohammed, 1932

E. Kellerhals, Der Islam, seine Geschichte, seine Lehre, sein Wesen, 1956²

Gottfried Simon, Die Welt des Islam, 1948

A. Brackmann, Die Erneuerung der Kaiserwürde im Jahre 800, in den geschichtlichen Studien für A. Hauck, 1916

Jos. Calmette, Karl der Große, 1948

K. Hampe, Meister der Politik: Karl der Große, 1922

K. Heldmann, Das Kaisertum Karls des Großen, 1928

H. Wiedemann, Die Sachsenbekehrung, 1932

Zeittafel

Die Päpste von 715–816

715–731 Gregor II.: erteilt Bonifazius Missionsauftrag; das zunächst gute Verhältnis zu Ostrom endet nach bilderfeindlichem Edikt Kaiser Leos III. v. Konstantinopel mit Beseitigung oström. Herrschaft; Gregor bleibt bei der Bilderverehrung

731–741 Gregor III.: Bilderverehrer, bricht Beziehung zu Byzanz ab; ernennt Bonifazius z. Missions-Erzbischof 732

741–752 Zacharias: billigt Sturz der Merowinger 751 und der Erhebung Pippins zum König

752–757 Stephan II.: begründet den Kirchenstaat; zieht als erster Papst über die Alpen, vermutl. Schutzvertrag mit Pippin, Pippinsche Schenkung

757–767 Paul I.: Bruder Stephans; setzt dessen Politik fort

767–772 Stephan III.: Gegner Karls d. Gr., beseitigt fränkische Partei in Rom

772–795 Hadrian I.: ruft Karl d. Gr. gegen Langobarden zur Hilfe; Karl erneuert das »Pippinsche Schenkungsversprechen«; Hadrians bilderfreundliche Beschlüsse werden von Karl auf der Reichssynode von Frankfurt verworfen (794)

795–816 **Leo III.**: schickt Karl d. Gr. die Schlüssel des Petrusgrabes; flieht vor Gegnern zu Karl nach Paderborn; Nov. 800 spricht Karl in Rom das Urteil: Leos Gegner werden verurteilt; Leo krönt Karl zum Kaiser, von dem er abhängig bleibt

16. Kapitel

Aufstieg und Verfall der Kirche im Zeitalter Nikolaus I. 9. Jahrhundert

Dem Reich Karls des Großen setzt der Papst die Einheit der Kirche gegenüber – Nikolaus I. setzt sich gegen nationale Tendenzen (Metropoliten) durch – Die pseudoisidorischen Dekretalien – Schnelles Sinken der Weltmacht Roms

1. *Der Papst als Retter der Reichseinheit*

Selten hat ein Jahrhundert so plötzlich Höhe und Niedergang beieinander gesehen wie das neunte, unmittelbar nach dem Tode Karls. Die Unfähigkeit seiner Erben ruft den verborgenen Machtwillen der Kirche vollends auf den Plan. Doch dem allgemeinen Verfall der Zeiten kann auch sie nicht widerstehen. Kräfte, die mit überlegener Gewalt gebunden waren, weltliche wie geistliche, entfalten nun ihre Eigengesetzlichkeit und sprengen mit unwiderstehlicher Entwicklung auseinander.

In kaum dreißig Jahren ist alles so weit gekommen, daß das einheitliche Imperium durch den Vertrag von Verdun (843) in drei voneinander unabhängige Reiche geteilt ist. Ludwig der Fromme, Karls Sohn (814–840), hatte überwiegend kirchliche Interessen und war nicht imstande, die großen Reichsgedanken seines Vaters weiter durchzuführen. *»Es ist charakteristisch für Ludwig den Frommen, daß er nie begriff, daß nebeneinander auftauchende Fragen mit Rücksicht aufeinander gelöst werden müssen«* (Hauck, II. 446). Schon 823 wagt eine fränkische Synode folgenden Beschluß:

»Die Aufgabe, die Kirche zu behüten und zu regieren, soll dem Königtum gewahrt werden, aber der König soll sich bei der Leitung an das Urteil der Bischöfe binden, denn das Priestertum steht höher als das Königtum; in der Kirche ist niemand mächtiger als der Bischof, in der Welt niemand erhabener als der Kaiser.«

Automatisch setzt nun sofort die *Bewegung des Papstes* ein, *die fehlende Zentralgewalt in Frankreich, Deutschland und Italien von sich aus darzustellen.* Hierzu bot den besten Ansatzpunkt die Verbindung von Papsttum und Bischofsamt über die Metropoliten hinweg. Standen diese naturgemäß auf der Seite der werdenden Nationalstaaten und Landeskirchen, so schien es gegeben zu sein, die einheitliche Reichskirche über die Grenzen des Vertrags von Verdun hinweg durch die Bischöfe zu erreichen – man darf aber auch sagen: zu erhalten. Denn in diesen nationalen Männern lebte der Wille, das eine, umfassende Imperium zu bewahren. Ist das nicht auf dem Wege der staatlichen Stellen möglich, versagt das Königtum der Karolinger, dann bleibt als letzte Hoffnung, daß von Rom aus das Erbe des Kaisertums, das eine Reich Karls, gerettet werde.

2. *Päpstlicher Machtanspruch kraft gefälschter Dokumente*

Aber auch abgesehen von diesen nicht immer deutlichen politischen Fernzielen geht der Wille des Papsttums durchaus in der Richtung, wie sie in den Sätzen der »Konstantinischen Schenkung« ausgesprochen ist. Man vergegenwärtige sich den Ton, der aus dem Brief *Gregors IV.* an die fränkischen Bischöfe bereits im Jahre 833 (im Jahre der Demütigung Ludwigs d. Fr. vor dem Papst und seinen eigenen Söhnen) laut wird:

»Ihr hättet mich nicht als Bruder bezeichnen sollen, sondern habt mir die dem Vater gebührende Ehrerbietung zu erzeigen. Päpstlichen Befehlen gebührt Gehorsam, auch wenn ihnen ein kaiserliches Gebot entgegensteht. Ihr durftet nicht außer acht lassen, daß die Leitung der Seelen, die dem Papst zusteht, wichtiger ist als das Kaisertum, das zeitlich ist. Daß ihr dem Kaiser gehorcht, ist eine törichte Schmeichelei. Daß ihr aber mein Verfahren getadelt habt, ist eine Schändung der päpstlichen Würde . . . Dem Papst gebührt das Recht, in die Angelegenheiten des fränkischen Reiches und Kaiserhauses einzugreifen.«

In vollem Einklang mit diesen unerhörten und zu Karls Zeiten undenkbaren Sätzen steht jene zweite, alles Bisherige überbietende Fälschung, die unter dem Namen der *pseudoisidorischen Dekretaliensammlung* bezeichnet wird. Angeblich ein Werk Isidors von Sevilla aus dem 7. Jahrhundert, spiegelt dieses Gesetzbuch päpstlicher Rechtsordnungen die Gedanken wider, die in den Kreisen der fränkischen Bischöfe lebendig waren. Das Ziel dieser Fälschung geht dahin, alle Zwischenstellen auszuschalten, die die Freiheit der Bischöfe bedrohen könnten, seien es nun die Könige oder die Metropoliten oder die Synoden der Länder. Die Gesamtlinie ist darauf gerichtet, alle Gewalt in der Hand des Papstes zu konzentrieren. Schon klingt etwas von dem an, was dann in den Kämpfen der Cluniazenser um die Freiheit der Kirche unermüdlich gelehrt wurde: Die Priester Gottes dürfen nie und nimmer vor weltliche Richter gezogen werden, niemand darf ihre Güter antasten! Als ein Staat im Staate steht nach dieser Grundanschauung die Kirche allen weltlichen Instanzen gegenüber. Daß die Obrigkeit göttliches Recht in sich trägt, kommt in diesen Auslassungen nicht mehr zur Geltung. Man kann nur sagen, daß von hier aus die Auseinandersetzung zwischen Staat und Kirche aufs schwerste vergiftet worden ist. So radikal hat auch ein Augustin das innere Recht weltlicher Gewalt nicht in Frage gestellt.

Auf der doppelten Basis dieser Fälschung und der tatsächlichen Lage beim Zerfall des Kaiserreichs hat der Mann sein Pontifikat aufgebaut, der schon den Zeitgenossen als ein zweiter Elia erschien, *Papst Nikolaus I.* (858–867). Bei ihm wird die Linie zu Gregor VII. und Innocenz III., zur Höhe päpstlicher Machtfülle vollends deutlich. Was er grundsätzlich erkannte, setzte er mit zäher Energie in die Tat um, soweit es in den kurzen neun Jahren seiner Regierung möglich war. Kaum fünfzig Jahre nach Karl dem Großen steht hier der gewaltige Gegenspieler auf und behauptet, die von Rom aus geltende Theokratie über die Völker der Welt, aber auch über den Osten, zu besitzen. So kann Nikolaus an den griechischen Kaiser Michael schreiben:

»Die Rechte des Papsttums waren früher als eure Herrschaft«

und an Karl den Kahlen:

»Dank den päpstlichen Privilegien haben deine Vorfahren jede Vermehrung ihrer Würde, ihre ganze Herrlichkeit erhalten.«

Und weiter:

»Des Papstes Wort ist Gottes Wort, des Papstes Tat Gottes Tat. Den päpstlichen Privilegien haben deine Vorfahren jede Vermehrung ihrer Würde, ihre ganze Herrlichkeit zu verdanken. Selbst wenn der Tadel des Papstes unberechtigt wäre, müßtest du ihn über dich ergehen lassen, wie Hiob die Züchtigungen Gottes, denn er hat dann einen verborgenen, heilsamen Zweck.«[1]

Und wie antwortet dieser Enkel seines großen Ahnherrn?

»Wie überhaupt die göttliche Verfügung euch als geistlichen Vater an die Spitze der gesamten Kirche gestellt hat, so lieben wir besonders in der Liebe Christi eure heilige Väterlichkeit und wünschen euren heiligen Befehlen zu gehorchen.«

Daß hinter diesen Briefen eine sehr reale Macht steht, beweist der Kampf, den Nikolaus gegen Lothar II., den König der Franken, führte. Als dieser seine Ehe auflöste und dazu noch die Zustimmung der Erzbischöfe von Köln und Trier erhielt, brach der Zorn des Papstes, gestützt auf die Bischöfe des Frankenlandes, in voller Stärke gegen die Frevler los. Die Amtsentsetzung der beiden Metropoliten und die Demütigung des Königs waren aber nur der

[1] Vergl. Mirbt 212

Auftakt zu dem Schlag, den Nikolaus gegen den mächtigen *Erzbischof Hinkmar von Reims* führte. Er zwang ihn, einen abgesetzten Bischof wieder anzuerkennen. So mußte es vor aller Augen offenbar werden, wer das letzte Wort in der fränkischen Kirche zu sprechen habe. Hinkmar wehrte sich, gestützt auf starke Rechtsgründe. Nikolaus aber gab ihm kalt und stolz zu verstehen:

»Briefliche Verordnungen römischer Päpste sind rechtskräftig, auch wenn sie nicht in der Sammlung der Rechtsordnungen (codex canonum) enthalten sind.«

3. *Schneller Zerfall päpstlicher Macht*

Es gehört zur geschichtlichen Gerechtigkeit, zu dem Gericht, das immer schon im Lauf der Dinge selbst zu einem Teil erscheint, daß diese Ansprüche eines Nikolaus sehr bald in sich selbst zusammenbrachen. Gewalten, an die niemand dachte, treten auf den Plan. Gegenüber neuen *Streitigkeiten mit der Ostkirche* erschien eine Fortsetzung des Kampfes mit Hinkmar völlig untunlich. Und *als die politische Einheit des Imperiums unter den Stürmen der Araber, Slawen, Magyaren und Normannen zerriß*, vermochte auch die Kirche keinen Damm mehr zu bilden.

Nun erwies es sich, daß das Werk Karls des Großen, der Schutz und die Sorge, die er der Kirche bot, wahrlich nicht nur eine äußere Hilfe waren. Zerfiel die Reichsgewalt, so konnten kein Metropolit und kein Papst das Ansehen und die Freiheit der Kirche bewahren, die ein Kaiser ihr bot. Unaufhaltsam aber drängten nun alle die Zwischeninstanzen in den Vordergrund, die Herzöge und Grafen, gewiß um die unabweisbaren und nächstliegenden Aufgaben zu lösen, die keine Zentrale mehr leistete. Und dennoch, die großen, einheitlichen Gesamtziele des Imperiums verschwanden. Nun beginnt mit der *Zeit der werdenden Nationalstaaten* zugleich *die Epoche der Stammesherzöge*, des kräftig sich entfaltenden Einzellebens namentlich in deutschen Landen. Es hat den Bruderkrieg und die von außen kommenden Einfälle feindlicher Völker wie der Magyaren nicht zu hindern vermocht. Wie ein Mythos uralter Zeit, von Legenden umwoben, erschien nun das karolingische Reich und mit ihm die eine katholische Reichskirche.

4. *Mission und Kirchenlehre in der Krisis*

In diesen allgemeinen Niedergang ist auch die Missionsbewegung hineinverflochten. *Ansgars (801–865) Anfänge im Norden,* sonderlich in Hamburg, müssen durch normannische Zerstörungslust ein schnelles Ende finden

(845). Ebenso waltet über der *Slawenmission* im Streit zwischen Rom und Konstantinopel ein verhängnisvolles Schicksal. Das Papsttum ist durch Parteikämpfe in Rom und Sittenlosigkeit so zerfallen, daß es zu einer durchgreifenden Tat nicht mehr fähig ist. Römische Missionsversuche werden durch Gegenaktionen der Ostkirche zunichte gemacht. Das Slawenland wird Gebiet der griechisch-orthodoxen Kirche (Bulgarien), soweit es nicht von Bayern aus bis zu den Ungarn und Tschechen später missioniert wurde. Charakteristisch ist, daß auch die Missionsaufgabe den Riß zwischen den Kirchen nur verschärft. Wie im Staat, so ist man auch in der Kirche zu übergreifenden und umfassenden Maßnahmen nicht mehr fähig.

Im ganzen entspricht diesem Bild der Kirche auch der innere Zustand. *Hinkmar,* Erzbischof von Reims (858–880), weiß gegen die einseitige Erwählungslehre des Mönchs *Gottschalk* (um 800) außer den gefährlichen Antworten des neuplatonisch denkenden *Johannes Scotus* (Eriguena, um 800) nur mit langjähriger und grausamer Einkerkerung zu antworten. Das war der Dank, den man Augustin bewahrte, dessen Sätze Gottschalk nur zu wiederholen gewagt hatte! Von einer anderen Seite her aber brach in die Lehre der Kirche eine schon lange geltende Volksanschauung ein, wonach das Abendmahl die wirkliche Verwandlung des Leibes und Blutes Christi nach seiner wesenhaften und inneren Gestalt darstellte. Diesen Satz vertrat *Paschasius Radbertus, der Abt von Corbie* (um 830), während ein Mönch desselben Klosters, *Ratramnus* († 868), in einem Gutachten leugnete, daß es sich beim Altarsakrament um den irdischen Leib Christi als des Sohnes der Maria handle. Wenn auch die *Transsubstantiation,* die zentrale Lehre von der Verwandlung, damit noch nicht ausgesprochen ist, so ist die Bahn zu ihr nunmehr gebrochen. Der Schwerpunkt liegt jedenfalls nicht mehr auf der Tat des Christus am Kreuz, sondern auf dem *Wunder, das in der Messe geschieht.*

Dieses Geheimnis der Messe hat aber einen sehr praktischen Sinn: Es ist *das größte Opfer, das die Kirche Gott darzubringen vermag, und sie braucht es, um daraus den Gläubigen das Geschenk der Sühnung für ihre Sünden zuzuwenden.* Im Augenblick, da das Wunder der Erlösung seine eigene Sprache sprechen will, ordnet es die mittelalterliche Kirche in den weiten Rahmen ihres *Bußinstituts* ein. Wie kann Gott zur Nachlassung der Sündenstrafen veranlaßt werden? So lautet die Frage. Seine Gerechtigkeit verlangt strengste Sühnung.

Die Antwort, die schon das griechische Mönchtum gegeben hatte, war die: Bekenne deine Sünden. Hierzu trat als weiteres die Kirchenstrafe, die man in Form von auferlegten Gebeten, Almosen und Wallfahrten zu büßen hatte. Alle diese Leistungen stellen nun einen Begriff in den Vordergrund, der dann mehr und mehr der beherrschende wird: *den Verdienstgedanken.*

Wir erinnern uns, daß man schon den Gebeten und namentlich den Fürbitten der Märtyrer besondere Wirkungen zuschrieb. *Was aber konnte wirksamer, verdienstlicher sein als das Opfer Christi, wie es, täglich neu dargebracht, den Himmel mit einem Strom erlösender Kräfte erfüllen mußte!* Dies Verdienstopfer mußte ja selbst bis in das Fegefeuer reichen, ihm konnte sich – wenn es überhaupt einen Schutz gab – nichts an die Seite stellen.

Und hier setzt jetzt ein Rechnen ein, wie es sonderlich germanischen Anschauungen vom Recht entsprach. Es besteht die Möglichkeit, die Kirchenstrafen abzulösen, umzutauschen oder nachzulassen. Gott kann sich auch mit weniger zufrieden geben, wenn ihm nur ein geeigneter Ersatz geleistet wird. Er wird dazu um so eher bereit sein, je mehr die Messe ihn zu solchem Entgegenkommen veranlaßt. Die Kirche ist auf Grund ihres durch das Altarsakrament bei Gott erworbenen Schatzes bereit und imstande, Sündenstrafen für an sich sehr viel geringere Leistungen abzulassen, *warum also nicht auch für Geld!* Hier rollen die Ereignisse in einer Konsequenz ab, die mit unaufhaltsamem Schritt bis zu Tetzels Praxis in Wittenberg, dann aber auch zu Luthers Thesenanschlag führen.

Im Unterschied zu diesem allgemeinen Verfall der Kirche und des Staates steht im letzten Drittel des 9. Jahrhunderts die glänzende Fürstengestalt des *Angelsachsen König Alfred* (871–901). Er wußte die Normanneneinfälle zu bannen und eine friedliche Entwicklung im kirchlichen und kulturellen Leben anzubahnen, die, in vielem an Karl den Großen erinnernd, bald zu hoher Blüte führte. Er schafft die erste englische Flotte, sammelt Gesetze, fördert Schulen, läßt theologische und historische Werke übersetzen. Aber auch hier, nach Alfreds Tod, erlag bald alles dem Niedergang der Zeiten.

Literatur

E. Perels, Papst Nikolaus I., 1920

Zeittafel

Die Erben Karls

814–840	Ludwig (I.) der Fromme, Kaiser 816, bestellt seinen ältesten Sohn Lothar 817 zum Mitkaiser
840–855	Lothar I.: 823 Kaiserkrönung in Rom
843	Vertrag von Verdun: Lothar bleibt Kaiser, sein Herrschaftsgebiet reduziert sich auf Italien und einige Landstriche zwischen Rhône und Friesland

840–877 Karl der Kahle, König von Frankreich, 875 Kaiser
843–876 Ludwig II. der Deutsche, Sohn Lothars I. (Ostfranken), 850 Kaiser
882 Ludwig III. der Jüngere, 2. Sohn Ludwigs II. (Sachsen)
876–880 Karlmann, ältester Sohn Ludwigs II. (Bayern)
888 Karl III. der Dicke, Sohn Ludwigs II., vereinigt nach dem Tod der Brüder zum letztenmal das Reich Karls d. Gr.; 881 zum Kaiser gekrönt, dankt 887 ab
887–899 Arnulf von Kärnten, Sohn Karlmanns, wird König, 896 nach der Erstürmung Roms Kaiser
900–911 Ludwig das Kind – Ende der Karolinger

Die Päpste von 816–882

816–817 Stephan IV.: erneuert mit der Kaiserkrönung Ludwigs d. Frommen das Bündnis mit den Franken (816)
817–824 Paschalis I.: Pactum Ludovicianum garantiert dem Papst freie Papstwahl; Ludwig gibt die kaiserlichen Rechte über den Kirchenstaat auf; P. krönt Lothar I. z. zweiten Mal (823)
824–827 Eugen II.: Constitutio romana: der Papst hat dem Kaiser vor der Weihe den Treueid zu leisten; nimmt bilderfreundliche Haltung ein, setzt im übrigen Karls d. Gr. Reformen fort
827–844 **Gregor IV.:** von Ludwig d. Fr. und dessen Söhnen zum Schiedsrichter im Streit um Erbordnung angerufen; beauftragt Ansgar mit der Mission im Norden
844–847 Sergius II.: krönt Lothars Sohn Ludwig zum König der Langobarden
847–855 **Leo IV.:** baut Rom aus; schlägt Sarazenen vor Ostia 849; baut zerstörten Hafen (Leopolis) wieder auf; krönt 850 Ludwig II., Sohn Lothars I., z. Kaiser
855–858 Benedikt III.
858–867 **Nikolaus I.:** sein Pontifikat bereitet die Reformen vom 11. Jh. vor; im Ehestreit Lothars II. unterwirft er den König den Kirchengesetzen; setzt die Erzbischöfe von Köln und Trier als Mithelfer Lothars ab; behauptet sich gegenüber Hinkmar v. Reims; Mission in Bulgarien; starke Machtentfaltung
867–872 Hadrian II.: Bulgarien geht an Konstantinopel verloren; Mähren bleibt erhalten, da die slawische Sprache in der Liturgie zugelassen wird
872–882 Johannes VIII.: wenig erfolgreich; krönt Karl d. Kahlen 875 z. Kaiser; krönt auf Drängen der Westfranken Karl d. Dicken z. Kaiser 881; zahlt den Sarazenen Tribut; Methodius Erzbischof v. Mähren

17. Kapitel

Die Reform von Cluny und die Sachsenkaiser 10./11. Jahrhundert

Cluny, 910 gegründet, eine mönchische Bußbewegung zur Erneuerung der Kirche mit fester Bindung an Rom – Der Kampf der Sachsenkaiser um die Führung der Nationalkirche – Otto I. und die Investitur – Heinrich III. – Der Bruch mit der Ostkirche

1. *Cluny erneuert das Mönchtum*

Das 10. Jahrhundert bringt einen doppelten Aufstieg nach dem Verfall in Kirche und Reich. Man hat ihn mit den auf das Jahr 1000 gerichteten Enderwartungen in Zusammenhang setzen wollen. Die Quellen reichen aber zu dieser Vermutung nicht aus. Einzelne Eschatologen oder Apokalyptiker hat es immer gegeben. Sie bestimmen aber in diesem Zeitraum durchaus nicht das Gesamtbild. Im Gegenteil, die vom burgundischen Cluny ausgehende Reform ist auf die gegenwärtige Lage der Kirche gerichtet, und ebenso nimmt die Herrschaft der Sachsen die Fäden dort auf, wo sie seit den Zeiten Karls schlaff am Boden liegen.

Man kann das, was in Cluny vor sich ging, nicht in die Reihe anderer Klostererneuerungen oder -gründungen stellen, wie sie sich immer wieder als nötig erwiesen. Die Eigenart seiner Reform liegt einmal darin, daß hier in der Linie der »pseudoisidorischen Bestimmungen« alle Gewalten ausgeschaltet werden, die in irgendeiner Weise Anspruch auf das Kloster erheben können. Indem man sich einzig unter die Schutzherrschaft des Papstes begibt, haben alle anderen geistlichen Stellen und alle weltlichen Instanzen aufgehört, irgendeinen Anspruch auf das Kloster zu erheben. Dabei dachten die Mönche von Cluny auch nicht daran, den Papst in alle ihre Anliegen hineinreden zu lassen. Als Abt *Berno* von *Odo* abgelöst wurde (927), hatten die Reformer schon erreicht, daß die Neuwahl Sache des Klosters selbst sein sollte, später sogar durch den Willen des noch lebenden Abtes erfolgte. In fester Tradition setzte sich dadurch das eigentümliche Erbe Clunys fort.

Die übergreifende Macht Clunys

Schon im 9. Jahrhundert hatte *Benedikt von Aniane* (†921) nicht ohne Erfolg innerhalb der fränkischen Kirche auf die Reinigung der Klöster hingewirkt, deren weltliche Haltung zum Teil erschreckende Formen angenommen hatte. Aber Cluny geht über diese Linie verschärfter Zucht, verstärkter Gebetsübungen und Betonung der Innerlichkeit hinaus, indem es seine Gedanken auch für sehr viele andere Klöster durchführt und schließlich über diese gebietet. Damit führt diese Reform zu einem Staat im Staate, zu einer Macht, die sich den Nationalkirchen gegenüber bewußt abgrenzt. Es beginnt jener Katholizismus, dem Roms Interesse eben doch das Übergeordnete ist, und der in den einzelnen Ländern dafür gesorgt hat, daß die Kirche ein Fremdkörper geblieben ist. Und dies nicht um ihrer Botschaft willen, die sich nie und nimmer im völkischen Anliegen erschöpfen darf, sondern um des einen Zieles willen, der Kirche zu der Herrschaft in der Welt zu verhelfen, die ihr nach römischer Auffassung gebührt.

Hierzu gehört als nächster Schritt die Reformierung des nicht mönchischen Klerus, der Geistlichkeit in den Pfarrsprengeln, deren Leben zu vielfacher Kritik Anlaß gab und darum einen schweren Schaden für die Kirche bedeutete. Gelang es, diesen Stand für die Ideale von Cluny zu erschließen, so war eine weitere Etappe gewonnen, um die Kirche aus der Verweltlichung zu befreien. Es wird hier schon deutlich: *Der energische Rückzug der Cluniazenser von der Welt ist in Wahrheit nichts anderes als der Aufmarsch zu ihrer Eroberung. Weltflucht und Weltbeherrschung sind nur von außen gesehen Gegensätze.*

Diese rücksichtslose Zielsetzung konnte aber schließlich auch vor dem Papsttum nicht haltmachen. Sie durfte nicht ruhen, bis ein Cluniazenser auf dem Stuhle Petri saß. Die Linie von den Äbten Clunys bis zu *Gregor VII.* ist eindeutig. Sie liegt in der Bahn eines Nikolaus I., und sie kann gar nicht anders – das ist in ihrem Wesen beschlossen – als zum unerbittlichen Kampf mit der Macht führen, die durch lange Geschichte und starke Hilfe die Geschicke der Kirche geleitet hat, zum Kampf mit dem Kaisertum.

2. *Papst, Cluny und der Kaiser wollen die Kirche erneuern*

Die eigentliche Tragik des Gesamtablaufs der nun folgenden Geschichte bis zum Großkampf zwischen Kaiser und Papst im 11. Jahrhundert liegt nun darin, daß gerade die sächsischen Herrscher es waren, die ihre Kirche aus dem Verfall befreit hatten. Was wäre ohne die Arbeit eines *Otto I., seiner Mutter Mathilde und seiner Gemahlin Adelheid* mit ihrem frommen und praktischen Sinn für alle kirchliche Liebestätigkeit und Innerlichkeit aus der deutschen Reichskirche nach Nikolaus I. geworden? Aber einmal aus der Bedeutungslosigkeit emporgehoben, hat sich das Papsttum nicht auf seine Dankespflicht besonnen, sondern ist den Weg weitergegangen, den ihm seine große Vergangenheit und sein noch größerer Anspruch wies.

Deutsche Könige und (seit 962) Kaiser

919–1024 Sachsen	**1024–1125 Franken**
919– 936 Heinrich I.	1024–1039 Konrad II.
936– 973 Otto I. d. Gr.	1039–1056 Heinrich III.
973– 983 Otto II.	1056–1106 Heinrich IV.
983–1002 Otto III.	1106 (1104)–1125 Heinrich V.
1002–1024 Heinrich II.	

Was *Heinrich I.* (919–936), der Anfänger in der Reihe der sächsischen Regenten, noch nicht vermochte, führte sein großer Sohn *Otto I.* durch (936–973). Er ist nicht nur der *Schirmherr der Ostmark von Magdeburg bis Brandenburg,* der Sieger über die Wenden. Unvergessen blieb, daß er auf dem *Lechfelde die Ungarn schlug* und sie für die Zukunft von Deutschland fernhielt. Seine auf die Jahrhunderte der Kirche einflußreichste Tat aber war die weitgehende *Belehnung geistlicher Stellen mit Reichsland,* und zwar zur Verwaltung bis in die finanzielle und militärische Seite des Gebietes hinein. *Bischöfe, Erzbischöfe und auch Äbte wurden nun* zu staatlich höchst wichtigen Persönlichkeiten, *zu Reichsfürsten,* die schließlich im Rang der Herzöge standen.

Otto wollte sich der mächtig gewordenen Teilgewalten entledigen, mit denen sein Vater nicht fertig geworden war. Herzöge und Grafen, der gesamte Laienadel verfolgte eine durchaus reichstrennende Richtung. Gelang es nun, die nicht erbliche Herrschaft kirchlicher Würdenträger aufzurichten durch Ämter, die der König bestallte, so war damit ein großer Prozentsatz des Landes in dessen unmittelbarer Gewalt. Aber auch für die Kirche schien dieser Weg sehr bedeutsam, litten doch die Klöster und alle übrigen Besitzer kirchlicher Stellen unter den häufigen Übergriffen weltlicher Zwischeninstanzen. Das mußte aufhören, sobald die reichsunmittelbare Macht dieser Amtsträger feststand.

Während Cluny sich durch den Papst sicherte, ging Otto den umgekehrten Weg und nahm auf seinem Gebiet, wo ja die Reform noch kaum bekannt war, seine Kirche selbst in den Schutz, indem er sie, großen Vorbildern folgend, in das Gesamtgefüge seines Reiches einbaute und zu den lebenswichtigsten Trägern der Staatsgewalt erhob.

Cluny entfremdete den Klerus dem Volk, Otto hingegen schuf eine tief eingreifende Verbindung zwischen Volk und Geistlichkeit, indem in wachsender Zahl *Bischöfe und Äbte landesherrliche Rechte erhielten.*

Natürlich hatte das auch Nachteile für die Kirche, wenn nun die Predigttätigkeit der Amtsträger hinter ihren weltlichen Verwaltungsgeschäften zurücktrat und ihnen dadurch das Herrschen oft besser lag als das Dienen. Auf das Ganze gesehen aber bahnte Otto mit diesen Beleihungen, die man schon damals *Investitur* nannte, die *Entwicklung einer deutschen Nationalkirche* an. Söhne aus deutschem Adel verwalteten als Diener der Kirche im Auftrag ihres Königs das ihnen übergebene Land. Niemand fand in diesen Belehnungen einen unerlaubten Eingriff des Staates in die Freiheit der Kirche. Selbstverständlich *behielt die übergeordnete kirchliche Stelle das Recht der Weihe und Beleihung mit allen kirchlichen Ämtern und Gaben.* Aber dies erfolgte erst dann, wenn der König die Wahl des künftigen Territorialherrn vorgenommen hatte. Das böse Wort Simonie wagte jedenfalls noch niemand auf dieses Verfahren anzuwenden[1]. Wie aber, wenn sich die kirchlichen Führer darauf besannen, daß sie nicht nur ihrem Landesherrn die Treue geschworen hatten, sondern über dieser Verpflichtung der andere Eid in den Vordergrund trat, der sie an den Papst band? Wie, wenn die Linie Clunys gegen Ottos klaren und national gedachten Reichsgedanken stieß?

3. Papst und Kaiser ringen um die Vorherrschaft

Es ist deutlich, daß der Schlüssel zur Gesamtlage im Verhältnis von Kaiser und Papst zu suchen ist. Die Züge der deutschen Könige und Kaiser über die Alpen sind wahrlich keine romantischen Unternehmungen gewesen, wenigstens nicht die eines Otto I. Auch die *Kaiserkrone,* die er *im Jahre 962 vom Papst* erhielt, war nicht der entscheidende Grund seiner Romreise. Ungleich wichtiger war die *Befreiung des Papsttums aus sittlichem Fall,* aus den Händen von Frauen, die ähnlich denen in der Renaissancezeit zu herrschen verstanden.

Otto sah klar genug, daß die Spitze einer Kirche mit solcher Führung das gesamte Gebäude erschüttern mußte. Was in Rom geschah, konnte wahrscheinlich schnell auf Deutschland übergreifen. Nur ein Papst, der auf Befragen des Königs gewählt war, bot eine Garantie dafür, die landeskirchlich und staatswichtig so eng verwobene Situation nicht zu stören. Dies ist in Rom in

[1] Apostelgeschichte 8, 18 ff. ist die Grundlage für dieses Wort: Simon Magus will mit Geld geistliche Gaben erkaufen. Später bezog man den Ausdruck auf die Belehnung geistlicher Amtsträger durch weltliche Herrscher.

einem besonderen Abkommen zwischen Otto und Papst *Johann XII.* rechtlich verbürgt worden. Schon vor seinem Einzug in Rom gelobte Otto:

»Dem Herrn Papst Johann XII. verspricht der König Otto eidlich, wenn er nach Rom kommt, die hl. römische Kirche und ihren Leiter nach seinem Vermögen zu erhöhen. Er wird in Rom keine Anordnungen treffen in allem, was den Papst und die Römer betrifft, ohne den Rat des Herrn Papstes. Wen er mit dem Königreich Italien belehnen wird, den wird er schwören lassen, dem Papst zur Verteidigung des Landes des hl. Petrus nach Kräften Hilfe zu leisten.«

Des weiteren versprach dann Otto dem Papst:

»Der gesamte Klerus und Adel des römischen Volkes haben sich auf das Sakrament zu verpflichten, daß die künftige Wahl des Papstes kanonisch und rechtmäßig zugehe, und daß der Gewählte von niemand als geweihter Papst anerkannt wird, bevor er in Gegenwart unserer Gesandten das gleiche Versprechen abgibt, wie es der Herr Leo (III. im Jahre 800) bekanntlich freiwillig abgegeben hat.« (Mirbt 216)

Die Erinnerung an das Jahr 800 weckt eine gewisse Wehmut, indem sie den unübersehbaren Unterschied zwischen Karl und seinen drei Reichen und diesem deutschen Kaiser und *Gründer des »Römischen Reiches Deutscher Nation«* vor Augen führt. Karl unterwarf sich das Papsttum kraft seiner politischen Übermacht und in seiner Eigenschaft als Patricius. Otto brauchte es mitsamt der Kirche zum Schutze seines Reiches gegen die Herzöge und Grafen. Wohl war es ihm gelungen, auch politisch noch Herr über Italien zu werden und Rom zu einer Art deutschem Bistum zu machen, in dem der Kaiser die Wahl des Nachfolgers Petri zu bestimmen hatte. Und doch lag das mehr an dem Tiefstand der Inhaber des Papstthrones als an den wirklichen politischen Gesamtverhältnissen, die jeden Augenblick wieder umschlagen konnten und namentlich in Italien kritisch genug blieben.

Vor allem aber fehlte es Otto in der deutschen Kirche selbst an dem inneren Einfluß, den Karl besessen hatte. Er hatte die staatliche Einordnung der Kirche vollzogen, *er vermochte ihr aber nicht das theologische Rüstzeug, die geistige Durchbildung zu geben*, womit einst Alkuin und andere das kaiserliche Regiment zu stützen verstanden. So blieb er, der »Otto mit dem Barte«, wiewohl ein Deutscher durch und durch, dem eigentlichen Kern der Frage fremd, wie denn das völkisch-obrigkeitliche und das kirchlich-theologische Anliegen seines Landes zu einen sei.

Daran konnten auch Sohn und Enkel Ottos I. nichts ändern. *Otto II. und III.* haben nach Kräften versucht, die kaiserlichen Rechte über die Papstwahl nicht zu verlieren. Jedoch die inneritalischen Wirren blieben und erschütterten auch die Stellung der besten Päpste, und mochte es die eines *Gerbert* sein, der, ein Freund Ottos III., als *Silvester II.* regierte.

Verhängnisvoller noch war es, daß diese deutschen Kaiser jahrelang fern von ihrer Heimat in Italien lebten, und dies zu einer Zeit, da die *Ostmark in Gefahr* war und es einer starken Hand auch für die Kirche bedurft hätte.

In Rom aber griff ein anderer, phantastischer Geist nach dem Kaisertum. In Otto III. gewannen die Gedanken einer Weltmonarchie Raum, in der er mit dem universalen Papst im Bunde über die Völker Herr würde wie einst Karl. Aber während schon alles im Gange war, unter Umgehung des schwachen, träumerisch der Wirklichkeit entfremdeten Kaisers die Kirche um so fester vom Rom Silvesters II. aus zu leiten, starb Otto III., und *Heinrich II.*, der letzte und mächtigste Sachsenkaiser, bestieg den Thron (1002–24).

Er verstand es mit überlegener Kraft, Herr über den Papst *Benedikt VII.* und Herr über seine deutsche Kirche zu werden. Man darf hinzufügen, daß er auch Herr über die cluniazensische Bewegung wurde, soweit sie für Deutschland in Frage kam, indem er sich ihren Reformen öffnete und namentlich in Lothringen für die wichtigsten Stellen Männer dieser Richtung bestimmte. Immer steiler wird der Weg des deutschen Kaisertums, je größer Clunys Einfluß wird. Noch zwingt Kaiser Heinrich mit fester Hand die oft noch unbewußt widerstrebenden Mächte, noch läßt sich Cluny von Stufe zu Stufe emporheben. Was aber dann, wenn es den Gipfel erreicht hat? Schon begann im *Kloster Dijon* der bedeutende *Abt Wilhelm* Kritik an Heinrichs Kirchenreformen zu üben. Und doch gelang es auch hier noch, die Gegensätze auszugleichen.

Mit den Worten: »Du bist der Stellvertreter Christi!« empfing *Erzbischof Aribo von Mainz* im Jahre 1024 den neuen König *Konrad II.*, den ersten aus dem Hause der salischen Franken. So gänzlich fern vom Geiste Clunys sah dieser nationale Mann im König den Gesalbten des Herrn, den Schutzherrn seiner Kirche. Was hätte Konrad, gestützt auf diese kirchliche Basis, in Rom ausrichten können, wo das Papsttum schon wieder im Zerfall begriffen war! Wohl griff er mit unerbittlicher, politischer Macht durch, sobald er seine Rechte in Frage gestellt sah, aber unter seiner Regierung hebt schon das Murren der *Reformer gegen die Simonie* an, das Seufzen einer *Kirche, die sich unter dem Druck der staatlichen Bevormundung nicht mehr frei fühlt.* Die Gegensätze sind aber auch hier noch verhüllt, und dies namentlich dadurch, daß das Papsttum sowohl wie Konrad von dem Gedanken Clunys unberührt sind.

Das wurde mit einem Schlage anders, als Konrads junger Sohn *Heinrich III.* auf den Thron kam (1039–56). Als Freund der Reform machte er den würdelosen Zuständen in Rom ein Ende. Nicht weniger als drei Päpste zugleich setzte er ab, um nun je und je unter dem Beifall fast aller Cluniazenser Männer ihres Vertrauens an die Stelle zu bringen. Deutsche Bischöfe übernahmen die Leitung der Kirche in Rom. Sie haben ihr Amt in ehrlichem Bunde mit dem Kaiser geführt. Der sich steigernde Ruf gegen die Simonie wurde von ihnen nicht als Anklage gegen die Ernennung ihres eigenen Amtes durch den Kaiser gedeutet. Zu groß stand die Synode von Sutri (1046) vor ihren Augen, wo Heinrich den Stuhl Petri aus tiefster Schande gerettet hatte. *Petrus Damiani*, der Kardinal und eifrigste Förderer der Reform in Italien, pries den Kaiser als den König Josias, der die Götzenbilder vernichtet habe. Er konnte noch schreiben:

»Nächst Gott hat Heinrich Rom aus dem Rachen des unersättlichen Drachen befreit, die Geldwechsler aus dem Heiligtum getrieben und verhütet, daß der Tempel Gottes ein Kaufhaus werde.«

Und doch zog gerade damals *Leo IX.* den Mann nach Rom, der von nun an in stillem, jahrzehntelangen Wirken den Aufmarsch vollzog zur Entscheidungsschlacht zwischen Kaiser und Papst. Als *Hildebrand*, der einst mit dem von Heinrich verbannten Papst Gregor VI. Rom verlassen hatte, von Leo zum Subdiakon und persönlichen Ratgeber erhoben wurde, spitzten sich die Dinge in einer Weise zu, die damals wohl niemand in dieser Schärfe ahnte. Mit Hildebrand kommt der radikale Flügel von Cluny nach Rom. So begab sich unter Heinrichs III. Regierung das sonderbare Spiel, daß sich die Führer von Staat und Kirche noch verstehen und gegenseitig in ihren Bestrebungen fördern. Auch die gesteigerte Reisetätigkeit Leos und seine sehr volkstümliche Art ließen nicht den Verdacht aufkommen, als laufe er dem Kaiser den Rang ab. Heinrich hat noch Leos Nachfolger bestimmt, *Viktor II.* Als er aber kurz darauf, nur 39 Jahre alt, starb und seinen sechsjährigen Sohn, *Heinrich IV.*, als Erben hinterließ, ist Hildebrands Stunde gekommen. Einer jener Augenblicke tritt ein, in denen der Kirche eine ganz große Gelegenheit gegeben ist, die Gesamtführung zu ergreifen. Hildebrand ließ noch fast zwanzig Jahre verstreichen, bis er sich selbst in die vorderste Reihe wählen ließ. Geleitet hat er aber seit Heinrichs Tod in wachsendem Zielbewußtsein die Geschicke der Kurie. Etwas von dem »Jetzt oder nie« erfüllte sein Leben und straffte es bis zum letzten Atemzug.

4. *Bruch mit der Ostkirche*

Man kann fragen, warum der Entscheidungskampf nicht eher ausbrach. Die Antwort wird zunächst in den politischen Zuständen Italiens zu suchen sein, wo Griechen und Araber, normannische und deutsche Interessen gegeneinander im Streite lagen und die päpstliche Landbasis inmitten dieser Gewalten nur sehr schwach war.

Weiter aber wird man daran zu denken haben, daß die Erfolge der Reformer in Deutschland noch gering sind und Konrads und Heinrichs überragende Beherrschung der Kirche und ihrer reichsunmittelbaren Bischöfe eben doch einen unübersehbaren Machtfaktor darstellt. Ein zu früher Schlag konnte zu einer Katastrophe führen.

Zudem zeigte die völlige *Trennung zwischen Ost- und Westkirche im Jahre 1054 – Rom schleuderte die Bannbulle gegen Michael Cerularius, den Patriarchen von Konstantinopel* – daß es Grenzen gab, an denen man allen Anstrengungen zum Trotz die ehernen Gesetze der Geschichte vernehmen mußte. Ein wachsendes, *sich nach Rußland zu bewegendes Kirchengebilde entsteht im Südosten,* in einer Zeit, da die *ostelbischen Missionsstationen durch* das Vordringen der *Slawen zerstört werden.* Nur im Norden gelang es von seinem Erzbistum Hamburg-Bremen aus dem gewaltigen Hierarchen *Erzbischof Adalbert,* den englischen Einfluß in Skandinavien zurückzudrängen und diese weiten Länder – für einige Zeit allerdings nur – in feste Beziehung zum Reich und zu Rom zu bringen.

Faßt man das Gesamtbild um 1056 zusammen, so liegt der charakteristische Zug darin, daß die Fronten noch nicht scharf heraustreten. Kirchliche und päpstliche Interessen, nationale und cluniazensische Bestrebungen laufen vielfach nebeneinander und ineinander und treffen sich z. T. bei denselben Persönlichkeiten. Vielleicht beurteilt man darum Heinrich III. zu günstig, weil man nicht genügend in Anschlag setzt, wie gerade in seiner Zeit sich unter dem Schutz eines Ausgleichswillens die wahren Probleme nicht klären, sondern versteifen. Daß es nicht möglich war, die von Clunys Geist durchdrungene Kirche nur mit politischer Überlegenheit und mit einem ernsten Reformwillen zu leiten, beweisen die folgenden Jahrzehnte mit unmißverständlicher Klarheit.

Literatur

E. Sackur, Die Cluniazenser bis zur Mitte des 11. Jahrhunderts, 1892

Zeittafel

955–964	Johannes XII.: krönt Otto I. 962 zum Kaiser; das »**Ottonianum**« bestätigt den päpstlichen Besitz; kaiserl. Synode setzt Johannes 963 ab und erhebt Leo III. zum Papst; Joh. behauptet sich bis zu seinem Tode
963–965	Leo VIII.: kann sich nach Abzug des Kaisers in Rom nicht halten, sein Gegenpapst
964	Benedikt V. wird an Otto I. ausgeliefert, nach Hamburg deportiert
965–972	Johannes XIII.: krönt Otto II. 967 zum Kaiser, Magdeburg wird Erzbistum

973–974 Benedikt VI. wird als kaiserlicher Papst nach dem Tode Ottos I. von Bonifazius VII. getötet

974 Bonifazius VII.: muß vor Otto II. fliehen

974–983 Benedikt VII.: bannt den flüchtigen Bonf. VII.; fördert Mönchtum, verdammt Simonie

983–984 Johannes XIV.: kaiserlich, kann sich gegen den zurückgekehrten Bonifazius VII. nicht halten, wird von ihm umgebracht

985–996 Johannes XV.: ruft Otto III. zur Hilfe, stirbt vor dessen Romzug

996–999 Gregor V.: Urenkel Otto I., erster deutscher Papst; krönt Otto III. z. Kaiser 996; wird aus Rom vertrieben und mit Heeresmacht von Otto III. zurückgeführt

997–998 Johannes XVI.: Günstling der Theophano, Frau Ottos II. und ehemalige Regentin für Otto III., als Gegenpapst Gregors V. wird er von Otto gefangengesetzt

999–1003 Silvester II.: Gelehrter, 991 Erzbischof v. Reims; 998 Erzbischof v. Ravenna, Papst durch Otto III., mit dem er für den Aufbau der polnischen und ungarischen Kirche arbeitet

1003 Johannes XVII.

1003–1009 Johannes XVIII.: bestätigt das von Heinrich II. eingerichtete Bistum Bamberg, richtet Bistum Merseburg wieder ein

1009–1012 Sergius IV.

1012–1024 Benedikt VIII.: krönt Heinrich II. 1014 in Rom; kämpft an der Seite des Kaisers gegen unrechtm. Ordination u. Veruntreuung; weiht Bamberger Dom

1012 Gregor VI.: Gegenpapst

1024–1032 Johannes XIX.: krönt Konrad II. z. Kaiser 1027

1032–1045 Benedikt IX.: wird von Römern vertrieben, verkauft Papstwürde für hohe Summe an Gregor VI.

1045–1046 Silvester III.: Gegenpapst, wird aus Rom vertrieben

1045–1046 Gregor VI.: sittenstrenger, reformfreundlicher Erzpriester, wird zusammen mit Benedikt u. Silvester von Heinrich III. nach Deutschland verbannt

Die kaiserlichen Päpste: 1046–1057

1046–1047 Klemens II., Suidger von Bamberg: krönt Heinrich III.; leitet Kirchenreformen ein

1047–1048 Benedikt IX.

1048 Damasus II., Popo v. Brixen: stirbt kurz nach der Weihe

1049–1054 Leo IX.: Vetter Heinrich III., erneuert römischen Klerus und beruft Hildebrand (Gregor VII.) nach Rom; volksnaher Papst, Reformer

1055–1057	Viktor II.,	Bischof v. Eichstädt: Reformer, wird durch frühen Tod Heinrichs III. Vormund Heinrichs IV., den er in Aachen krönt

Papstwahl ohne kaiserliche Einmischung: 1057–1064

1057–1058	Stephan IX.:	Fr. v. Lothringen: Reformer
1058–1059	Benedikt X.:	von Nikolaus II. abgesetzt und ins Kloster gebracht, stirbt dort z. Zt. Gregors VII.
1058–1061	Nikolaus II. v. Florenz:	entscheidet auf Laterankonzilen ohne den Kaiser, Stärkung kirchlicher Rechte, Reformer, ändert Modus der Papstwahl
1061–1073	Alexander II.:	Reformer, siegt über Gegenpapst Honorius II.; Normannen in Süditalien werden lehnspflichtig; Aragon und Dänemark lehns- und zinspflichtig
1061–1064	Honorius II.:	von deutschen und lombardischen Bischöfen erhoben, doch wenig unterstützt. Anno v. Köln steht auf der Seite Alexanders und bewirkt Honorius' Fall
1073–1085	**Gregor VII.** Hildebrand:	in der militia christi führen alle Fürsten und Ritter mit der Kirche den Kampf gegen ihre Feinde; Reformer; kämpft gegen Simonie, Laieninvestitur, verheiratete Kleriker. Kampf gegen Heinrich IV. (Canossa 1077); verbündet sich mit den Normannen gegen den Gegenpapst Clemens III. (1080–1100), der mit Hilfe von Kaiser und Byzanz Gregor verbannt. Er stirbt in Salerno

18. Kapitel

Gregor der VII. im Kampf mit dem deutschen Kaiser — 11. Jahrhundert

Gregor VII., Cluniazenser, entschlossener Kämpfer für die unbedingte Macht des Papstes – Heinrich IV., trotz Canossa keine Klärung – Erst das Wormser Konkordat beendet den Streit (1122)

1. Großkampf zwischen Heinrich IV. und Gregor VII.

Keine Zeitspanne mittelalterlicher Geschichte ist so sehr Gegenstand leidenschaftlicher Teilnahme wie die zweite Hälfte des 11. Jahrhunderts. Es geht hier nicht um die Darstellung der einzelnen Ereignisse dieses dramatischen Kampfes. Wichtiger ist es, *die Hauptmomente herauszuarbeiten*, gewissermaßen die Durchbruchstellen, an denen die allgemeinen Grundsätze, um die gerungen wird, ans Licht geschichtlicher Wende treten.

Neben *Hildebrand*, dem späteren Gregor VII., wirkte in Rom vor allem *Kardinal Humbert im Sinne der Reformer.* In seinen drei Büchern wider die Simonisten hat er es klar ausgesprochen, daß nur eine Loslösung der Kirche aus der Macht der weltlichen Fürsten und ihrer Investiturrechte aus dem Niedergang helfen könne. Nicht das Recht des Grundherrn an seinem Eigentum habe zu gelten, sondern allein das höhere und ältere Recht der Kirche. Wieder war es der *Rückgriff auf Pseudoisidor*, der alle juristischen Bedenken zerstreute und eine Revolution einleitete, die allerdings den Bestand Deutschlands bis in die Wurzeln erschüttern mußte.

Als es unter Papst *Nikolaus II.* (1059–61) gelungen war, mit den Normannen einen Bund zu schließen, und auch mit dem übrigen Italien zu einem guten Einvernehmen zu kommen, schritt man zur Änderung der Bestimmungen über die Wahl des Papstes. Alte Rechte übergehend, *schaltete man die Mitwirkung des Kaisers so gut wie aus.* Gleichzeitig erreichte die Kurie, daß der *Mailänder Metropolit Wido dem Papst den Gehorsamseid* leisten mußte, *deutsche Metropoliten folgten.* Auch die Stellung *Adalberts von Bremen* wurde durch seine finanzielle Mißwirtschaft noch unter der Regierung *Alexanders II.* (1061–73) erschüttert und die Mission im Norden seinem allzu drückenden Regiment entrissen. Päpstliche Siege in Frankreich, Spanien und England vervollständigen das Bild eines neuen, ungeahnten Aufschwungs.

Der Mailänder Kirchenstreit

Nimmt man hinzu, daß auch die theologische Arbeit eines *Berengar von Tours* (um 1050) und des *Lanfrank* (um 1050, Lehrer Anselms v. Canterbury) im Grunde der Stärkung überlieferter Lehre dienten, so kann man verstehen, daß sich das Papsttum schon vor seinem Angriff auf Heinrich IV. – kurz nach seines Vaters kirchenordnendem Wirken – auf der Höhe seiner Macht fühlte.

In die letzten Tage Alexanders II. fällt der *Mailänder Kirchenstreit (1071). Der eben mündig gewordene Heinrich IV. will sein Recht zur Besetzung des erzbischöflichen Stuhls gegen den Kandidaten des Papstes erzwingen.* Damit ist das Signal zum Waffengang gegeben. In dieser Stunde wird Hildebrand stürmisch vom römischen Volk zum Papst ausgerufen. Die zwölf Jahre *Gregors VII.* beginnen (1073–85).

Wir lernen Gregor aus seinen berühmt gewordenen Sätzen über das Papsttum kennen. In ihnen sind wie in einem Dokument alle Prinzipien niedergelegt, die sich im Handeln dieses Mannes finden. Die *Unfehlbarkeit der römischen Kirche* in Vergangenheit und Zukunft, die Tatsache, daß der höchste Führer *von niemand gerichtet werden darf,* steht ebenso unerschütterlich fest wie die *Verpflichtung aller Fürsten, dem Nachfolger Petri die Füße zu küssen* und – noch mehr! – das Recht, auch *Kaiser abzusetzen* und ihre Untergebenen *vom Treueid loszusprechen.* Ausdrücklich hat Gregor in einem Schreiben an Bischof Gregor von Metz gerade in diesem Zusammenhang auf seine Binde- und Lösegewalt hingewiesen:

»Dem nun die Macht gegeben ist, den Himmel zu öffnen und zu schließen, dem sollte es nicht zustehen, über die Erde zu richten? . . . Daher sollen die, welche die heil. Kirche nach reiflicher Überlegung zu Herrschaft und Kaisertum beruft, nicht für vergänglichen Ruhm, sondern zum Heil vieler demütig gehorchen« (1081).

Gregors Sätze sind immer und bis zuletzt im Ton eines hohen Kirchenpathos ausgesprochen. Ob er den Klerikern *das Zölibat gebietet* (1074) oder *die Simonie* in deutlicher Wendung gegen »Kaiser, Könige und sonstige Laien« *geißelt* (1078), er redet stets als ein leidenschaftlich von seiner Sache Überzeugter. Wir haben kein Recht, ihn als selbstsüchtigen und unwahren Priester hinzustellen. In ihm kämpfte in Person der eine, riesenhafte Gedanke, die Reiche dieser Welt der Kirche und ihrem Christus zu unterwerfen. Und dazu mußte er den Weg Clunys zu Ende gehen und die Kirche von allen unreinen Verbindungen befreien. Nur eine freie Kirche war imstande, das heilige Schwert des Geistes wider alle gottlosen Mächte zu führen, Gerechtigkeit in der Welt herzustellen und damit den ihr gegebenen Auftrag zu erfüllen.

Schon lange war man daran, den Priester vom Volk zu trennen, indem man ihm die Ehe versagte. Aber zu stark war dieser Stand schon in die Volksgemeinschaft verwoben, um nicht am national-kirchlichen Verständnis der Erzbischöfe eine Stütze zu finden. Gregor aber drang durch, indem er sich die Metropoliten unterwarf und dadurch auch den niederen Klerus fest in die Hand bekam. Innere und äußere Heimatlosigkeit schienen ihm nicht zu teuer bezahlt zu sein gegenüber dem hohen Ziel, das er der Kirche setzte. Als er mit der gleichen Schärfe die Investitur der Bischöfe durch die staatlichen Organe verbot – eine Antwort auf Heinrichs Mailänder Entscheidung – gab es kein Halten mehr. Nur einige kurze Abschnitte aus dem Briefwechsel zwischen Heinrich und Gregor mögen zeigen, daß keiner dem anderen an Temperament etwas nachgab. Heinrich schreibt:

»Du hast die Priester gegen ihre Vorgesetzten bewaffnet, hast sie gelehrt, unsere von Gott eingesetzten Bischöfe zu verachten. Uns . . . hast du zu drohen gewagt, du wolltest uns die königliche Gewalt entziehen, gerade als ob wir von dir die Krone empfangen hätten und nicht aus Gottes Hand. Unser Herr Jesus Christus hat uns zum königlichen Amt berufen, aber dich nicht zum priesterlichen . . . Steige herab, steige herab, du ewig Verdammter!« (1076)

Gregors Bannwort ist nicht weniger scharf. Es ist in eine Bitte an Petrus selbst gekleidet, den der Papst zum Zeugen anruft:

»Um deinetwillen ist mir von Gott die Macht verliehen, zu binden und zu lösen im Himmel und auf Erden. Kraft dieser deiner Vollmacht, zur Ehre und Verteidigung deiner Kirche entziehe ich dem König Heinrich, Kaiser Heinrichs Sohn, der sich in unerhörtem Hochmut gegen deine Kirche erhoben hat, die Herrschaft über das gesamte Deutsche Reich und Italien, löse alle Christen vom Band des Eides, den sie ihm geleistet haben und noch leisten werden, und untersage hiermit jedermann, ihm als einem König zu dienen.« (Mirbt 235)

2. *Canossa keine Klärung*

So mutig zuerst die Bischöfe zu ihrem König gestanden hatten, dieser Fluch Gregors brach ihre Stellung, löste ihren Lehnseid auf und ließ Heinrich einsam. Da griff der Verlassene zu dem sichersten Mittel, mit dem er seinen Gegner schlagen konnte: Der Priester Gregor mußte dem zu Canossa büßenden Herrscher vergeben, was der Papst niemals getan hätte (1077)! Beendet war damit der Streit keineswegs. An Flüchen und Absetzungserklärungen hin und her fehlte es nicht, Gegenpapst und *Gegenkönig (Rudolf von Schwaben)* sollen die Not beheben. Als alle Mittel verbraucht sind, scheut man vor Waffengewalt nicht zurück. Gregor wird von den Normannen gerettet, aber die Plünderung Roms durch diese Räuber nimmt ihm den letzten Rest von Vertrauen. Als der große Absolutist des Papsttums in Salerno stirbt, hat er nichts von seinem Anspruch aufgegeben, aber bitter klingt sein nach Psalm 45 geformtes Wort: »Ich habe die Gerechtigkeit geliebt und die Ungerechtigkeit gehaßt, deswegen sterbe ich im Exil!«

Es gibt einen Zeitpunkt in einem derartigen Kampf, da die Miterlebenden der Auseinandersetzung müde geworden sind und wo etwas verlorengeht, was wertvoller ist als das unmittelbare Objekt des Streites. Daß so, wie er es getan, ein Papst nicht handeln dürfe, brach sich als Gesamturteil über Gregor in weiten Schichten Bahn. Das hatten die Ernstgesinnten unter den Männern von Cluny nicht gewollt. Die Würde des Papsttums hatte Schaden gelitten, und erreicht war nichts von den hohen Herrschaftsansprüchen über die Welt. So stark das Mittel des Bannes zunächst wirkte, seine Kraft war bald erschöpft und schlug gegen den, der es benutzte, um. Aber auch Heinrich konnte sich nicht als Sieger fühlen, wiewohl er keines seiner Königsrechte drangegeben hatte. Wie Gregor kam auch er in eine Vertrauenskrise, die er nie mehr überwunden hat. Zu einer wirklichen Klärung in der Investiturfrage fehlte es ihm an Verständnis für das Wesen der Kirche. Er war ähnlich wie Konrad II. ein politischer Charakter.

Zeittafel

Die Päpste von 1086–1124

1086–1087	Viktor III. (Abt v. Monte Cassino):	Monte Cassino wird Zentrum der Reformen
1088–1099	Urban II.	Philipp v. Frankreich; trennt dänische Kirche v. Hamburg; päpstliche Oberhoheit über Spanien
1099–1118	Paschalis II. (Cluniazenser):	Investiturstreit mit Heinrich V., dessen Abfall von Vater Heinrich IV. er billigt; P. verweigert Heinrich die Krönung, wird gefangen gesetzt, woraufhin er Investitur und Krönung gewährt; stößt auf Widerspruch b. Klerus, meidet Heinrich, muß Rom verlassen, kehrt vor seinem Tode in die Engelsburg zurück
1118–1119	Gelasius II.	
1119–1121	Gregor VIII.:	Gegenpapst, krönt Heinrich V., kommt nach Abzug des Kaisers in Gefangenschaft
1119–1124	Calixt II.:	Wormser Konkordat (Pactum Calixtinum) 1122; 1123 proklamiert Calixt einen Kreuzzug

3. *Der Ausgleich in Worms*

Aus dem Ergebnis des Kampfes, wie es schließlich *1122 im Wormser Konkordat* festgelegt wurde, kann man noch einmal im Abstand der Jahre die miteinander ringenden Kräfte ermessen. Als unmöglich erwies es sich, daß *1111 zu Sutri* der Papst den Verzicht der geistlichen Lehensträger auf das Kirchengut als die Lösung bezeichnete. Wohl aber kam man in Worms zu der Regelung, daß *Heinrich V.* die Investitur mit Ring und Stab der Kirche überließ, diese aber erst dann ihre Gültigkeit hatte, wenn die Übergabe des Zepters von der Seite des Königs erfolgt war. Das Konkordat hat folgenden Wortlaut:

»Der Kaiser übergibt Gott, dem heiligen Petrus und Paulus und der heiligen katholischen Kirche alle Investitur mit Ring und Stab. Er gestattet, daß in allen Kirchen in seinem Königsland und Reich die Wahl und Weihe frei nach den Kirchgesetzen (kanonisch) geschehe. – Der Papst gesteht zu, daß die Wahl deutscher Bischöfe und Äbte in Gegenwart des Kaisers, aber ohne Gewalt und Simonie vollzogen werde. Bei zwiespältiger Wahl hilft der Kaiser dem verständigeren Teile nach des Erzbischofs und der Bischöfe Rat. Der Gewählte empfängt die Reichslehen durch das kaiserliche Zepter und leistet, was Rechtens ist, und wird dann investitiert. In den anderen Teilen des Reichs empfängt der Investierte in gleicher Weise binnen sechs Monaten die Belehnung.«

Während damit für Deutschland das Zusammenwirken beider Stellen nötig war, um zum Ziel zu gelangen, wurde die königliche Belehnung für Italien und Burgund eine Formsache, die nach der Weihe vollzogen wurde. Für den päpstlichen Bereich vollends kam eine Mitwirkung Heinrichs überhaupt nicht mehr in Frage. Als einen *Sieg des Papsttums* muß man vor allem aber buchen, daß von einer *Bestätigung oder gar Ernennung des Nachfolgers Petri durch den Kaiser mit keinem Worte mehr die Rede ist.*

Man zieht gegenseitig Grenzen, und es ist auch hier wieder der Kraft überlegener Persönlichkeiten vorbehalten, wer die Führung gewinnt. Offen bleibt für Deutschland und Frankreich, ob es dem englischen Vorbild entsprechend gelingt, durch eine starke und selbständige Nationalkirche den römischen Einfluß abzuriegeln. Hier kam es auf die Haltung der Metropoliten an. Rom seinerseits wurde nicht müde, das Recht seiner Ziele in der Linie Pseudoisidors auszubauen und auf einen neuen Augenblick zu warten, um Gregors Kampf weiter durchzuführen.

Das 11. Jahrhundert, das eine solche Fülle von Kämpfen sah, hat noch einen sinnenfälligen Ausdruck geschaffen, der die Eigenart der Kirche in ihrer äußeren Formung kennzeichnet: *den neuen Baustil, den romanischen.* Mit seinen mächtigen Säulen und dadurch erstmalig ermöglichten Gewölben gibt er Kunde von der majestätischen Wucht, mit der die Künstler das Wesen der Kirche zu deuten versuchten.

Literatur

G. Haller über Gregor VII. in »Meister der Politik« I, 1923

W. Martens, Gregor VII., Sein Leben und Wirken, 1894

R. Rüdmann, Mönchtum und kirchlicher Dienst in den Schriften Gregors VII., 1956

19. Kapitel

Der Kampf zwischen den Hohenstaufen und dem Papsttum 12. Jahrhundert

Kaiser Friedrich Barbarossa und Alexander III. im Kampf um die Vorherrschaft – Die Kreuzzüge im Erfolg und Mißerfolg – Die Kirche in ihren theologischen Vertretern: Anselm von Canterbury und Abälard – Die Mystik – Bernhard von Clairvaux – Friedrich II. und Innocenz III. im Ringen um die Weltmacht – In der Mystik bricht der neuplatonische Grund in tiefer Frömmigkeit ans Licht

1. *Papst und Kaiser im Machtanspruch bei den Kreuzzügen*

Wir nähern uns dem Höhepunkt des Mittelalters, einem Kampf zwischen Kaiser und Papst mit noch riesenhafteren Ausmaßen als zu Gregors und Heinrichs Zeit. Es ist, als ob alle Kräfte zu einer Entscheidung drängten.

Hinzu treten frische Kämpfer auf das Feld als Künder einer jugendlichen Epoche. In der Geschichte des *Mönchtums* kommt es zu überraschenden Bildungen, die auf die Kirche mit wachsendem Einfluß wirken. Neben dem Mönch steht der *Ritter,* und mit ihm ist das große Unternehmen der *Kreuzzüge* genannt. Mit dem Mönchtum wiederum setzt eine vertiefte Frömmigkeit und darauf aufbauend eine *neue Theologie* ein, und diese nimmt in Ehrfurcht die Gabe des *Aristoteles* wahr, den die Araber der Vergessenheit entreißen. Zwischen den Mystikern der Innerlichkeit blüht ein Geschlecht von *Künstlern* auf, von Dichtern und Baumeistern, von Menschen des Auges und der Lebensfreude, bald aber auch der bohrenden Frage und der Kritik. *Städte* haben sich gebildet, und in ihren Mauern wächst ein neuer Stand heran, der *Bürger.* Unwillkürlich fragt man sich: Was wird aus all diesen gärenden Kräften werden, finden sie den Weg zueinander und miteinander?

Wir greifen noch einmal in das 11. Jahrhundert zurück, um zu den Anfängen der großen Bewegung zu gelangen, die in den Kreuzzügen die abendländische Kirche auf das stärkste mit der Politik des Deutschen Reiches verband. Es sind eine ganze Reihe von Fäden, die hier zusammenlaufen, und die uns deutlich zeigen, wie bunt und wirr das Bild jener Zeiten ist.

Gewiß sind die *türkischen Seldschukken* seit Jahrzehnten im Vormarsch und bedrängen die zu den heiligen Stätten wandernden Pilger. Sicher ist die

Eroberung Jerusalems durch die Truppen des Halbmonds ein mächtiges Signal (1076), das mitten hinein in die Kämpfe Gregors mit Heinrich IV. fällt. Fast sieht es einen Augenblick aus, als fänden diese Konflikte in einem ersten Zug gegen den Orient ihre Entspannung. Aber noch vergehen zwei Jahrzehnte, bis es zur Tat gelangt. Hier wirken umfassendere Gesichtspunkte mit. Man darf auch *Robert Guiskards*, des Normannenführers, Unternehmen gegen den griechischen Osten nicht trennen von dem nie aufgegebenen päpstlichen Plan, diesen Osten noch einmal in die eine römische Kirche einzuordnen. Nicht der Notschrei der Morgenländer, sondern dieses letzte Ziel bestimmt das Handeln der Päpste. Und ähnlichen Gedanken im Sinn ihrer Weltpolitik öffnen sich die Kaiser. Es sind letzten Endes die gleichen universalen Linien aus Ottos III. weitgefaßten und unerreichten Absichten. Alles, was Weltherrschaft will, drängt in den Raum, der sich noch irgendwie seiner Geltung entzieht, die Cluniazenser so gut wie der Papst und der Kaiser.

2. *Begeisterung und Enttäuschung bei den Kreuzzügen*

Mit diesen politischen Bestrebungen geht nun Hand in Hand die glühende religiöse Begeisterung, wie sie wenigstens auf französischem Boden *Papst Urban II.* auf der berühmten *Synode von Clermont* (1095) zu entzünden wußte.

»Im Mittelpunkt des Erdkreises, in Jerusalem, ›von wo das Wort des Herrn ausgegangen ist‹ (Jes. 2,7), in ›der heiligen Stadt‹ (Matth. 27, 53), die durch des Heilands Wandel und Tod für ewige Zeiten geweiht ist, hat der Antichrist seine Herrschaft begründet und befestigt! Das Blut der erschlagenen Christen schreit laut, die hier stehenden Pilger, welche von den rohen Gewalttaten der Muselmänner zu erzählen wissen, heben flehend die Hände zu euch empor! Und ihr wollt zögern, eure Christenpflicht zu erfüllen? Wie oft habt ihr euch im Dienst und auf Befehl kleiner weltlicher Herren gegenseitig zerfleischt, um elenden Zankes und Besitzes willen für geringen Lohn Leib und Leben gewagt! Denkt an das Volk des Alten Bundes, das unter Josuas Führung das Land der Verheißung gewann, und ihr zagt, als das Volk des Neuen Bundes unter Jesu Christi Banner, im Dienste des Herrn aller Herren, das durch sein Leben, Leiden und Sterben geheiligte, von den Christen jahrhundertelang besessene und nun ihnen entrissene Land wieder zu erobern? Ihr Franken, von Gott durch den wahren Glauben und reichen Besitz an Ländern ausgezeichnet, denkt an die Sarazenenbezwinger Karl den Großen und seinen Sohn Ludwig, denkt an den Befehl Christi: ›Wer Vater und Mutter mehr liebt denn mich, ist mein nicht wert; wer nicht sein Kreuz auf sich nimmt, ist mein nicht wert‹ (Matth. 10, 37f.), denkt an sein Wort: ›Jerusalem wird zertreten sein, bis daß die Zeit der Heiden erfüllt ist‹ (Luk. 21, 24). Ihr sollt diese Zeit der Erfüllung bringen. Darum ›gürte ein jeder sein Schwert um‹ (Psalm 45, 4), und schlagt die Amalekiter nieder! Wir Geistlichen aber wollen wie einst Moses betend die Hände zu Gott erheben, daß er euch Sieg verleihe. Und ihr, die ihr mit dem Zeichen des Kreuzes euch schmückt, werdet sicher von Gott nicht verlassen werden, sondern er wird euch als treue Arbeiter in seinem Weinberg belohnen; die ihr früher arm und bedrückt wart, werdet die Länder und Reichtümer eurer Feinde gewinnen und in der Ewigkeit ›den unverwelklichen Kranz der Ehre und Herrlichkeit‹ (1. Petr. 5, 4). (Ruf der Menge: Gott will es!) Wie herrlich ist heute das Wort des Herrn erfüllt: ›Wo zwei oder drei versammelt sind in meinem Namen, da bin ich mitten unter ihnen‹ (Matth. 18, 20)! Der Ruf, der eben eurem Munde einstimmig sich entrang, sei euer Schlachtruf.« (Mirbt 256)

Ist mit dem Kreuzgelübde der Lohn gesichert, wer sollte dann nicht alles verlassen und mit dieser einen Tat sein Leben zum ewigen Abschluß führen! »Gott will es!« so haben Tausende den Ruf von *Peter von Amiens* (†1116) vernommen, denen das Leben mit solchem Heroismus den tiefsten Sinn zu empfangen schien.

Eroberung Jerusalems

Die Religiosität der Kreuzfahrer entspricht durchaus der aufgeregten, durch die Beicht- und Bußpraxis geleiteten Frömmigkeit der Zeit. Wieviel ungelöste Not in den sozialen Verhältnissen, in den Familien, stand oft hinter solchem Einfluß! Man versucht mit einem einzigen Wagnis alle Fragen des persönlichen Lebens zu überspringen. Wir wissen, wieviel schwärmerische Hoffnungen auf den ersten ungeordneten Zügen grausam zuschanden wurden. Die *Eroberung Jerusalems (1099)* und die Gründung eines Königtums und anderer weltlicher und geistlicher Bereiche beseitigen nicht die Sorge, daß hier der Enthusiasmus die harten Wirklichkeiten außer acht ließ. Das Heilige Land blieb ein unsicherer Erwerb und dauernd bedroht, während sich die abendländische Christenheit im Glanz der Siege und vor allem der nun einströmenden Reliquien und frommen Legenden in romantischen Täuschungen wiegte.

Ein halbes Jahrhundert später vermochte es, wie einst ein Peter von Amiens nach den Tagen von Clermont, die eindrucksvolle Persönlichkeit *Bernhards von Clairvaux,* die Mächtigen dieser Erde zum zweiten Kreuzzug zu bewegen. Frankreichs und Deutschlands Könige nahmen das Kreuz (*Ludwig VII.* und *Konrad III.* 1146) und noch im gleichen Jahrhundert *Friedrich I., Barbarossa,* mit den Herrschern von Frankreich und England, als wiederum Jerusalem in die Hände der Ungläubigen gefallen war (1187). Die Kreuzzüge stellen dar, wie durchgreifend der Einfluß des Papsttums ist und wie sich ihm willig oder gezwungen alle Gewalten des Abendlandes beugen. Als Friedrich I. in den Wellen des Salef den Tod fand, als dann jener unglückliche *Kinderkreuzzug* und endlich trotz päpstlichen Bannes *Friedrichs II.* glückliche Verhandlungen einsetzten, um Jerusalem wiederzugewinnen (1229), da hatte der Grundgedanke, die eine katholische Kirche wieder sichtbar zu machen, schon lange seinen Sinn verloren. Das eigentliche Ziel des Streites wurde nicht erreicht, wohl aber verlor auch hierbei das Führeransehen des Papstes so bedeutend, daß durch das Scheitern der Kreuzzüge die Kritik am Statthalter Christi mehr und mehr an Nahrung gewann. Es klingt in *Walthers von der Vogelweide* († 1230) Gedicht vom Heiligen Land aus dem Anfang des 13. Jahrhunderts etwas davon durch:

»Christen, Juden und auch Heiden
fordern dieses Land im Streit.
Du mußt es zu Recht entscheiden,
heilige Dreieinigkeit!
Alle Welt greift hier zum Schwert . . .«

Vom Armutsideal eines Franziskus aus reicht jedenfalls kein Weg zu der grausamen Abschlachtung der Ungläubigen. Dennoch, bei all der Enttäuschung und vielfach auch sittlichen Auflösung, wie sie die Kreuzzüge im Gefolge haben, steht man doch unter dem Eindruck, wie gerade auf das deutsche Gemüt das Heilige Land in ehrfurchtgebietender Weise wirkt. Derselbe Walther legt es dem sinnenden Kreuzfahrer in den Mund:

Nun erst ist mir wert mein Leben,
seit mein sündig Auge fand
dich, dem höchster Ruhm gegeben,
heilge Erde, heilges Land!
Hab erreicht, was längst ich bat,
bin gekommen an die Statt,
die einst Gott als Mensch betrat.

Askese und Weltherrschaft – doch keine Mission

Man wird die spätere Christusmystik schwerlich verstehen können ohne die lebendige Anschauung der heiligen Orte. Hier schlug eine unmittelbare Christusbeziehung durch. Ihr hat sich auch das in den Kreuzzügen entstandene Rittertum zum Schutz des eroberten Landes nicht entzogen, denn hier vereinigt sich der Mönch mit dem Ritter. Im *Templer* wie im *Johanniter* erscheint genau wie in Cluny das doppelte Ideal der Zeit: die Askese und die Weltherrschaft. Sie schützen und pflegen die Pilger, sie erhalten die Kirche. Der Missionswille aber der Welt Mohammeds gegenüber liegt ihnen völlig fern. Und das hat man im Orient der Christenheit bis heute noch nicht vergessen! Weil es in den Kreuzzügen um die sichtbare, triumphierende Kirche ging, blieb für die Ausrichtung ihres größten Auftrages, für die Verkündigung des Wortes, kein Raum. Wie ein Märchen fast wirkt der Bericht über den ersten Missionar unter den Mohammedanern, *Raymundus Lullus* († 1315). Dieser einsame und unverstandene Franziskaner ist ein stiller, aber mächtiger Protest wider das »Gott will es« der Kreuzzüge.

Deutsche Könige von 1125 bis 1256

1125–1137 Lothar von Sachsen
1138–1254 Hohenstaufen
1138–1152 Konrad III.
1152–1190 Friedrich I. Barbarossa
1190–1197 Heinrich VI.
1198–1208 Philipp von Schwaben
1198–1215 Otto IV. (†1218)
1212 (1215)–1250 Friedrich II.
1250–1254 Konrad IV.
Gegenkönig Wilhelm
v. Holland (†1256)
1256–1273 **Interregnum**

Französische Könige

987–1328 **Kapetinger**
1060–1108 Philipp I.
1108–1137 Ludwig VI.
1137–1180 Ludwig VII.
1180–1223 Philipp II. Augustus
1223–1226 Ludwig VIII.
1226–1270 Ludwig IX. d. Heilige

Englische Könige

1066–1154 **Normannen**
1066–1087 Wilhelm I. der Eroberer
1087–1100 Wilhelm II. Rufus
1100–1135 Heinrich I.
1135–1154 Stephan von Blois
1154–1399 **Haus Anjou-Plantagenet**
1154–1189 Heinrich II.
1189–1199 Richard Löwenherz
1199–1216 Johann ohne Land

3. *Alexander III. und Friedrich I. (Barbarossa) im Kampf*

Zwischen den Kreuzzügen spielt sich der Kampf zwischen Kaiser und Papst weiter ab. Das Wormser Konkordat hat keine Heilung geschaffen. Die lediglich formale Erledigung des Investiturstreites ist nur ein Anzeichen für den viel tiefer liegenden Gegensatz. Während sich in Rom die Parteien an der Besetzung des Stuhles Petri zerfleischen und es bald darüber zum Schisma kommt, ringen die Nachfolger der Salier, *Lothar von Supplinburg und Konrad III.* – der erste aus dem Hause der *Hohenstaufen* – vergeblich um ihr kaiserliches Recht in der Kirche. Aber der Geist von Cluny wirkt sich nun erst mit voller Gewalt aus und reißt die Wahlen mehr und mehr aus der Hand der weltlichen Stellen. Es erweist sich hier wie so oft in der Flucht der Jahrhunderte, daß das Papsttum kraft der in ihm ruhenden Konsequenz auch durch unbedeutendere Vertreter seine Ansprüche fortzusetzen vermag, während das Kaisertum, je nach der Persönlichkeit des Herrschers, viel mehr dem Wechsel unterworfen ist.

Mit neuer Kraft nimmt Friedrich I., Barbarossa, den Kampf mit dem Papsttum wieder auf. Als man ihm, der soeben in Rom Ordnung gestiftet hatte, das Kaisertum als päpstliches Lehen bezeichnet, antwortet er im gleichen Ton der Herausforderung und betont seine Machtansprüche über Italien und damit auch über den Papst. Auf dieses Wortgefecht folgt nun der fast zwanzigjährige Streit mit dem gewaltigen *Alexander III.* (1159–1181), den der Kaiser allen von ihm aufgestellten Gegenpäpsten zum Trotz nicht zu besiegen vermag. Im Gegenteil, der *Friede von Venedig* (1177) beweist vor aller Welt, wie ungebrochen Rom seine Stellung behauptet. Woran liegt es, daß Alexander nicht zu besiegen ist? Das Schlachtfeld ist nicht mehr wie zu Heinrichs IV. Zeiten die deutsche Kirche. Dort bleibt Barbarossa durchaus der Herr. Im 12. Jahrhundert geht es um Italien. Hier entscheidet sich für den Kaiser, ob er die Weltmacht des Papstes in seine Hand bekommt. Es sind auch nicht nur einige politische Mißerfolge, etwa die Erhebung der lombardischen Städte zugunsten Alexanders. Andere umfassende Bewegungen beherrschen bereits das Bild und lassen Friedrichs zähen Kampf fast wie ein überholtes Unternehmen erscheinen. Vorgänge, wie sie sich in denselben Jahren in *England* abspielen, deuten blitzschnell die Gesamtlage. Gegen seinen König Heinrich II. nimmt dort das englische Volk Partei für den ermordeten Erzbischof *Thomas Becket* (1118–1170). Als der Papst ihn heilig spricht, muß sich Heinrich genauso wie Friedrich in Rom unter den gewaltigen Apostelfürsten beugen. Was ist der Grund zu dieser wachsenden Macht?

4. *Die Theologen haben das Wort*

Anselm von Canterbury

Dem Papsttum sind seit dem Wormser Konkordat Hilfsquellen besonderer Art entstanden, und zwar durch eine Frömmigkeit, die mit einer neuen Theologie verbunden ist. *Erzbischof Anselm von Canterbury* (1033–1109) hat nicht nur seiner Zeit die großen Beweise erbracht für das Dasein Gottes und die Notwendigkeit des Todes Christi als des Gottmenschen. Wie man auch über das Verhältnis von Glauben und Wissen bei ihm und den nun folgenden Theologen denken mag, sie haben in der Nachfolge Augustins die Autorität der Kirche als das Fundament angesehen. Ohne diese letzte, nicht mehr diskutierbare Autorität kann niemand zur Erkenntnis der Wahrheit gelangen. Diese Autorität ist bei Anselm im Glauben verankert:

»Der Glaube geht der Erkenntnis voraus. Ich suche nicht zu erkennen, um zu glauben, sondern ich glaube, um zu erkennen. Denn wer nicht glaubt, der macht keine Erfahrung, und wer keine Erfahrung macht, der erkennt nicht.«

Die Verbindung von Logik, Glaube und Kirche ist die scheinbar unerschütterliche Basis des Katholizismus. In dieses eherne Schema wird die Heilslehre hineingebaut. Wuchtig und zentral stehen die Sätze vom Gottmenschen da, der durch seinen freiwilligen Tod das überverdienstliche Werk geleistet hat, das zu unserer Erlösung nötig war. Eindeutig und unwiderlegbar wird auch für Juden und Heiden der Gottesbegriff als der höchste und wirklichste erwiesen, denn jedem Begriff entspricht ein Sein.

Und dennoch umfängt es uns in dieser Theologie des sogenannten Realismus wie in den kühlen Hallen eines Domes. Das geschichtliche Leben und Sein des Versöhners wird durch diese logischen Konstruktionen verdeckt.

Abälard

Moderner und wärmer zugleich erscheint die theologische und dialektische Arbeit *Abälards* (1079–1142), des bedeutendsten Theologen seiner Zeit. Während der Realismus das Wesen der Dinge *über ihnen*, im Reich der Ideen, sah, verlegen die »Nominalisten« das Wesen *in die Dinge*, die Nomina, selbst. Auch wenn Abälard im Gegensatz zu Anselm das Denken vor den durch die Autorität begründeten Glauben stellt, so ist gerade er nicht der Logiker wie sein Vorgänger, sondern viel eher der Psychologe. *Abälard ist schon der Bahnbrecher der Mystik,* indem er den Schwerpunkt des Erlösungswerkes darauf legt, daß es in uns die Kräfte der Liebe, der Hingabe an Gott erweckt. Dies alles aber hat auch bei ihm nur darin seinen tiefsten Sinn, die Lehre der Kirche noch glaubhafter zu machen. Es ist bei ihm das Wesen der Scholastik als »Denken aus der Mitte heraus« durchaus schon vorhanden. Der Obersatz bleibt die letzten Endes nicht nur unangefochtene, sondern alles begründende Autorität der Kirche, wie sie in tausendjähriger Tradition in Erscheinung tritt.

Und doch würde man diesen beiden Theologen – Anselm und Abälard – nicht gerecht, wenn man zwischen ihnen und *Bernhard von Clairvaux* einen schroffen Trennungsstrich zöge. Hinter der Logik und Dialektik steht mehr als die starre Norm der Kirche. *Anselm* wußte in Wahrheit, worauf es zuerst und zuletzt ankommt, als er einen Sterbenden fragte und vermahnte:

»Glaubst du, daß der Herr Jesus Christus um deinetwillen gestorben ist? Sagst du ihm Dank? Glaubst du, daß du nur durch seinen Tod gerettet werden kannst? Wohlan nun, solange in dir noch Atem ist, setze auf diesen Tod allein dein ganzes Vertrauen, vertraue auf gar nichts anderes. Diesem Tode überantworte dich völlig, bedecke dich ganz mit ihm, hülle dich gänzlich in diesen Tod hinein. Und wenn der Herr dich richten will, so sprich: Herr, ich werfe den Tod unseres Herrn Jesu Christi zwischen mich und dein Gericht. Anders streite ich nicht mit dir! Und wenn er sagt, daß du ein Sünder bist, so sprich: Herr, ich stelle den Tod unseres Herrn Jesu Christi zwischen dich und meine Sünde. Und wenn er dir sagt, du habest die Verdammnis verdient, so antworte: Ich setze den Tod unseres Herrn Jesu Christi zwischen dich und meine bösen ›Verdienste‹ und erkläre sein Verdienst für das meine, das ich haben sollte und nicht habe.«

Das ist nicht nur ein Wort am Sterbebett, wo die sonst üblichen Sicherungen der Kirche, der Hinweis auf Buße und Werke, fallen. Es zeigt uns noch mehr, wie Anselms Theologie im Kreuzestod gewurzelt ist. Und hier ist die Linie, die zu *Bernhard von Clairvaux* führt (1090–1153). Selten ist in einer einzigen Persönlichkeit ein solcher Reichtum ans Licht gekommen wie bei diesem überragenden Mann. Wir finden ihn als den gewaltigen Erwecker des Mönchtums, als den *Abt von Citeaux*, das durch ihn zu einer umfassenden Organisation mit vielen Klöstern wurde. Was die *Cisterzienser* und neben ihnen die *Prämonstratenser Norberts von Xanten* (1082–1134) auf dem Gebiet der Kolonisation und zum Teil auch Volksmission besonders im Osten Deutschlands geleistet haben, steht auf einem anderen Blatt der Geschichte. Bernhards Lebensarbeit ist damit nicht beschrieben. Sie erschöpft sich auch nicht in gelegentlichen Vorstößen, die ihn zum Aufrufer für den zweiten Kreuzzug werden lassen. In ihm lebte und glühte ein anderes als das hierarchische Feuer der Cluniazenser. Ihn hat die Person Jesu, namentlich sein Leiden und Sterben, mit solcher Macht gepackt, daß ihm Raum und Gestalt der Kirche und des eigenen Lebens immer wieder gesprengt zu werden drohten. Wer hat mutiger als er die Sünden des Papsttums beim Namen genannt und Könige zur Rechenschaft gezogen?

An Ludwig VII. schreibt er:

»Was Sie immer mit Ihrem Reich, mit Ihrem Leben und Ihrer Krone tun wollen, das liegt außer meinem eigentlichen Pflichtenkreise. Aber als Kinder der Kirche dürfen wir zu dem Unrecht, das Sie unserer Mutter – der Kirche – angetan haben, nicht schweigen.«

Aber auch dem Papst gegenüber schweigt Bernhard nicht:

»Welches ist Deine Lage? Vom Morgen bis zum Abend bist Du beschäftigt, Prozessierende anzuhören; und auch die Nächte sind nicht frei; ein Tag speit dem andern Streitsachen zu, eine Nacht der andern Schlechtigkeit. Sage, wo bist Du frei, wo gehörst Du Dir selbst? Und halte mir nicht entgegen das Wort des Apostels: ›Obwohl ich frei bin von jedermann, habe ich mich doch jedermann zum Knecht gemacht‹ (1. Kor. 9, 19). Hat der Apostel etwa mit dieser Knechtschaft gedient, welche schimpflichen Gewinn sucht? Kamen zu ihm von dem ganzen Erdkreis etwa die Ehrgeizigen und Habsüchtigen, die Simonisten und Kirchenräuber, die Sitten- und Zuchtlosen zusammen und andere dergleichen Scheusale, um durch seine apostolische Autorität kirchliche Ehrenstellen zu erlangen oder zu behaupten? . . . Wann beten wir? Wann lehren wir die Völker? Wann bauen wir die Kirche? . . . Schneide ab die auf Hintergehung und Übervorteilung angelegten Verschleppungen der Prozesse. Der Witwe, des Armen, des Dürftigen Sache laß vor Dich kommen . . . Schwinge die Geißel, daß sich fürchten die Geldwechsler und aufhören, sich aufs Geld zu verlassen . . .« (Mirbt 260)

Bernhards Christusmystik hemmt nicht sein Handeln, sondern treibt ihn an, einer reich und kalt gewordenen Kirche die Kraft der Armut und die Schönheit auf dem blutigen Antlitz ihres Christus zu verkündigen. Nicht daß er der Reformator der Kirche gewesen wäre. Dazu zieht ihn die Versenkung in das Leiden des Gekreuzigten zu weit von dieser Erde ab. Dazu ist er auch allzusehr in die Hintergründe der *Mystik* verflochten, in den *Neuplatonismus* mit seiner vergeistigenden, geschichtsauflösenden Macht. Um so unerwarteter und wirkungsvoller sind darum seine einzelnen Taten und Worte, mit denen er sein Zeitalter wie mit einem Schlage vor die Christusgestalt stellte. Wir verstehen es, wie Luther in den Jahren seines Suchens und Ringens immer wieder zu Bernhard griff und mehr als einmal durch ihn eine Antwort fand. Neben Anselm ruft es der Abt von Citeaux mit Vollmacht in sein Jahrhundert hinein:

»Zur Verdienstlichkeit genügt zu wissen, daß die Verdienste nicht genügen.« »Darum, wer immer für seine Sünden am Boden liegend hungert und dürstet nach Gerechtigkeit, möge glauben an dich, der du den Gottlosen rechtfertigst, und der durch den Glauben allein Gerechtfertigte wird Frieden haben bei Gott!«

Es wird ein Geheimnis bleiben müssen, warum solche Sätze nicht durchschlagen und die Werkgerechtigkeit dennoch das Bild seiner Zeit bestimmt. Es müssen erst tiefere Risse im katholischen Christentum offenbar werden, ehe es an die Gefüge dieses monumentalen Baues geht. Gregors VII. Niederlage war jedenfalls vergessen, als ein Jahrhundert später Alexander über Europa regierte. Nur wenige Jahrzehnte – und der Mann schwingt das Zepter, in dem noch einmal alle Macht des Papsttums in die Erscheinung trat: Innocenz III.

5. *Der Endkampf um die Weltherrschaft – Innocenz III. und Friedrich II.*

Innocenz begann in dem Augenblick sein Pontifikat (1198–1216), als Friedrichs hochbegabter Sohn, *Kaiser Heinrich VI.*, mit 32 Jahren starb (1197). Unwillkürlich gehen die Gedanken bei der Geschichte seines Sohnes, des dreijährigen Friedrich II., zur Jugend Heinrichs IV. zurück. Damals wie jetzt eine Stunde, die das Papsttum für seine Ziele benützt hat. Der Kampf der nun folgenden fünfzig Jahre wird darum so erbittert, weil es Heinrich VI. noch gelungen war, durch seine Ehe mit Konstanze, der Erbin von Sizilien, die Stellung des Papstes von Süden her zu umklammern. Diese kritische Lage war für Innocenz geradezu die Triebkraft, nun erst recht alles aufzubieten, um den Einfluß Roms in universaler Weite auszudehnen. Seine Gedanken über das Papsttum geben folgende Sätze wieder:

»Wie Gott, der Schöpfer des Weltalls, zwei große Lichter an das Firmament des Himmels gesetzt hat, ein größeres, das den Tag, und ein kleineres, das die Nacht regiere, so hat er an das Firmament der Kirche zwei große Würden gesetzt, eine höhere, die gleichsam die Tage, d. i. die Seelen, und eine geringere, die gleichsam die Nächte, d. i. die Körper regiere, nämlich die päpstliche Gewalt und die königliche Macht. Wie ferner der Mond sein Licht von der Sonne empfängt, der doch in der Tat kleiner als sie ist an Größe wie an Wert, an Stellung wie an Wirkung, so empfängt die königliche Macht von der päpstlichen Gewalt den Glanz ihrer Würde. Und je mehr sie ihren Blick auf diese (ihre Würde) richtet, desto weniger Licht schmückt sie, und je weiter sie davon absieht, desto mehr gewinnt sie an Glanz.«[1]

Suchten ihn die Staufer einzukreisen, so sollten sie spüren,

daß Gott dem Petrus nicht nur die gesamte Kirche, sondern die ganze Welt zur Leitung übergeben hat«.

So sah dieser italische Graf auf dem Stuhle Petri seine Aufgabe an. Darum rief er in Deutschland *die Welfen gegen die Hohenstaufen* auf: Innocenz übergeht den 3jährigen Sohn Heinrichs, Friedrich (II), macht Otto IV., den Sohn Heinrichs des Löwen von Braunschweig, zum deutschen König (aufgrund Ottos Zugeständnissen an den Papst liegt in der Urkunde von Neuß, 1201, die älteste genauere Abgrenzung des Kirchenstaates vor). Nach Ottos »Untreue« dem Papst gegenüber kommt doch noch *Friedrich II.* (1194–1250) auf den Thron (1212).

Innocenz zwang die Könige von Frankreich und England in seine Bahn, und doch wuchs auch hier das Nationalbewußtsein und mit ihm der Abstand von Rom. Glänzend sah der nur bis Konstantinopel führende 4. Kreuzzug aus (1202–1204); dort gründete man das *lateinische Kaisertum*, das aber nur

[1] Ep. Ub I 401 (Mirbt 274)

von 1204–1261 bestanden hat. Es sollte die Brücke zum Osten und zur universalen Kirche bilden. Und doch auch hier trügt der Schein. 1261 ist dieser Ostposten zu Ende. Die eine gemeinsame Kirche wurde nicht mehr gebaut, der Osten blieb fern von Rom.

Das Laterankonzil – 1215

Man zeigt den schon dem Tode nahen und doch noch im Prunk des großen *Laterankonzils von 1215* (2000 Teilnehmer) strahlenden Papst. Konnte mehr erreicht werden, als daß nun über den immerhin politischen Erfolgen auch noch der Sieg des Dogmas verkündet wurde, *die Lehre von der Transsubstantiation?* Die Kirche des Triumphes legte ihr Geheimnis am Sakrament des Altars fest, so wie man es nun nach jahrhundertelangem Ringen in der »Wandlung« durch den Priester sah. Gegen die geistige Auffassung, wie Augustin sie verbreitete, hatte sich allmählich die physisch-magische durchgesetzt, »indem durch Gottes Macht das Brot in den Leib und der Wein in das Blut verwandelt wird«. Das ist der größte Augenblick in der katholischen Kirche bis heute, wenn jene Stille bei der Messe eintritt und in der Wandlung der Leib des Herrn Gott in neuer Weise zum Opfer gebracht wird. Auf dieser wunderbaren Handlung steht das Priestertum und sein »unzerstörbarer Charakter«, steht das Fronleichnamsfest und der in der Prozession durch den Ort getragene, in der Monstranz gegenwärtige Christus. Diese durch die Kirche verbürgte, massive Nähe des Heils, die keiner theologischen Begründung bedarf, sondern sich vor den Augen der Christenheit Tag um Tag vollzieht – sie ist der Fels, auf den Innocenz seine Kirche stellte. Seine politischen Erfolge mochten bald schwinden, das Wunder der Messe und mit ihm die überragende Würde des Priesters ist geblieben.

Als dann weiterhin durch die Verpflichtung der *Ohrenbeichte* der einzelne Christ an den Priester seiner Gemeinde gebunden wurde, war auf diesem Laterankonzil der Ring geschlossen, der das Leben und Sterben des mittelalterlichen Menschen fester denn je zuvor an die Kirche knüpfte. Den damit zusammenhängenden Ausbau der *Ablässe*, d. h. die Befreiung von jeglicher Kirchenstrafe etwa als Lohn für die Teilnahme an einem Kreuzzug, führte Innocenz bis zu dem Punkt, daß man für eine Geldgabe volle Vergebung erlangen konnte.

Dazu kam noch der Beschluß über die bischöfliche Inquisition.

Literatur

K. Hampe, Deutsche Kaisergeschichte im Zeitalter der Salier und Staufer, 1923[5], und in »Meister der Politik«, 1923[2]
Hermann Reuter, Geschichte Alexander III. und der Kirche seiner Zeit, 3 Bände 1860–64[2]
J. Haller in »Meister der Politik«, Band I, 1923[2]
Bernhard von Clairvaux, Mönch und Mystiker, herausgegeben von J. Lortz, 1955

Zeittafel

Päpste von 1124–1303

1124–1130 Honorius II.:	beeinflußt als Legat unter Calixt II. das Wormser Konkordat; Lothar III. kommt zu spät, um ihm gegen Normannen und Römer zu helfen; bestätigt 1126 den Prämonstratenserorden; muß Vatikan verlassen
1130–1143 Innocenz II.:	flieht nach Frankreich, Bernhard v. Clairvaux verhilft ihm zur Anerkennung; Innocenz krönt Lothar III. gegen dessen Hilfsversprechen; gibt Rom kommunale Freiheit (Senat) und verliert damit die Stadt. Sein Gegenpapst!
1130–1138 Anaklet II.	
1143–1144 Coelestin II.:	Schüler Abälards
1144–1145 Lucius II.	
1145–1153 Eugen III.:	Schüler Bernhards v. Clairvaux; sucht die Feindschaft der Stadt Rom zu überwinden; ruft zum 2. Kreuzzug auf
1153–1154 Anastasius IV.	
1154–1159 Hadrian IV.:	erneuert Konstanzer Vertrag mit Friedrich I. Barbarossa; Reichstag zu Besancon

1159–1181	**Alexander III.:**	nach seiner Wahl unterstützt Friedrich I. vier Gegenpäpste: Viktor IV., Paschalis III., Calixt III., Innocenz III.; Alexander wird jedoch in ganz Westeuropa anerkannt, versöhnt sich im Frieden von Venedig 1177 auch mit Friedrich I.
1181–1185	Lucius III.	
1185–1187	Urban III.:	Gegner Friedrichs I., dessen Sohn Heinrich VI. vertreibt Urban aus Rom
1187	Gregor VIII.	
1187–1191	Klemens III.:	versöhnt Kurie mit der Kommune Roms
1191–1198	Coelestin III.:	nationalrömische Politik gegen Heinrich VI.
1198–1216	**Innocenz III.:**	National-Römer; Rom wird päpstliche Hauptstadt; 4. Laterankonzil 1215 setzte Otto IV. ab, Friedrich II. wird anerkannt, neuer Kreuzzug wird vorbereitet, strebt Zusammenarbeit mit Kaiser an
1216–1227	**Honorius III.:**	5. Kreuzzug
1227–1241	Gregor IX.:	Bann über Friedrich II. nach dessen 4. Kreuzzug; er stirbt im belagerten Rom
1241	Coelestin IV.	
1243–1254	Innocenz IV.:	Konzil von Lyon 1245, erneut Kampf gegen Friedrich II.; Orientpolitik, Mongolenplan scheitert, Kreuzzug wird Mißerfolg
1254–1261	Alexander IV.:	Manfreds, Sohn Friedrichs II., Königtum entfaltet sich 1258–1266
1261–1264	Urban IV:	Kampf gegen Manfred
1265–1268	Klemens IV.:	1268 Hinrichtung Konradins, des letzten Hohenstaufen
1268–1271	Sedisvakanz (= Papststuhl nicht besetzt)	
1271–1276	Gregor X.:	Konzil von Lyon zur Kreuzzugsvorbereitung 1274

1276	Innocenz V.	
1276	Hadrian V.	
1276–1277	Johann XXI.	
1277–1280	Nikolaus III.:	unterstützt Rudolf von Habsburg
1281–1285	Martin IV.	
1285–1287	Honorius IV.	
1288–1292	Nikolaus IV.:	versucht vergeblich, die Lage in Palästina zu klären
1292–1294	Sedisvakanz (= Papststuhl nicht besetzt)	
1294–	Coelestin V.	
1294–1303	**Bonifatius VIII.**:	Überordnung des Papsttums über alle weltlichen Institutionen; spricht Ludwig IX. heilig; wird selbst der Ketzerei angeklagt, nachdem Philipp d. Schöne durch eine Ständeversammlung den Satz annehmen läßt, daß die königliche Macht unmittelbar von Gott kommt.

20. Kapitel

Die Kirche der Armen und die neue Theologie 13./14. Jahrhundert

Bibelanhänger werden als Ketzer verfolgt – Franz von Assisi in der Nachahmung Christi – Dominikus gründet neben den als Franziskaner wirkenden Schulen des hl. Franz einen Orden – Die Scholastik setzt die Glaubensbewegung in eine Theologie um, in der Natur und Gnade zusammenwirken

1. *Gegen die Katharer (Albigenser) und Waldenser*

Seit den ältesten Zeiten der Kirche hat es die Jahrhunderte hindurch einen stillen, aber wirksamen Protest gegen die offizielle Lehre der allgemeinen, d. h. katholischen Theologie gegeben. Vom philosophischen Weltbild her meldet sich der Widerspruch an und führt zu den Sekten, die seit Marcion den Dualismus (um 140) als letzten Erklärungsgrund der Welt ansehen. Man hat diese Anschauungen unterdrückt, ihre Anhänger verfolgt und aus der Kirche ausgeschieden, aber heimlich glüht das Feuer weiter und findet immer neue Nahrung. Je mehr die Papstkirche zur Kritik Anlaß gibt, je mehr sie auch politisch in das gewaltige Auf und Nieder der mittelalterlichen Geschichte gezogen wird, um so hörbarer wird die Stimme der »*Katharer*«, der »Reinen«, wie man sie spottweise nannte. Wir dürfen diese Bewegung des 12. Jahrhunderts nicht als evangelisch bezeichnen. Man könnte eher an eine umfassende Kritik am Dogma erinnert werden, wie sie zur Zeit Calvins Michael Servet unternahm.

Die Albigenserkämpfe

Die *Katharer*, die sich besonders in Südfrankreich zu einer verborgenen Gegenkirche ausgebildet hatten, mit dem Zentrum in *Albi*, vertraten in ihrer Lehre durchaus keinen reformatorischen Grundsatz. Echt griechisch glaubten sie an den göttlichen Funken im Menschen, der durch Askese von der Last des Leibes befreit werden müsse. Gedanken, wie sie immer im Mönchtum lebendig waren, verbinden sich mit den alten Vorstellungen, daß auch Christus nur ein Scheinwesen war und darum von seiner leibhaftigen Auferstehung keine Rede sein könne.

Es ist verständlich, daß die Kirche eines Alexander III. und Innocenz III. gegen solche Irrlehren keinen anderen Rat wußte als den Kreuzzug. Ströme von Blut sind in den *Albigenser*kämpfen geflossen (1209–29). Staatliche und kirchliche Stellen wirkten einmütig auf die Ausrottung der Ketzer hin, für deren Vernichtung mit dem Schwert zu seiner Zeit selbst Bernhard von Clairvaux eingetreten war. Man sah die Fundamente des gesamten Lebens erschüttert, sobald es diesen Kritikern des Glaubens gelingen sollte, mit ihren Sätzen durchzudringen. *Aus der Bekämpfung der Katharer ist die Inquisition entstanden*, das vom Papst selbst geleitete geistliche Gericht. Alles, was an Grauen über der mittelalterlichen Justiz liegt, ist in den dunklen Machenschaften dieser Behörde versammelt. Der Fluch, der sich an die vergeblichen Kreuzzüge heftet, dehnt sich nun auch auf weite Gebiete der Christenheit aus, zumal man alle diejenigen Richtungen mitverfolgte, deren strenge Kirchlichkeit irgendwie in Frage stand.

Die Waldenser

Das traf namentlich die *Waldenser*, eine Laienbewegung im Ausgang des 12. Jahrhunderts. Ihr Begründer ist der Kaufmann *Petrus Valdes aus Lyon* († 1218?). Ihn hatte das Wort Jesu an den reichen Jüngling gepackt und nicht nur zur Armut, sondern auch zum Forschen in der Schrift geführt (Waldus läßt Bibel in Volkssprache übersetzen). Beides aber wies die Waldenser in einen unaufhaltsamen Protest gegen die Kirche. Als Valdes eigene Weihen vornahm und damit das Schisma vollzog, ging die Inquisition gegen ihn wie gegen die übrigen Ketzer vor. Die Waldenser werden 1182 aus Lyon vertrieben, auf dem Konzil von Verona 1184 verdammt. Aber die Wurzeln dieser Sondergruppe lagen zu tief. Überall dort, wo die Bibel – und sei es mit einer einzigen Wahrheit – wieder durchgebrochen ist, beobachten wir das ungeheure Schauspiel, daß eine Kirche mit aller ihrer Macht nicht imstande ist, diese arme und geringe Opposition zu überwinden. Damit beginnt allerdings das Thema der Reformation. Es ist in diesem Zusammenhang erschreckend, wie gerade gegen die Waldenser die ersten Bibelverbote erlassen werden.

2. *Franz von Assisi*

Aber weder die Armen des Valdes noch die Armen des 13. Jahrhunderts, die sich um Franziskus scharen, rufen die Kirche zu einer Entscheidungsschlacht auf. Gewaltig und glutvoll ist die Jugendbewegung, der Strom der »minderen Brüder« dieses *Giovanni Bernadone, des heiligen Franz* (1182–1226). Man möchte ihn die liebenswerteste Persönlichkeit des Mittelalters nennen. Von der Armut Jesu ist er in der Tiefe erfaßt. Sie ist ihm und seinen Ordensbrüdern kein hartes Joch, vielmehr Freude; nicht Selbstpeinigung, sondern Dienst an den Elenden und Ausgestoßenen. Diese Troubadours Christi erfüllen die Welt mit dem neuen Glanz einer werbenden, schlichten und dabei künstlerisch gestalteten Frömmigkeit. Hier ist endlich wieder eine Bruderschaft, die den hierarchischen Gedanken verwirft, weil sie in Matthäus 10 eine andere Lebensordnung erkannt hat. Wie bei Bernhard, so ist auch hier eine Liebe zu Jesus aufgebrochen, die in das eisig gewordene Machtgefüge der Kirche als ein warmer Sonnenstrahl eindringt. Man höre die Worte, mit denen Franz seine Brüder aussendet:

»Geht aus je zwei und zwei durch die verschiedenen Teile des Erdkreises, zu verkünden den Frieden den Menschen und Buße zur Vergebung der Sünden (Matth. 10, 13). Dazu sind wir berufen, daß wir die Verwundeten pflegen, die Gebeugten aufrichten und die Irrenden zurückführen. Seid geduldig in Trübsal und sorglos, denn der Herr wird seine Verheißung erfüllen. Antwortet demütig denen, die euch fragen, segnet, die euch verfolgen, dankt denen, die euch schmähen, und das Reich Gottes wird euch bereitet werden. Seid nicht kopfhängerisch, sondern heiter und froh in Gott, friedlich und liebenswert.«

Warum gelingt es dem Papst nur allzu schnell, aus der freien und stürmenden Vorwärtsbewegung den Orden zu machen, aus dem unberechenbaren Wanderpredigertum das an Regeln gebundene, kirchlich eingegliederte

Franziskanertum? Ist es nur die kindliche, organisatorisch unerfahrene Art des Führers oder das Vorbild des anderen, fast gleichzeitig entstandenen *Ordens* unter der Leitung *des Dominikus?* Man wird noch tiefer bohren müssen, um diese Fragen zu beantworten. Franz ist Gestalter einer das arme Leben Jesu nachahmenden Religiosität. Über die praktische Abbildung des Christus hinaus führt die liebende Versenkung in die Natur als in die herrliche Schöpfung Gottes. Ihr hat er in brüderlicher Nähe in seinem bekannten *Sonnengesang* sein innerstes Verhältnis zur Natur bezeugt.

Der Sonnengesang

Höchster, allmächtiger, gütiger Herr!
Dein ist der Preis, der Ruhm, die Ehre und jegliche Segnung.
Dir allein, Höchster, gebühren sie,
und kein Mensch ist würdig, dich zu nennen.
Preis dir, o Herr, mit allen deinen Geschöpfen,
vornehmlich unsrer edlen Schwester, der Sonne;
sie schafft den Tag, und du leuchtest uns durch sie,
schön ist sie und strahlend in großem Glanze,
ein Sinnbild von dir, Allerhöchster!
Preis dir, o Herr, durch unsere Geschwister, den Mond und die Sterne,
die du am Himmel gebildet, so klar, so köstlich, so schön.
Preis dir, o Herr, durch unsern Bruder, den Wind,
durch die Luft, durch wolkiges, heitres und jegliches Wetter,
wodurch du deinen Geschöpfen Erhaltung schenkst.
Preis dir, o Herr, durch unsere Schwester, das Wasser,
wie nützlich ist's, bescheiden, köstlich und rein!
Preis dir, o Herr, durch unsern Bruder, das Feuer,
wodurch du die Nacht erhellst;
schön ist's und freudebringend, kraftvoll und stark.
Preis dir, o Herr, durch unsere Schwester, die Mutter Erde,
die uns erhält und hegt
und allerlei Früchte hervorbringt samt bunten Blumen und Kräutern.
Preis dir, o Herr, durch sie, die um deiner Liebe willen Verzeihung üben
und Schwachheit ertragen und Drangsal;
selig sie, die im Frieden verharren;
denn von dir, Allerhöchster, werden sie die Krone empfahen.
Preis dir, o Herr, durch unseren Bruder, den leiblichen Tod,
dem kein Lebendiger entrinnen mag.
Weh denen, die in Todsünden sterben!
Selig, die er in deinem heiligen Willen ruhend findet,
denn der zweite Tod kann ihnen kein Übel antun.
Lobt und preist den Herrn und dankt ihm
und dient ihm mit großer Demut!«

Aber damit ist nicht alles gesagt. Es müssen die einsamsten Stunden gewesen sein, wenn Franziskus sich in die Wunden des Erlösers vertiefte und bis hin zur Verzückung darin seinen Frieden und seine unsagbare Freude fand. Wir haben keinen Grund, daran zu zweifeln, daß man am Leichnam des Heiligen in der Portiuncula-Kirche die Nägelmale Jesu fand. So eins war er mit Christus geworden. Und doch, gerade hier legt sich über ihn, den schon die Zeitgenossen nicht genug zu verehren vermochten, das Gesetz und der Typus eines menschlich begrenzten Lebens. Das Armuts- und Demutsideal ist nicht imstande, den Priesterstolz und den päpstlichen Machtwillen zu brechen.

Neben den gefühlstiefen Franziskus tritt der willensstarke Organisator *Dominikus* († 1213), der Gründer des Ordens, der sich die wissenschaftliche Bearbeitung der Kirchenlehre zur Aufgabe macht; jenes Ordens, dem Rom die Durchführung der Inquisition übergab. So verschieden diese beiden Männer sind an Gaben und Zielrichtung, sie sind nicht die Überwinder des Systems, sondern letzten Endes seine größten Stützen. Ob von der Strenge der Inquisition her oder von der Innerlichkeit des franziskanischen Lebens aus – hier wird gerade das an Rom bejaht, was es nach seiner eigenen Erkenntnis sein will: Sichtbarer Ausdruck der triumphierenden Wirklichkeit des erhöhten Christus. Zwischen dem Christus der Transsubstantiation und dem ekstatischen Erlebnis des Heiligen in der Portiuncula ist die eine Linie gezogen: Kirche, die zum Schauen vorgedrungen ist.

3. *Der Gegensatz zweier Theologen: Thomas von Aquino und Duns Scotus*

Es liegt eine innere Verwandtschaft in der Tatsache, daß aus den beiden Bettelorden die zwei größten Theologen des hohen Mittelalters hervorgegangen sind, *Thomas von Aquino* (1225–1274) und *Duns Scotus* (um 1270–1308), und daß um sie die Mystik schwingt, in der schließlich alles katholische Denken endet, wenn es die Größe der Kirche preist.

Thomas ist Schüler von *Albertus*, den man den Großen *(Magnus)* nannte (1193?–1280). Er ist der Begründer der aristotelischen Philosophie in der Dogmatik. Für die Erkenntnis des Menschen gibt es die natürliche Vernunft und die übernatürliche Offenbarung. Nur mit dieser können wir Gottes Wesen erfassen. Darum sind Wissenschaft und Glaubenswahrheit ohne Widerspruch im menschlichen Denken vereint. Die Gnade vollendet die Natur!

Die Kräfte der Gnade durch die Sakramente

Thomas, der »engelgleiche Doktor«, *ist bis heute der maßgebende Theologe der römischen Kirche.* In seinem Hauptwerk, der theologischen »*Summa*«

des katholischen Glaubens, faßt er wie in einem gewaltigen Bauwerk alles zusammen, was die Jahrhunderte vor ihm gelehrt und erarbeitet haben. Er ist wie Origenes ein Mann der Synthese. Von ihm, dem Dominikaner, haben die Kirchenfürsten wie die Mystiker, die Vertreter des neuen Kirchenrechts wie die Bettelmönche gemeinsam bekannt, daß er ihre tiefsten Anliegen verstanden habe. Er ist der Augustin verwandte Geist von starker Innerlichkeit und doch schärfer als dieser in der von Aristoteles her übernommenen, streng begrifflichen Denkweise. Ihm ist Glaube und Denken durchaus kein Gegensatz und darum die griechische Ethik und die evangelische Botschaft auf ein und derselben Ebene liegend. Das ist nur möglich, weil Thomas jenen alten Verschmelzungsprozeß zwischen Moral und Glaube wie zwischen Magik und Sakrament bis zum Ende durchdacht hat. Da wird der Mensch nicht so sehr mit Gott als dem Vater Jesu Christi konfrontiert, sondern *die Kräfte der Gnade werden ihm durch die Sakramente mitgeteilt.* So empfängt alles in Thomas' Theologie einen unpersönlichen Charakter. Vor die neutestamentliche Welt der Offenbarungsgeschichte, die mit dem Anspruch eines entscheidenden Du vor den Menschen tritt, stellt sich eine Lehre von Gott, indem man das höchste Wesen als das aus sich selbst heraus notwendige Sein, als den Urgrund aller Wesenheit ansieht.

Vom freien Willen zum Glauben und gegen die Sünde

Durch diese begrifflich stark verschränkte Theologie vermag auch die Christologie nicht hindurchzubrechen. Ihr widersetzt sich zunächst aber die *Überordnung der Sakramente über das geschichtliche Bild Jesu,* wie es aus dem Evangelium zu uns redet. Wer aus dem Quell dieses philosophischen Borns trinkt, meint der Geschichte entraten zu können. Ihm öffnet sich in breitem Strom die Mystik bis hin zum ekstatischen Einssein mit Gott. Dennoch ist Thomas der Verteidiger des menschlichen Willens, dem immer noch genügend Reserven zu Gebote stehen, um das vor Gott wohlgefällige Werk zu vollbringen. So vermag Christus nur zu einer mitwirkenden Hilfe zu gelangen. Wohl ist er der Urheber der »eingegossenen« Gnade und bewirkt die Vergebung der Schuld. Aber dazwischen liegt die doppelte Bewegung des Menschen: die des freien Willens zu Gott im Glauben und die gegen die Sünde, gegen uns selbst gewandte. In dieser Mitte liegt alle Not des katholischen Systems. Es macht aus dem Glauben, aus der Liebe, aus der Buße, aus der Vergebung letzten Endes doch wieder, wenn auch nur teilweise, ein Werk des Menschen. Charakteristisch ist, daß diesem Glauben, der nun wesentlich denkmäßige Zustimmung ist, das Moment der Gewißheit fehlt. Sie kann nur auf dem Wege einer, wenn auch seltenen, besonderen Offenbarung erlangt werden.

»In dem, was wir von Gott bekennen, gibt es eine zweifache Art der Wahrheit: einiges geht über alle Fähigkeit der menschlichen Natur hinaus, z. B. die Dreieinigkeit; zu anderem kann auch die menschliche Vernunft gelangen, z. B. daß ein Gott ist. Was über die menschliche Vernunft hinausgeht, das glauben wir nur, wenn Gott es offenbart.«

Die Grenzen seines Systems

Man wird bei Thomas den Eindruck nicht los, als bleibe das Heil Gottes in den Klammern einer Logik, die alles festhalten will und eben dadurch alles verliert. *Er kann nicht Gottes Allwirksamkeit mit dem freien Wahlvermögen des Menschen verbinden.* Es ist sinnlos, die vier philosophischen Tugenden: Klugheit, Gerechtigkeit, Tapferkeit und Besonnenheit neben Glaube, Liebe und Hoffnung zu setzen. Hier stoßen zwei Welten aufeinander. Schließlich kommt bei Thomas alles darauf an, daß der Mensch so viele natürliche und übernatürliche Kräfte angezogen hat, daß er damit bekleidet ist wie mit einem Gewand. So drängt alles beim Menschen wie in der Kirche zur sichtbaren Darstellung, zum Triumph einer Gnadeninstitution, die hier und jetzt bis hinauf zur »Fülle der Macht« im Papsttum zur Anschauung gelangt ist.

»Es gebührt sich, daß man der Autorität derer glaubt, denen Offenbarung zuteil geworden ist. Allerdings zieht die heilige Wissenschaft auch die menschliche Vernunft heran, zwar nicht um den Glauben zu beweisen – *denn so würde ja das Verdienstliche des Glaubens aufgehoben* – sondern um einiges klarzustellen, was in der christlichen Lehre überliefert ist. *Die Gnade hebt die Natur nicht auf, sondern vollendet sie;* darum muß die natürliche Vernunft dem Glauben dienen . . . Daher zieht auch die hl. Wissenschaft die Autorität der Philosophen da heran, wo sie durch natürliche Erkenntnis eine Wahrheit haben erkennen können. Aber das sind sozusagen Beweismittel, die von außen kommen und nur wahrscheinlich sind. Die Autorität der hl. Schrift aber zieht sie heran, weil sie ganz eigentlich dazu gezwungen ist. Denn unser Glaube stützt sich auf die den Aposteln, den Verfassern der hl. Bücher, zuteil gewordene Offenbarung.«

Duns Scotus

Wenn Thomas alles auf den Satz stellt: *Gott will, was gut ist,* wenn die Ethik die Theologie, und das Denken des Menschen die Offenbarung Gottes beherrschen, dann kann zunächst kaum ein schärferer Gegensatz gebracht werden als der des großen Franziskaners *Duns Scotus: Was Gott will, ist gut!* Moderner, wirklichkeitsnäher muten auf den ersten Blick die Sätze dieses Theologen an. Vieles von dem, was Thomas noch zu beweisen glaubt, hat Duns als widersinnig hingestellt. Aber seine Kritik gilt nur der Vernunft, nicht dem Dogma selbst. Vor ihm macht er entschlossen halt, denn es ist durch die Autorität der Kirche gedeckt und darum unangreifbar. Nicht die Theorie entscheidet, sondern die praktische Willenseinstellung. So radikal das Scotistische Denken zunächst erscheint, es ist das Kunstwerk eines Theologen innerhalb des von vornherein feststehenden Raumes der Kirche. Es ist ebensowenig umstürzend wie das des Thomas, kann Duns doch sogar gegen Thomas die Sündlosigkeit der Maria behaupten. Wohl aber bereitet diese Theologie der kommenden Zersetzung die Bahn. Wie, wenn die unantastbare Autorität der Kirche zu wanken beginnt und die Sturmflut der Kritik hereinbricht!

Der *Rationalismus des Dominikaners* und der *Voluntarismus des Franziskaners* stehen näher zusammen, als es anfänglich scheint. Sie stellen beide den gigantischen Versuch dar, die Lehre und Praxis einer tausendjährigen Tradition auf einen Glauben zu gründen, der vom Menschen aus bejaht, behauptet und verteidigt werden kann – und sei es mit dem Ausspruch des Köhlerglaubens, der glaubt, was und weil die Kirche glaubt. Aber die Gedanken haben ihre innere, zwingende Gewalt. Niemand hat so wie *Duns das Verdienst des Menschen betont,* mit dem sich der Christ in doppelter Weise göttliche Kräfte verschaffen kann, und zwar vor und nach dem Gnadenempfang. Niemand hat so wie dieser Scholastiker die Stufen der »großen und kleinen Reue« unterschieden und damit der Kasuistik die Türen geöffnet und der Selbstsicherheit – der der Verzweiflung – die Bahn gebrochen.

Es mag schon etwas an der Geschichte sein, die vom Sterben des Thomas erzählt wird. Danach hatte er ein Gesicht, das ihm den wahren Durchblick in die Wirklichkeit Gottes verschaffte. In solchem Licht aber erschien ihm die Begriffsarbeit seines Lebens als leeres Stroh, als Raub der Flammen. Die Glut des Denkens und die Hingabe an alles, was die Kirche an Reichtum der Erkenntnis bot, vermochte die Logik des Aristoteles und die alle Vernunft überragende Gabe des Christus nur scheinbar zu einen.

4. *Bejahen die Mystiker die Theologen?*

Parallel zur philosophisch geprägten Theologie entfaltet sich eine ebenfalls durch die neuplatonische Philosophie hindurchgegangene Innerlichkeit: die Mystik. Brach in ihr nicht das Tiefste auf, was an wertvollstem Gotterleben einer Kirche geschenkt war? Wer die Konfessionen Augustins las und vom heiligen Bernhard ergriffen war, der mußte auch in Männern wie *Meister Ekkehardt,* dem Thüringer (†1327), *Heinrich Seuse,* dem Alemannen (†1366), *Tauler,* dem Elsässer (†1361), *Thomas a Kempis* (†1471) und vielen anderen die höchste Blüte erkennen. Kraftvoll in ihrer Sprache, volkstümlich in ihren Predigten, möchten diese Mystiker aus dem viel zu weiten und unpersönlich gewordenen Raum der Kirche heraus, indem sie den einzelnen vor Gott stellen und auf das Erlebnis der Seele mit Christus den Ton legen. Man muß das Lebensbild eines Heinrich Seuse lesen, um sich einen Eindruck davon zu verschaffen, mit welcher Energie dieser Mönch und Asket zu Gott vorzudringen sucht.

Wo die Seele dem Ursprung des Seins begegnet

Und doch, auch die Mystik ist kein Weg zur Rettung der Kirche. Sie ist zu stark an ihre Theologie gebunden. Der Kampf, den die einsamen Büßer führen, gründet sich auf die Lehren eines Thomas, ist nichts anderes als die *Höchstleistung eines Menschen, der um seine Seligkeit ringt.* Er will sie wie die Mystiker aller Zeiten auf der Grundlage des Dualismus erreichen, der zwischen Leib und Geist gesehen wird. Darum der langjährige, heiße Kampf um das »Entwerden«, um die völlige »Gelassenheit«, um die Ruhe der Seele, die schließlich auf einer solchen inneren Höhe lebt, wo sie von keiner Seite her angefochten werden kann. Ethisch gesehen gelangt man auf diesem Wege zur Vollkommenheit, ja zur Sündlosigkeit. Man hat die Stufen der Lehrjahre hinter sich zurückgelassen und ist endlich zur Meisterschaft vorgedrungen. Hinter dieser Erkenntnis steht aber noch eine andere, das ganze Gebäude tragende. Auf der höchsten Stufe des Erkennens geht das wache Bewußtsein in die Ekstase, in das Reich des ergriffenen Schauens über. Mögen es nur kurze Augenblicke sein, aber sie sind die Wirklichkeit, hinter der alles andere zurücktritt. Hier begegnet die Seele dem Urgrund alles Seins, Christus selbst und in ihm Gott. Man höre Meister Eckehardt:

»Da wird die Seele in Gott und göttliche Natur getauft und empfängt ein göttlich Leben und wird nach Gott geordnet – da ist sie angelangt an ihrem ersten Ursprung, wo ihr von wonnesamer Einigung nie so wohl geschah.

Wenn die Seele den Kuß der Liebe empfängt von der Gottheit, so steht sie in vollendeter Schöne und Seligkeit. Da verstummen alle Sinne. ›Der Regen ist entwichen‹ (d. i. die Wollust der vergänglichen Dinge), ›die Blumen sind entsprungen in unserem Lande‹ (d. i. ein Vorgeschmack des ewigen Lebens). Da hört man ohne Mittel und erkennt man ohne Bild. Der Seele Willen und der Wille Gottes fließen ineinander, und die zwei Willen umschlingen sich in rechter Einigung . . . Im innersten Wesen der Seele, im Fünklein der Vernunft geschieht diese Gottesgeburt. In dem Reinsten, Edelsten und Zartesten, was die Seele zu bieten vermag, da muß es sein: in jenem tiefen Schweigen, dahinein nie gelangte eine Kreatur noch irgendein Bild. Nicht kommt der Seele da mehr ein Wirken oder ein Erkennen zu . . . Hier geht nur Gott in die Seele ein mit allem, was er ist, nicht bloß mit einem Teil, in ihren Grund geht er so ein. Da wirkt er ohne jedes Mittel, Bild oder Gleichnis; da wirkt er nur selber mit seinem eigensten Wesen. Das ist die höchste Wonne, die dem Geist zuteil wird, daß er wieder zurückfließt in das Nichts seines Urbildes und als Selbst so ganz darin verloren sei. Seine Wirksamkeit verliert da der Geist, doch nicht sein Wesen.«[1]

Derselbe Eckehardt, der in seinen Predigten nüchtern von der treuen Pflichterfüllung im Alltag zu reden vermag, zeigt hier den letzten Grund seines Denkens, dort, wo es in das von Gott Erkanntwerden übergeht. Aber zwischen dem von Gott Erkanntsein, von dem Paulus als dem Grund seiner Gewißheit spricht (1. Kor. 8, 3), und diesem Erkanntwerden des mittelalterlichen Mystikers *liegt die Welt der neuplatonischen Philosophie.* Sie sieht im Schwinden des Bewußtseins, der Sinne und des Körpers die Garantie dafür, daß der *Urfunke im Menschen* wieder frei wird und Gott auf dem Grunde der Seele sein Werk vollendet.

Das Ende der Religion: Pantheismus

Der Einmischung dieser fremden Gedankengänge sind die Mystiker, vor allem auch Eckehardt, nicht entgangen. Hier aber spielt als letzte, unheimliche Macht der *Pantheismus* herein. Auf katholischem Boden wirkt er sich als Verstärkung des menschlichen Wirkungsvermögens aus und andererseits als Auflösung des persönlichen, erlösenden Gottes in eine Fülle von Kräften, in deren unwiderstehlichen Strom der Glaubende gezogen wird. Die Mystik ist darum durchaus nicht die Bestreiterin des Katholizismus. Sie hat die Gedanken des Mönchtums, vor allem die *Nachahmung der Armut Christi und seiner Leiden,* mit neuer Kraft aufgenommen. Sie hat aber auch wie alle Mystik die Wirklichkeit der Geschichte in den Schatten gestellt und *den Glauben an die durch Christus geschehene Erlösung durch die ethische Haltung der imitatio verdeckt.* Sie hat weiterhin die Kirche verinnerlichen wollen und ihrem politischen Verfall zu wehren gesucht, aber in Wahrheit hat sie dem Individualismus die Tür geöffnet und das Heil der frommen Besinnung des einzelnen zu zeigen unternommen. Und endlich, die Mystik versprach, den Gläubigen den unmittelbaren Weg zum Gott der Trinität zu eröffnen, zur persönlichen Begegnung mit ihm. Indem sie aber gerade den Persönlichkeitsbegriff, das Ich-Du-Verhältnis, in pantheistischer Gefolgschaft auflöste, indem sie die mystische Vereinigung von Gottheit und Menschheit als den Höhepunkt des religiösen Erlebens betrachtete, zerbrach sie nicht nur die Christologie und die Kirche, sondern diesen Gottesgedanken selbst. *Insofern ist die Mystik das Ende der Religion.* In allen Farben leuchtet bei ihr noch einmal des Menschen tiefster Reichtum und innerstes Sehnen auf; aber dahinter naht die Not verzweifelten Gottsuchens. Auch davon weiß der Mönch von Erfurt und von Wittenberg etwas zu sagen.

[1] Meister Eckehardt, Textbuch von Otto Karrer, München 1923, S. 171 ff.

5. *Der Realismus der Sakramente*

Diese zersetzende Wirkung der Mystik wäre noch eher sichtbar geworden, wenn nicht die *sieben Sakramente* den einzelnen in dem festgeordneten Zusammenhang mit der Kirche gehalten hätten. Noch einmal spiegelt sich hier der mittelalterlich grandiose Bau, der wie im Denken auch im kirchlichen Handeln das Band zu schmieden versteht. Einst hatte Rom mit Alexandrien um den Begriff des Sakramentes gekämpft. Ist es nicht doch von der glaubenden Haltung des Spenders und des Empfängers abhängig, wie man im Ketzertaufstreit und in den Reihen der Donatisten behauptete? Aber Rom hatte gesagt: *Das Sakrament wirkt durch sich selbst* und nicht durch den Glauben. Es tritt in doppelter Gestalt an den Menschen heran. Neben dem deutenden Wort steht die stofflich oder sichtbar bedingte Gabe, die wie Wasser und Wein und Brot die heiligen Handlungen begleitet. *Von der Taufe an bis zur letzten Ölung wirkt das Sakrament den Empfang der Gnade*, die Stärkung, Reinigung und Erlösung wider alle Mächte der Sünde und des Todes.

Während bei der *Taufe* und am *Abendmahl* die Gnade wesentlich dinglich-magisch verstanden wird, als Wegzehrung zum Aufbau des neuen Adam, schleicht sich in das *Bußsakrament* das ethische Mißverständnis ein. Die Zerknirschung des Herzens, das Bekenntnis vor dem Priester, die Genugtuung durch bestimmte Leistungen führen zur Selbstbeobachtung und hindern den Glauben. *Firmung, Priesterweihe* und *Segnung der Ehe* stellen das Leben an entscheidenden Wendepunkten unter die wirksame Macht der Gnade, ohne jedoch die ausdrücklichen Vorbilder im Neuen Testament zu haben, wie sie hier für die Taufe und das Herrenmahl gegeben sind. Mit der *letzten Ölung* tritt die Kirche an die Schwelle ihres Dienstes, um den Sterbenden jene Gewißheit zuzusprechen, die sie den Lebenden versagen zu müssen glaubte. Als ein Stück der triumphierenden Kirche stehen diese sieben Säulen da und tragen das hohe Gewölbe. Sie geben dem Priester das unzerstörbare Amt der »Wandlung« in die Hand, sie verleihen der Ehe und den Kindern das starke Wissen um den göttlich-realen Segen, den Sterbenden aber eröffnen sie den Ausblick in jene andere Welt, die aus der ständigen Spannung zwischen Furcht und Hoffnung in die Ruhe der Heiligen weist.

Ist es nicht Einbruch in ein Heiligtum, wenn die Reformation auch an diesen festgefügten und ehrwürdigen Quadern rührt? Wäre es der kritische Stoß eines verstandesmäßig geleiteten Professors gewesen, er wäre in sich selbst zusammengebrochen. Ging es aber um das Wesen der Kirche, um das Fundament ihres Glaubens, dann mußte eben an der Sakramentsfrage deutlich werden, ob sie am Neuen Testament geblieben war. Wie schmerzhaft tief dieser Angriff reichte, wird daran wohl am deutlichsten, daß sich auch die Reformation nicht in Einheit an dieser Front befand, sondern gerade hier neue, schwere Kämpfe aufbrachen.

Literatur

Paul Sabatier, Franz von Assisi, 1897[2]
K. Beyschlag, Franz von Assisi und die Bergpredigt Jesu, 1955
H. Ch. Scheeben, Der Hl. Dominikus, 1927
M. Grabmann, Thomas von Aquino, 1926[5]
R. Seeberg, Die Theologie des Duns Scotus, 1900
A. Walz, Thomas von Aquino, Lebensgang und Lebenswerk, 1953
W. Betzendörfer, Glauben und Wissen bei den großen Denkern des Mittelalters, 1931
O. Karrer, Meister Eckehardt, 1927
W. Lohmann, Heinrich Seuses deutsche Schriften, 1911
G. Siedel, Die Mystik Taulers, 1911
E. Gröber, Der Mystiker Heinrich Seuse, 1941
W. Nigg, Große Heilige, 1947
E. Filthaut, Joh. Tauler, 1961

Zeittafel

Papstliste von 1303–1447

1303–1304 Benedikt XI.:	löst Philipp IV. v. Frankreich vom Bann
1305–1314 Klemens V.:	bleibt auf Betreiben Philipps in Avignon;
1314–1316 Sedisvakanz (Papststuhl unbesetzt)	
1316–1334 Johannes XXII.:	ruft Otto I. nach Rom, krönt ihn; verwirft mit Bulle von 1329 Sätze von Meister Eckehardt
1334–1342 Benedikt XII.:	krönt Heinrich II., weiht Bamberger Dom, verschärft das Verbot der Priesterehe und der Simonie
1342–1352 Klemens VI.:	erwirbt Avignon, residiert dort
1352–1362 Innocenz VI.:	»Goldene Bulle« von 1356; Wiederherstel-lung des Kirchstaates

1362–1370 Urban V.:	bleibt in Avignon
1370–1378 Gregor XI.:	kehrt nach Rom zurück

Zeit des Schismas:

Päpste von Rom
(zu ihnen halten die deutschen Könige, Mittel- und Norditalien, Flandern, England, Ostgebiete)
1378–1389 Urban VI.
1389–1404 Bonifaz IX.
1404–1406 Innocenz VII.
1406–1409 (1415) Gregor XII.

Päpste in Avignon
(zu ihnen halten Frankreich, Sardinien, Sizilien, Neapel, Schottland, west- und süddeutsche Gebiete, Habsburger)
1378–1394 Klemens VII.
1394–1409 (1417) Benedikt XIII.

seit 1410 wieder in Rom

1409–1410 Alexander V.:	löst Konzil von Pisa auf
1410–1415 Johannes XXIII.:	Abenteurer, opfert Hus auf dem Konzil zu Konstanz, Konzil wird dem Papst übergeordnet
1417–1431 Martin V.:	verteilt Reformen, löst Konzil auf
1431–1447 Eugen IV.:	Konzil zu Basel

21. Kapitel

Vor der Wende der Zeit 14./15. Jahrhundert

Der Kampf zwischen Papst und Kaiser endet in Schwächung beider – Die Juristen bestreiten den päpstlichen Rechtsanspruch – Wiclef und Johannes Hus, die Vorboten der Reformation

1. *Ein Rückblick: Vergeblicher Kampf?*

Das Reich

Im Kampf mit dem Papsttum hat sich die innere und äußere Kraft des Kaisertums erschöpft. *Konradins*, des letzten Hohenstaufen blutiger Tod 1268 ist nur noch ein Nachspiel und beweist, daß die Kurie gesiegt hat. Sie vollzog es mit ungeistlichen Waffen, mit Untergrabung und Verleumdung kraft aller ihrer Mittel in Deutschland, Frankreich und Italien. Sie hat es an Geld und allem nur möglichen Einsatz nicht fehlen lassen, um das Kaisertum der Hohenstaufen auszuhöhlen. Und es ist ihr noch mehr gelungen! Die mittelalterliche Kaiserpracht versinkt in der Sage, die die Gestalt Barbarossas mit Friedrich II. verbindet und einst das Reich und den Kaiser in neuer Herrlichkeit erstehen läßt. Darin aber liegt zugleich das Urteil über die epigonenhaft gewordene Gegenwart. Alles, was die Kunst und Diplomatie der *Habsburger* in einem halben Jahrtausend aufbringen, ist nur ein Nachspiel von dem, was mit den Hohenstaufen und ihren Vorgängern abschließt. Das also hat das Papsttum vollbracht: Der weltumspannende Kaisergedanke ist für immer zerbrochen. Er ist damals gescheitert an dem titanischen Versuch, Staat und Kirche zu beherrschen. Das Kaisertum hat im Raum und in den Bahnen der Kirche den universalen Anspruch zu erheben unternommen und ist am Gesetz des Gegners erlegen. Das ist das tragische Urteil über eine Geschichte, die zwischen 750 und 1250 reich ist an überragenden Führergestalten und dennoch in sich versinkt, weil sie die gegebenen Maße und Kräfte überspannt und Gottes Reich und Weltreich, Staat und Kirche nicht zu trennen vermag.

Die Kirche

Und die Kirche? Die Linie scheint von Innocenz III. zum nächstfolgenden Träger des gleichen Namens weiterzugehen. Aber sie scheint es nur, denn in

Wirklichkeit hat sich auch das Papsttum im Kampf verausgabt und Mächten Eingang verschafft, mit denen eine Kirche nie und nimmer bestehen kann. Wir erinnern uns, wie schon durch Gregor VII. das Ansehen der Kurie auf das nachhaltigste litt. Alle, die nationales Empfinden in sich trugen und politische Belange als solche zu werten wußten, sträubten sich gegen die Demütigungen, denen das Kaisertum fortgesetzt unterworfen wurde. Zweischneidig blieben darum immer die päpstlichen Siege, ihre Frucht war oft genug bitter.

Am schmerzlichsten rächte sich die römische Politik in der Behandlung *Frankreichs*. Hier glaubten die Führer der Kirche ein williges Werkzeug gefunden zu haben, um den kaiserlichen Einfluß zu unterbinden. Aber es ging wie so oft: die Bevorzugten wurden zu Herren. Der nationale Staat erwehrte sich des kirchlichen Griffs. Nie horchte man so auf, als wenn an der Wirkungslosigkeit alter, erprobter Mittel der Wandel der Zeit plötzlich unabweisbar in die Erscheinung tritt. Dieses Schicksal begegnete *Bonifatius VIII.* (1294–1303), als er nach altem Recht gegen *Philipp den Schönen von Frankreich* seine berühmte Bulle *Unam sanctam ecclesiam* 1302 erließ.

»Eine heilige, katholische und apostolische Kirche müssen wir glauben und festhalten . . . Diese eine und einzige Kirche hat nur einen Leib und ein Haupt: Christus nämlich und Christi Stellvertreter, Petrus und Petri Nachfolger . . . Daß in seiner Gewalt zwei Schwerter sind, das geistliche und das weltliche, das lehren uns die Worte des Evangeliums (Luk. 22, 38) . . . Beide Schwerter hat also die Kirche in ihrer Gewalt. Dieses ist für die Kirche zu führen, jenes von ihr; jenes gehört dem Priester, dieses ist zu führen von der Hand der Könige und Ritter, aber nur auf den Wink und mit der Erlaubnis des Priesters. Ein Schwert aber muß dem anderen untergeordnet, die weltliche Macht der geistlichen untertan sein . . . So erklären wir denn, daß es für alle Kreatur unbedingt zum Heile notwendig ist, dem römischen Bischof untertan zu sein.« (Mirbt 309)

Feierlich, ernst und wuchtig rollen diese Sätze einher, aber sie stoßen daneben. Eine neue Epoche geht über sie zur Tagesordnung hinweg. Ja, noch mehr, *das Papsttum wird der von Frankreich abhängige Vasall und verfällt, nach Avignon verpflanzt,* in die »babylonische Gefangenschaft der Kirche« (1305–77). Aus der Unterwelt läßt Dante (1265–1321) die Stimme erklingen:

»Bist du schon eingetroffen,
bist du schon eingetroffen, Bonifatius?«[1]

2. *In babylonischer Gefangenschaft*

Der Papst in der Hölle! Welch ein groteskes Bild für die Zeitgenossen! Darin aber sammelt sich alle Kritik, die seit den Tagen Bernhards und weiter im Armutsideal der Bettelmönche bald leiser, bald lauter ihre Stimme erhoben

[1] Göttliche Komödie I, 19. Gesang

hatte. In diesen Chor gehört *Joachim von Floris*, der für die Mitte des 13. Jahrhunderts (1260) auf Grund von apokalyptischen Berechnungen das Ende der Welt erwartet hatte.

Es ist nicht so, daß nur ein starker nationaler Staat gegen das Papsttum antritt. Es war die Stunde, die sich in vielgestaltigem Werden zubereitet hatte und die nun weithin auch unter den verantwortlichen Kirchenführern als Gericht empfunden wurde. Im Augenblick, da das Papsttum die kaiserliche Macht als zerschlagen erachtete, da die junge habsburgische Dynastie sich mühsam aus der *»kaiserlosen, der schrecklichen Zeit«* (sogen. »Interregnum« 1256–1273) mit *Rudolf von Habsburg* (1273–1291 deutscher König) emporzuarbeiten suchte, traf dieser Niedergang mit doppelt eindrücklicher Gewalt und wies mit prophetischer Klarheit über die nächsten Zusammenhänge hinaus – der Wende der Zeit zu. Denn auch das Papsttum hat sich nie wieder zur alten Höhe erhoben. Mit erschütternder Deutlichkeit tritt an dieser Stelle die Einmaligkeit und Unwiederholbarkeit aller Geschichte vor unser Auge.

Ereignisse bestimmter Art wirken mit und lassen die Brüchigkeit der irdischen Größen in noch grellerem Licht erscheinen. Der Mißerfolg der Kreuzzüge fällt nicht den Kaisern, sondern den Päpsten zur Last. Dem Universalismus werden durch den Islam Grenzen gesetzt, die sich auf die gesamte Geisteshaltung auswirken. Woher kommt der Zweifel, dem Dichter und Denker mehr und mehr Raum geben? Weil die Kirche nicht wie einst die alles beherrschende Größe ist, weil sich bedeutsame Vergleichspunkte mit anderen Geistesbewegungen finden, darum wird sie mit hineingezogen in den allgemeinen Prozeß des Lebens, der immer Aufspaltung, Scheidung und Entscheidung bedingt.

Eine zweite Welle stellt der Vorstoß der mongolischen Horden dar, die unter dem *Dschingis-Khan* schließlich bis Liegnitz vordringen und, obwohl dort siegreich (1241), das Unternehmen aufgeben und sich nach Bagdad wenden. Das südliche Rußland bleibt von 1240–1480 unter mongolischer Herrschaft. Welch ein Ausmaß von überraschenden Möglichkeiten, welche Kraft aus einer Welt, mit der bislang niemand gerechnet hatte, tritt hier auf den Schauplatz der Geschichte! Wie einst in den Tagen Karl Martells der Islam dem abendländischen Christentum die Existenzfrage stellt, so jetzt in blitzhafter Eile dieses fernöstliche Volk. Und brach nun noch der römische Vorposten im Osten, das sogenannte lateinische Kaiserreich, zusammen (1261), dann blieb Konstantinopel in der Tat der letzte Riegel, um die drängende Sturmflut aufzuhalten. Diese Tatsachen zusammengenommen reden aber eine ernstere Sprache als alle Beweise, mit denen die Kirche ihr Alter und ihr Recht, ihre Macht und ihre Ansprüche dem Abendland verkündigt.

3. *Das Recht erhebt sein Haupt*

Das Amt deckt den Mann und alle seine Mängel. Diese Kirche mit ihrem größten Geheimnis, der unblutigen Wiederholung des Golgathaopfers in der Transsubstantiation, ist der Mittelpunkt der Welt. Darum haben sich ihr alle irdischen Gewalten zu beugen, und zwar ihrem rechtmäßigen Lenker, dem Vikar Christi als dem Nachfolger Petri. Alle echten und unechten Rechtssammlungen beweisen das, und die großen Momente der Geschichte bezeugen es. Kein Wunder, daß auch Thomas von Aquino dieses Recht des Papstes und seiner Kirche scharf betonte, so wenig er im übrigen die geistlich-prädestinatianische Seite von Augustin her verließ.

Wohl hatten die Kritik am schlechten Wandel der Priester und der immer mehr anwachsende Anstoß an der von Rom betriebenen Geldwirtschaft der Kirche ein unüberhörbares Wort gesprochen. Zur allgemeinen Erkenntnis der Lage zwang aber erst der Fehlschlag Bonifatius' VIII. Was die Waldenser und Ketzer seit Jahrhunderten gesehen und getadelt, war nun offenbar. Rom war zum Babel, zur Wohnung des Teufels und des Antichristen geworden!

Und nun kam im Gefolge der Politik auch der zentrale Stoß gegen das päpstliche Recht. Zwei Pariser Rechtslehrer, *Marsilius von Padua* und *Johann von Jandun*, sind es gewesen, die sich mit ihrer Streitschrift *»Defensor pacis«* (1326) hinter *Kaiser Ludwig den Bayern* (1314–47) stellten und zum erstenmal das Problem zwischen Staat und Kirche vom Wesen des Staates her anpackten. Unabhängig ist die staatliche Gewalt von der päpstlichen, selbständig sind die Bischöfe dem Papst gegenüber, und frei ist die Gemeinde vom kirchlichen Zwang, wie er sich in der Hierarchie äußert.

Eine neue Zeit klopft in diesen Sätzen gebieterisch an die Tür. Dem Erwachen des Menschen, der sich als Individuum entdeckt, der in der Gotik seine Freiheit, in der Poesie seinen Übermut und seine Urteilskraft verrät, diesem Erwachen entspricht der moderne Staatsbegriff. Das 14. Jahrhundert enteilt mit Riesenschritten der römischen Klammer. Es war nur ein Ausfluß dieser Gedanken, daß 1338 die deutschen Kurfürsten im *Kurverein zu Rhense* die Wahl des Königs als unabhängig von jeder päpstlichen Zustimmung erklärten. Die *»Goldene Bulle«* Karls IV., der von den Luxemburgern und den Päpsten von Avignon gewählte »Pfaffenkönig« (1346/7–1378), hat dies nur noch bekräftigt (1356), und das Schisma zwischen Avignon und Rom (1378–1415) konnte nicht anders als auf seine Weise bezeugen, wie gänzlich in Auflösung begriffen das römische Kirchenrecht war und wie völlig wirkungslos alle Ansprüche auf Weltherrschaft. Die Geschichte ging über sie hinweg.

4. *Kann Frömmigkeit eine Hilfe sein?*

Was aber blieb, wenn die großen Träger des Rechts dahinsanken, Papst und Kaiser sich gegenseitig zerrieben? Die einen sahen in der Mystik das Heil für die einzelne Seele. Die Mehrzahl der Gläubigen hielt sich jedoch an die vorgeschriebenen Wege der kirchlichen Frömmigkeit. Maria und die Heiligen gewähren das Heil um so mehr, als man Christus mit richterlichen Zügen umdüstert. Wohl rüttelt die Volkspredigt eines *Berthold von Regensburg* († 1272) mächtig auf, aber sie bewirkt letzten Endes nur gesteigerte Kirchlichkeit und keine grundlegende Veränderung des Menschen. Mystik und asketische Ethik verlassen den Boden des katholischen Glaubens nicht. Verinnerlichung und vor allem die *»devotio moderna«*, ein Heiligungsleben im Alltag, wie sie die *»Gottesfreunde«* und die *»Brüder vom gemeinsamen Leben«* suchten, bleiben religiös sehr beachtliche Versuche, aber sie führen nicht aus der Not der Kirche heraus. Das zeigen die eigentümlich fanatischen Ausbrüche einer wilden und krankhaften Frömmigkeit, wie sie in allerlei Absonderlichkeiten zum Ausdruck kommt. Wenn irgendwo wie in Wilsnack die Hostie einen Blutstropfen trägt oder Scharen von Geißlern einen Ort durchziehen und auf dem Marktplatz ihre grausigen Vorstellungen geben, dann muß man den Schaden doch tiefer sehen. Diese Kirche des 14. und 15. Jahrhunderts gab mit ihrem Sakramentswesen und mit all ihrer Pracht der hungernden Seele die nötige Nahrung nicht mehr.

5. *John Wiclef mit der Bibel*

Diesen doppelten Hintergrund, das zerbrochene Recht und den vergeblichen Betrieb des frommen Menschen, muß man sehen, um den *Oxforder Philosophie-Professor John Wiclef* (1320–84) zu begreifen. Ähnlich wie die Pariser Rechtslehrer kann er es als glühender Patriot nicht ertragen, daß römische Raublust nun auch sein Heimatland ausbeutet. Er muß seinem König wider die Kurie beistehen:

> »In der ältesten Kirche genügten zwei Klassen von Geistlichen: Priester und Diakonen. In der apostolischen Zeit war Priester und Bischof dasselbe. Die Grade und Abstufungen hat kaiserlicher Hochmut erfunden . . . Es wäre besser für die Kirche, es gäbe keine Päpste und Prälaten, sondern nach Abschaffung dieser ganzen kaiserlichen Einrichtung lehrten nur arme Priester mittellos und freundlich das Gesetz Christi.«

Aber *Wiclef* war mehr als nur der Angreifer des Papsttums. Er steht in der Linie der Waldenser und *geht auf die Bibel zurück*. In ihr findet er die Waffenkammer gegen die Anmaßung der Kurie, ihr selbstgemachtes oder politisch erlangtes Recht den Völkern aufzuzwingen. *Darum muß die Bibel unter das Volk kommen, und jedes Volk muß sie in seiner Muttersprache lesen.* Nur so kann es wieder zu einem allgemeinen Priestertum der Gläubigen kommen. Deshalb übersetzt er mit Hilfe seiner Freunde die Vulgata ins Englische. Theologisch führt Wiclef Augustin gegen Thomas ins Feld, wenn er gegen die politisch mächtige Kirche betont, sie sei ja nur die Gesamtheit der Prädestinierten, also eine weltlich nicht faßbare Größe. Im Zug seines kampfreichen Lebens wagt er den Schritt von der nationalen zur biblischen Opposition. Er blieb nun auch nicht bei diesen und jenen Einzelheiten stehen. Als er die katholische Wandlungslehre im Abendmahl angriff und ihm hierbei namhafte Freunde nicht zu folgen vermochten, erwies er, daß es ihm um mehr als um einige polemische Sätze ging. Gewiß, auch hier diente ihm Augustin:

»Der verklärte Leib Christi kommt nicht vom Himmel herab zu jeder Hostie, die in irgendeiner Kirche geweiht wird, vielmehr bleibt er droben im Himmel fest und unbeweglich, und nur in geistiger, unsichtbarer Weise ist Christi Leib in jedem Punkt der geweihten Hostie gegenwärtig, wie die Seele im Leib.«

Wo liegt der tiefste Grund zu diesem todesmutigen Wort gegen das Bollwerk der Kirche? Man wird vergeblich bei Wiclef nach einem Schwerpunkt in irgendeiner biblischen Lehre suchen. Er ist ein Glied in der Kirche der Armen und weiß sich eins mit den Brüdern des heiligen Franz. Wie dieser sendet er seine Boten ins Land als die geringen Leute[1], aber reich, weil sie die Bibel aus ihrer Vergessenheit holen. Ihm ist am Papsttum und seinem Prunk die Unwahrheit und der Widerspruch zum biblischen Urbild in grellstem Licht aufgegangen. Die schlichte Art Jesu und seiner Jünger hat es ihm angetan. Das neutestamentliche Zeugnis vom Glauben, der am Wort der Schrift geboren wird, bleibt seiner denkmäßigen und gesetzlich klaren Einordnung aller Dinge noch fremd. Darum ging es ihm ähnlich wie Franziskus. Sie stehen beide noch zu tief auf dem Boden ihrer Kirche und arbeiten gar zu sehr mit ihrer Theologie, als daß sie ihre Reformatoren werden können. Dennoch sind sie Wegdeuter mit erhobenem Finger, Männer prophetischen Ausmaßes. Wiclef hat es ausgesprochen als eine Erfahrung seines zuletzt sehr leidvollen Lebens:

»Ich bin gewiß, daß die Wahrheit des Evangeliums für eine Zeit stürzen und infolge der Drohungen des Antichrist über ein Kleines verschwiegen bleiben kann, aber ausgelöscht kann sie nicht werden, da die Wahrheit selber spricht: Meine Worte werden nicht vergehen, wenn auch Himmel und Erde vergehen!«

Nachdem sich ihm die Universität Oxford verschlossen hatte, setzte Wiclef von seiner Pfarrei Lutterworth aus seine Arbeit fort, die in einer *rein religiösen Opposition* gegenüber der Papstkirche bestand.

[1] Lollharden = Unkraut, Spottname

6. *Hus und die Hussiten*

In Wiclef hat ein Mann festen Fuß gefaßt auf dem Felsenboden des Wortes. Und dieses Wort wird seine Bewegung weitertragen über ihn selbst hinaus. Das gilt zunächst von *Wiclefs größtem und treuesten Schüler*, von *Johannes Hus* (1369–1415), dem Prediger und Professor in Prag (Universität seit 1348, selbständiges Erzbistum seit 1344).

Geb. 1369 in Südböhmen, 1396 in Prag Magister Artium, 1398 Professor, 1400 Priester, 1402 Prediger, 1405 Synodalprediger. Seit 1402 Kenntnis wiclefscher Schriften. 1403 verbieten die an der Universität die Majorität bildenden Deutschen 45 wiclefsche Sätze. Hus wird 1408 seiner Stellung als Synodalprediger enthoben. 1409 wegen des Streits an der Universität über das Papst-Schisma Änderung der Universitätsverfassung zugunsten der Tschechen, die Deutschen ziehen aus und gründen 1409 die Universität Leipzig. Trotzdem bleiben Erzbischof, Universität, König Wenzel mit Hus verfeindet. 1411 wird Hus exkommuniziert, die Bürgerschaft tritt leidenschaftlich für Hus ein. 1412 erklärt sich die theolog. Fakultät gegen Hus, der Papst verhängt großen Bann. Hus verläßt Prag. Kaiser Sigmund (1410–1437), Wenzels jüngerer Bruder, fordert Hus auf, unter kaiserlichem Geleit das Konstanzer Konzil (1414–1418) zu besuchen und dort in einem Religionsgespräch einen Ausgleich herbeizuführen.

Im ganzen nicht so radikal wie sein Meister, hat er doch das, was er im Kampf gegen seine sittlich entartete Kirche vertrat, durch alle Not von Bann und Verhör zu Konstanz bis zum Tode getreu bezeugt. Sein Scheiterhaufen beleuchtet eigenartig scharf den Anfang des Jahrhunderts, in dem man noch einmal mit letzter Kraft versucht, die Kirche mit ihren eigenen Mitteln an Haupt und Gliedern zu reformieren. Auch die Untat des Konstanzer Konzils läßt sich nicht mehr verschweigen. Das gebrochene Kaiserwort des freien Geleits für Hus wird für das Volk der Tschechen zum blutigroten Fanal eines religiösen Befreiungskampfes mit all seinen Schrecknissen. Man kann die Verlegenheit der Kirche daran ermessen, daß sie schließlich der gemäßigten Richtung, den sogenannten Utraquisten (Brot und Wein) den Laienkelch zugestand, während die radikale Gruppe der Taboriten in der Opposition verharrte. Aber ihnen gemeinsam ist das Feuer des Johannes Hus, lieber Gut und Leben zu wagen, als gegen das Wort der Bibel mit Rom einen Frieden zu schließen. Nachkommen dieser Kämpfer sind die *böhmischen und mährischen Brüder*, die dann, mit den Waldensern im Bunde zur *Unitas fratrum* (Brüder-Unität) zusammenwachsend, die Vorbereitung für die *herrnhutische Gemeine* wurden.

Um der brennenden Not, zumal dem Unwesen des doppelten Papsttums, zu steuern, werden im 15. Jahrhundert jene Konzilien einberufen, die in jahrelangen Sitzungen Rat zu schaffen suchen.

Pisa (1409; die Päpste Gregor XII. und Benedikt werden abgesetzt, der Grieche Alexander V. gewählt. Da die abgesetzten Päpste weiter amtierten, hatte die Kirche nun drei Päpste),

Konstanz (1414–1418, verurteilt Lehre und Person Wiclefs; Kaiser Sigmund läßt Hus fallen; das Konzil wird dem Papst übergeordnet; das Schisma wird beseitigt: an die Stelle von Johannes XXIII., Gregor XII. und Benedikt XIII. tritt Martin V. 1417–1431, der für 1431 das Konzil nach Basel einberuft),

Basel (1431–1449; aus der Entmachtung des Papstes wird radikale Vormachtstellung der Konzile, gegen die sich die weltlichen Mächte neutral verhalten und damit das Konzil isolieren; bald gehen die neutralen Staaten, der Kaiser und die deutschen Kurfürsten wieder zum Papst (Eugen IV.) über).

Wohl gelang es endlich, das Schisma zu beseitigen, aber schließlich nur um den Preis, daß sich das Papsttum gegen alle wirklichen Reformvorschläge des Konzils zu Basel sträubte. Es ging hierbei vor allem um die Änderung der Geldwirtschaft und das Leben der Kleriker, Dinge, die nunmehr zum öffentlichen Skandal geworden waren. Ein letzter, durchgreifender Ernst ist aber dort nie vorhanden, wo Menschen nur um ihren Platz kämpfen. Erschütternder kann dieser nackte Tatbestand nicht bezeugt werden als durch die Bulle *Pius' II.* (1458–1464), der 1459 schon erklärte, wer an ein Konzil appelliere, werde aus der Kirche ausgeschlossen.

7. Die Renaissance, eine neue Religion des Humanismus

Die Päpste flüchten in Kunst und Politik

Während die Kirche des zu Ende gehenden Mittelalters ihre Stunde verpaßt, erhebt sich auf italischem Boden als letzte, große Blüte mit vorwärtsweisender Kraft die Renaissance. In ihr faßt sich das reichbegabte Menschentum der Antike mit allen positiven Kräften der Moderne zusammen, die noch einmal das auseinanderfallende Zeitalter in gewaltiger Schöpfung zu gestalten versucht. *Die Statthalter Christi haben sich in die Kunst geflüchtet, während die eigentlichen Fragen unerledigt bleiben.* Aber die *Leonardo da Vinci* (1452–1519), *Michelangelo* (1475–1564) und *Raffael* (1483–1520) haben ihnen diese Flucht reichlich gelohnt. Und mehr noch, in diesen Päpsten und ihren Künstlern glühte ein neues Menschentum, dem die bisherigen Formen zu eng waren. Es ist der unbezähmbare Wille zum Leben, der die Menschen der Renaissance bis zum Verbrechertum zu Übermenschen steigert. Eins ist deutlich, sie alle leben nicht aus der Welt der Kirche. Sie greifen zu den Griechen und begeistern sich an der Schönheit ihrer Bildwerke, sie vertiefen sich auch in der Bibel, um Motive wie Mose oder Paulus zu formen, sie sind aber vor allem Menschen der Gegenwart und erleben in Liebe und Leid, wie sich im tollen Wechsel ihre Tage erfüllen.

Ein Zeitalter sagt Ja zur Natur

Und wenn sie die elementaren Gesetze der Sittlichkeit durchbrechen, wenn die spanischen Borgias im Vatikan wie Alexander VI. 1492–1503 und seine Kinder Lucrezia und Cesare Borgia, die Männer wie die Frauen, mit Ehebruch, mit Gift und Dolch am Papstthron wüten, und die *Medicis in Florenz* alle Mittel der Politik anwenden, um ebenfalls zu kirchlicher Macht emporzusteigen, so entsteht hier wiederum die eine Frage: Ist das nicht alles Reaktion gegenüber einer asketisch-mönchisch verdrängten Natur, Jugendkraft wider die grausige Vergreisung ganzer Generationen in den Klöstern? Reaktion gegen eine Botschaft vom Leben, die über dies alles das Memento Mori (Gedenke des Sterbens) schrieb und doch den Büßer nicht zum Frieden mit Gott zu führen vermochte? Die Renaissance ist so verstanden die Religion des Menschen. Hier wagt man es endlich, ein Ja zur Natur zu sagen und dem zur Lüge gewordenen Zölibat zu entrinnen.

Der Protest gegen den Geist der Jahrhunderte

Für die Kirchengeschichte entsteht neben dem künstlerischen Ertrag dieser Epoche die Frage nach ihrem tiefsten Sinngehalt innerhalb der Gesamtentwicklung. Während in einer deutschen Klosterzelle abseits von der Welt ein junger Mönch sich abmartert, um mit Gott in Ordnung zu kommen, lebt in Päpsten wie Julis II. (1503–1513) die Freude am Diesseits, an Kunst und Wissenschaft und oft mehr noch an Kriegstaten und Jagden. Wo die Frage nach dem Sinn des Daseins aufgebrochen ist und alte Antworten einfach nicht mehr genügen, steht schon ein neues Zeitalter vor der Tür. Da bohrt *Laurentius Valla* (1408–1457) an der Echtheitsfrage altkirchlicher Dokumente und erkennt die berühmte konstantinische Schenkung als Fälschung. Da arbeitet *Machiavelli* (1469–1527) auf Grund seiner historischen Studie eine Staatslehre aus. Es ist, als ob Fesseln von Jahrhunderten springen und Menschen zum ersten Mal wieder den kirchenfreien Raum des Daseins bald mit ehrfürchtigem, bald keckem Staunen betreten.

»Es ist schwer, es mit einem Wort zu bezeichnen: Subjektivismus, Individualität, Selbst-sein-Wollen, Freiheit, Tätigkeit. Es war der Protest gegen den Geist der Jahrhunderte, die man durchlebt hatte, und der Anfang zu einer neuen Stellung zur Welt überhaupt.«[1]

Da hatte schon Petrarca († 1374) im Humanismus Weisheit und Frömmigkeit zu vereinen gesucht. Es ist auch jetzt nicht nur das griechische Ideal der Heiterkeit, der Freude am Leben, mit dem sich der schauende Mensch für kurze Zeit diese Welt erträglich macht. Das mag oft die Außenseite sein. Das Geheimnis selbst aber liegt tiefer. Niemand hat das wohl mit so brennender Seele empfunden und zum Ausdruck gebracht wie Michelangelo:

Schon naht auf sturmdurchwühltem Meer mein Leben
dem großen Hafen sich in schwankem Kahn,
um Rechenschaft am Ende seiner Bahn
vom guten und vom schlechten Tun zu geben.
Die Phantasie, die schmeichelnd wollt erheben
die Kunst als Abgott auf den Herrscherthron,
wie weit sie fehlging, nun erkenn ich's schon,
und wie zum Leide wird des Menschen Sterben.
Verliebtes Sinnen, heiter einst doch leer,
was wird aus ihm, da zwiefach naht der Tod?
Gewiß ist einer mir, der andre dräut.
Jetzt stillt nicht Malen und nicht Meißeln mehr
die Seele, Liebe sucht sie nur bei Gott,
der uns vom Kreuz die offnen Arme beut.[2]

Renaissance und Reformation stehen sich näher, als es auf den ersten Blick erscheinen mag. Und doch sind sie wiederum so weit entfernt voneinander wie Frage und Antwort, dunkelste Sehnsucht und überraschendste Erfüllung, wie Menschengeist und Gottes unerhörte Gnade.

Der deutsche Humanismus

In Deutschland entstand unter dem Einfluß der italienischen Renaissance der deutsche Humanismus, dessen Vorgeschichte auf den Luxemburger Karl IV. (1347–1378) zurückgeht. Entscheidend für die folgende Entwicklung wurden die klassischen Studien in den *Lateinschulen von Heidelberg* (Rudolf Agricola 1443–1485), *Schlettstadt* (Jakob Wimpfeling 1450–1528), *Deventer* und in den Schulen der »Brüder vom gemeinsamen Leben«. Gegen Ende des 15. Jahrhunderts kommen die Humanisten an die Universitäten (zwischen 1348 und 1506 waren 17 nach dem Muster der Pariser Sorbonne gegründet worden), als erste nach Wien, dann an die von Basel, Tübingen, Heidelberg, Freiburg, Ingolstadt. Zum Mittelpunkt wurde Erfurt (Blütezeit 1517–1521

[1] Harnack, Dogm. Gesch. III, 677

[2] Michelangelo, Dichtungen, übertragen von H. Nelson, Jena 1909

mit K. M. Rufus, Hessius, Rubianus, Trutvetter, dem Lehrer Luthers). Die berühmten deutschen Humanisten sind *Johann Reuchlin* (1455–1522 und *Erasmus* (1466–1536).

Berühmte Malerschulen der Zeit: die Alt-Kölner-Malerschule mit *Meister Wilhelm* (†1410) und *Stephan Lochner* (†1452); die altflandrische Malerschule mit *Hubert und Jan von Eyck*, die brabantische mit *Hans Memling* (1495). Gipfel der deutschen Renaissance sind *Albrecht Dürer* (1471–1528) und *Matthias Grünewald* (†1529).

8. Der Bußruf Savonarolas

Und wiederum wie am Anfang des Jahrhunderts flammt ein Scheiterhaufen auf und beleuchtet jäh die Verworrenheit der Zeit. *Girolamo Savonarola* (1452–1498), der Prior des Dominikanerklosters von St. Marco zu Florenz, richtet im Namen Gottes Panier auf wider den Geist seiner Kirche und insonderheit wider Alexander VI., den frevelhaften Borgiapapst. Bußernst und Apokalyptik, Schrifterkenntnis und Gegenwartsblick reißen diesen Volksprediger dazu hin, mit seinem kleinen Florenz in den weltpolitischen Kampf zwischen Frankreich und der Kurie einzutreten. Aber sein Königreich Christi scheitert an der überlegenen Macht des Papstes und am inneren Zwiespalt von Savonarolas eigenen Anhängern. Und doch, nicht nur daran! *Die Verbindung religiöser und sozialpolitischer Ziele erweist sich wie noch so oft in der Folgezeit als unheilvolle Schwärmerei und Verkürzung des evangelischen Auftrages.*

Am Vorabend der Reformation rief Savonarola den immer wiederholten Satz in die Christenheit: »*Die Kirche wird erneuert werden, vorher aber gezüchtigt, und das wird bald geschehen!*« Wir haben auch diese Eliasgestalt nicht von dem Ort hinwegzunehmen, an dem sie steht – als echter Sohn der katholischen Kirche, deren tiefe Schäden und Auswüchse er bekämpft. Dieser Dominikaner gehört in die Reihe der Wiclef und Hus und der niederrheinischen Männer wie Johann Pupper von Hoch (†1475), Joh. Gansfort von Wessel († 1479) und anderer. Sie haben alle nicht nur die Reformbedürftigkeit der Kirche erkannt, sondern vom Boden der Bibel aus ihr Licht zur Beurteilung der Lage empfangen. Das aber zwang sie in eine Bewegung, die einer prophetischen Schau glich. Savonarola hat es noch im Sterben bekannt, als man ihn im Namen der triumphierenden Kirche überantwortete, daß er sich als Glied der kämpfenden Kirche wisse, einer Kirche aber, die auf den Sieg harrt. Darum hat ihm Luther in Dankbarkeit ein Denkmal gesetzt, das seine Stellung zu diesem Vorläufer in klares Licht rückt:

»Obwohl an den Füßen dieses heiligen Mannes noch etwas von dem Schmutz menschlicher Theologie haftet, so hat er dennoch es ausgesprochen und behauptet, wie aller Ruhm der Werke so gar nichts vor Gott und wie nötig der alleinige und gründliche Glaube im Gericht und Tod sei, ohne alle Werke, darauf man sich verlassen könne. Er erlitt den Tod, weil er Rom, den Abgrund des Verderbens, reinigen wollte. Aber siehe, er lebt, und sein Gedächtnis ist im Segen. Christus kanonisiert ihn durch uns, sollten gleich die Päpste und Papisten miteinander darüber zerbersten.«[1]

Literatur

E. Kantorowicz, Kaiser Friedrich II., 1927

Joh. Loserth, Hus und Wiclef, 1925[2]

Th. Brieger, Das Wesen des Ablasses am Ausgange des Mittelalters, 1897

J. Burckhardt, Die Kultur der Renaissance, 1950

J. Schnitzer, Savonarola, 1924

Zeittafel

Die Habsburger von 1440–1556

1440–1493 Friedrich III.:	schließt mit Papst Nikolaus V. das Wiener Konkordat ab (1448), das die Reformen der römischen Kirche verhindert. Konstantinopel wird Hauptstadt des Osmanenreiches (1453)
1493–1519 Maximilian I.:	gewinnt durch Heirat die Niederlande und Burgund
1519–1556 Karl V.:	Kämpfe in Italien, gegen die Türken, gegen die Reformation. Reichstag zu Worms. Verhandlung vom 18. April 1521 mit Luther

Renaissancepäpste

1447–1455 Nikolaus V.:	Wiener Konkordat mit Friedrich III., letzte Kaiserkrönung in Rom; letzter Gegenpapst; Felix V. dankt ab

[1] Luther zu Savonarolas Auslegung des 51. Psalms

1455–1458 Kalixt III.;	ein Borgia; Renaissancegegner; Anrufung eines Konzils ist Häresie
1458–1464 Pius II.	
1464–1471 Paul II.	vertreibt Literaten aus der Kurie
1471–1484 Sixtus IV.:	Günstlingswirtschaft, Ämterschacher, Ablaßbulle 1477; Bau der Sixtinischen Kapelle
1484–1492 Innocenz VIII.:	erste öffentliche Anerkennung der Kinder des Papstes, Hexenwahn
1492–1503 **Alexander VI.**:	Vater v. Lucretia u. Caesare Borgia; Korruption, Intrigen, Verbrechen im Vatikan
1503 Pius III.	
1503–1513 Julius II.:	Wiederherstellung des Kirchenstaates; zieht Bramante, Raffael, Michelangelo nach Rom; Bau des Petersdoms (1506)
1513–1521 **Leo X.**:	Mäzen, verurteilt 41 Sätze Luthers, Machtkämpfe mit Franz I. von Frankreich und Karl V.

An der Schwelle der Reformation

Wir brechen hier mit der Kirchengeschichte des Mittelalters ab, denn wir stehen an der Schwelle der neuen Zeit. Ein Raum von rund einem Jahrtausend liegt hinter uns. Wir ermessen die Kräfte, die den Schauplatz bestimmen.

Es spaltet sich der *Osten und Westen des alten Kaiserreichs* um das Mittelalter. Beide stoßen nach Norden vor, und das Feld der Geschichte füllen nun die *Franken und Sachsen*. Den Sieg erringt nicht der Arianismus, sondern der *römisch-katholische Glaube*. Mit ihm verbindet sich seit den Zeiten Gregors I. und des Bonifatius der feste Anschluß an den Statthalter Christi und damit auch an die Bildung der Antike.

Das politische Erwachen der jungen Völker führt zur schweren Auseinandersetzung zwischen dem nationalen und universalen, dem weltlichen und geistlichen Reich, zum Kampf zwischen Kaiser und Papst. Im raschen Auf und Nieder dieses Streites reiben sich beide Seiten auf, weil es an der Grundeinsicht in die Selbständigkeit, wenn auch notwendige Beziehung, beider Reiche fehlt. Unter solchem Geschehen werden aber zugleich die geschlossenen Gefüge der Kirche aufgerissen.

Das *Armutsideal* ist die wachsende Gegenwehr gegen die Kirche der weltlichen Macht; die Kritik der Denker und Dichter wird mehr und mehr die Antwort auf den überspannten Autoritätsbegriff eines geschichtlich-gesetzlich und sakramentlich-magisch verstandenen Glaubens und gegen die Entmündigung der Gemeinde.

Die *Mystik* sucht das Individuum gegenüber dem gleichmachenden Griff einer üblichen Werkfrömmigkeit zu retten. Dazwischen aber steigt noch ein anderes Ideal kommener Dinge auf.

Die *Kreüzzüge* und die *Nachahmung Christi* haben das neutestamentliche Bild des Erlösers wieder in den Vordergrund gerückt.

Waldenser und *Katharer, Wiclefiten* und *Hussiten* stoßen durch das Gehege einer philosophisch verschränkten, im Denken des Menschen verhafteten Theologie hindurch und suchen im Wort der Bibel die Basis für ihren Sturm gegen die entstellte Kirche. Noch fehlt ihnen der Schwerpunkt, das Zentrum, von dem aus das römische System aus den Angeln gehoben werden muß. Aber die Richtung ist eingeschlagen, die zur Entscheidung führen wird. Die Gemeinde der auf die kommende Kirche Harrenden wächst von Jahrhundert zu Jahrhundert. Inquisitionsverfahren und Scheiterhaufen, Bann und Interdikt, Reformkonzilien und päpstliche Bullen können nicht darüber hinwegtäuschen, daß die Kirche an Haupt und Gliedern nicht dieser und jener Mittel, sondern einer ganzen Heilung bedarf.

TEIL III

Reformation und Gegenreformation

22. Kapitel

Die politische Gesamtlage der Nation

Fragen an die Reformation – Karl V. und die andrängenden Türken – Die Reformation als Geschenk für den Norden – Die Auseinandersetzung im innersten Raum der Kirche

1. *Die Reformation kein politisches Unternehmen*

Spaltet die Reformation ein Volk?

Einen Zeitraum von nicht ganz zwei Jahrhunderten umspannt die Geschichte der Reformation und Gegenreformation, und kaum mehr als ein Menschenalter ist von der Bewegung erfaßt, deren Ursprung wir in Martin Luther sehen. Wer nur vom Standort des nationalen Blickfeldes die Dinge zu beurteilen gewohnt ist, muß von vornherein bedenklich werden, wenn er merkt, wie ein Volk durch eine große religiöse Epoche gespalten wird. Man begrüßt wohl im Reformator das religiöse Genie, meint aber die Tragik eben in jener konfessionellen Zweiteilung der Nation erkennen zu müssen, an der wir nun über vier Jahrhunderte zu tragen haben. Der Gedanke gewinnt dadurch an Kraft, daß man erwägt, in welchem Maße damals *Frankreich, England* und *Spanien in sich geschlossene nationale Gebilde* sind mit absoluten Königen.

Wäre uns ohne die Reformation das Geschenk der Einheit früher beschert worden?

Hat der Protestantismus die deutsche Neigung zum Individualismus gefördert?

Hat die Abwendung von Rom und die Abneigung gegen das katholische Kaisertum der Habsburger die Kleinstaaterei und den nur nach innen gerichteten Gesichtskreis verstärkt?

Diese Frage stellen, heißt aber im Grunde die andere ungleich wichtigere in den Vordergrund rücken:

War denn der deutschen Einheit überhaupt anders Bahn zu brechen als dadurch, daß eine ganz neue Gewalt am Gefüge des deutschen Geistes rüttelte, eine Gewalt, die sich mächtiger erwies als alle Klammern, die die Städte und Länder religiös und national an außerstaatliche und fremde Befehlsstellen banden?

Konnte Deutschland je zur Erfassung seiner geschichtlichen Sendung gelangen, solange es von einer Kirche beherrscht wurde, die letzten Endes den Menschen unter den römischen Einfluß brachte?

Die neue Fragestellung

Dennoch! Luthers Auftrag ist mit diesem Gedanken nicht verstanden! Er kam nicht von der politischen Schau her, ihn trieb auch nicht ein reformerisches Anliegen in Verbindung mit einer geheimen Abneigung gegen den Charakter seiner Kirche. Vulkanartig, weit über sein eigenes Sehen hinaus hat ihn diese eine und einzige Entdeckung seines Lebens geworfen: *die Erkenntnis der Gerechtigkeit Gottes in Christus.* Wie dieser neue Glaube das gesamte Denken und Handeln verändert, wie er dem Sauerteig gleich alle Gebiete der Welt durchdringt, auch das politische, das ist der Inhalt der Reformationsgeschichte. Hier ist mehr als die Entdeckung Amerikas und die Erfindung der Buchdruckerkunst, hier beginnt eine totale Umwälzung, und zwar in derselben Kraft, durch die einst die Männer des Neuen Testamentes ihren Zeitgenossen ein unüberhörbares Zeugnis verkündigten.

2. *Gottes bewahrende Macht in der Reformation*

Welch ein sonderbares Bild! Während die spanisch-habsburgische Weltmacht ihre Stunde gekommen sieht und der junge *Karl V.* (1519–1556) seine Länder um das zerrissene Deutschland und das geeinte Frankreich herum als festgefügten Gürtel legt, bricht aus ungeahnten Tiefen ein Quell auf, von dessen Mächtigkeit in diesem Augenblick niemand eine Vorstellung besitzt. Und während der Papst Leo X. im Rausch der Renaissance und im klugen Wechselspiel zwischen dem Kaiser und dem ebenso jugendlichen Franz I. von Frankreich seine Ziele verfolgt, führt eine völlig unpolitische Bewegung wie die Reformation eine neue Zeit herauf, eine Zeit, die sowohl dem päpstlichen wie dem habsburgischen Weltmachtsgedanken einen endgültigen Riegel vorschiebt.

Die Türkengefahr bindet die politischen Kräfte

Und weiter, zu einem Zeitpunkt, da Karl V. das einheitliche Imperium seines größten Namensträgers wiederherstellen will und dazu gerade den Träger dieses Baues in der römischen Kirche findet, muß er den Vorstoß der Reformation als Katastrophe bezeichnen und dennoch dulden, da er nicht in der Lage ist, in Deutschland durchzugreifen. Denn ein neues Moment schiebt sich gebieterisch in den Vordergrund: *Die Türkengefahr* – 1521 eroberten sie Belgrad – *zwingt den streng katholischen Monarchen, die Reformation nicht zu hindern, um dafür der Unterstützung auch der evangelischen Reichsfürsten gewiß zu bleiben.*

So türmen sich die Ereignisse, und während der Mitlebende von dem chaotischen Wirrwarr, von der oft scheinbaren Zwecklosigkeit und Widersinnigkeit des Geschehens beeindruckt ist, erkennt der nachsinnende Blick, in welchem Maße dennoch eine einzige Linie deutlich wird. Diese Reformation, gegen die sich alle Gewalten der Zeit zusammenballen, diese spaltende, unpolitische und höchst kritische Bewegung setzt sich in deutschen Landen dennoch durch und greift weit über die Grenzen des Reiches. Sie bereitet kommende Geschichte vor und zieht unter eine überfällig gewordene Zeit den Schlußstrich.

Zeit des Verfalls – Zeit der Erneuerung

Wir sehen es heute deutlicher als früher, daß die Reformation in erster Linie ein Geschenk an die germanischen Völker geworden ist. Auch das Genf des französischen Calvin hat seine größten Wirkungen in den Niederlanden und auf englisch-schottischem Boden gefunden. Keine politische Macht bindet die abbröckelnden Teile der deutschen Nation, die Niederlande und die Schweiz. Auch der Norden und Osten erliegen nach dem Verfall der Hanse und der Deutschritter im Baltikum der Eigenbrötelei beschränkter Teilunternehmungen. Im Innern des Reiches herrscht aber die ängstlich-kleinliche Politik der Territorien, weithin ohne den großen Zug und das Wissen um den Gesamtlauf des Jahrhunderts. In diese ärmliche Welt, die den Mangel an einer zusammenfassenden Idee wohl empfand und ihn doch nicht auf einen klaren Ausdruck zu bringen vermochte, aber auch in die Sehnsucht der Renaissance und des Humanismus nach den wahren Lebensquellen des Geistes fiel die Reformation wie ein Blitz, schreckenerregend und doch befreiend für den, der hier zum Sehen bereit wurde.

3. *Allgemeine Kirchenkritik*

In der Kritik am Bestehenden waren sich allerdings die Zeitgenossen Luthers weithin einig. Das Urteil lag in der Luft, die kirchlichen Reformen des 15. Jahrhunderts seien ein einziger Fehlschlag. Wo war man der Geldgier, der Ämterjagd, dem krassen Genießertum und der skrupellosen Diplomatie an die Wurzel gekommen? Man hatte vielerlei beschlossen, aber der Geist einer rücksichtslosen Diesseitigkeit vom Papsthof an bis herunter zum schlichtesten Amtsträger war damit noch nicht verändert. Der Schrei jener Flugschrift aus dem Jahre 1438 hatte noch keine Erhörung gefunden. Diese sogenannte *reformatio sigismundi* sollte für das Konzil zu Basel wegweisend sein:

»O Herr«, so beginnt die Schrift, »Gehorsamkeit ist tot, Gerechtigkeit leidet Not, nichts steht in seiner rechten Ordnung. Eines soll man wissen, daß es nicht mehr wohl gehen mag, man habe denn eine rechte Ordnung geistlichen und weltlichen Staates.«

Ähnlich hatte auch Dante einst die Not der Kirche geschildert:

»Du siehst die Kirche Roms; durch ihre Gier,
die beiden Regiment in sich zu paaren,
fiel in den Kot sie und ihr Amt mit ihr.«

Kirche in der Krise

Seitdem war es nicht aufwärtsgegangen. Statt eine zahlreiche Menge von Tatbeständen aufzuzählen, seien nur die Hauptpunkte genannt, an denen es sichtbar wurde, in welcher Krisis die Kirche sich befand.

Dicht neben der *lebensfrohen Reanissancestimmung* steht die *Flucht in die Klöster*. Ihre Zahl wächst in besorgniserregender Weise um die Jahrhundertwende. Was hat eine Kirche zu sagen, wenn zwei derartige Extreme unausgeglichen das Bild beherrschen?

Und weiter, *neben dem Kultus der Heiligen und der Maria* zumal *trägt das Christusbild trotz* aller weihnachtlich-kindlichen Freuden *mehr und mehr den schrecklichen Zug des Richters*. Kann eine Kirche, solange sie sich nach diesem Christus nennt, ihre Botschaft ausrichten, wenn sie zugleich sein Evangelium in so zentraler Weise entstellt?

Und endlich: *Man sammelt Reliquien in beängstigender Häufung* – bekannt ist hierfür das Museum des Erzbischofs von Mainz –, aber *dem in die Millionen gehenden Ablaßwert entspricht in keiner Weise die Gewißheit des Heils*. Im Gegenteil, je mehr man rechnet, um so unsicherer wird das ganze Unternehmen. Der Kaufmann, den uns Gustav Freytag in den »Ahnen« schildert, zwischen Angst und Hoffen hin und her bewegt über seinem Tagebuch, dieser ehrliche deutsche Mann ist keine Erfindung. Eine Kirche aber, die an dieser Stelle schwankt zwischen der Wahrheit ihrer Botschaft und der schnödesten Profitgier, kann reformieren, soviel sie will, sie bleibt krank am Haupt und an den Gliedern.

Gerade die Schärfe der genannten Spannungen mag zeigen, wie hier alles zu einer Entscheidung drängte. Woher sie kam, ja einzig kommen mußte, das ist das Geheimnis einer Geschichte, die sich erst zu gegebener Stunde vor aller Augen vollzog. Die Gegensätze – nicht Mißverständnisse – sind tief.

Wie die Kirche Roms und die ihr folgenden politischen Gewalten den Ruf der Reformatoren beantworteten, hat die Geschichte der Gegenreformation zu zeigen. In ihr stehen alle Kräfte eines sich auf sein Wesen besinnenden Katholizismus vor uns auf. Weil der evangelische Stoß so mächtig war, mußte sich das innerste und verborgenste Gefüge des Katholizismus offenbaren. In diesem Kampf haben beide Kirchen zu erweisen gehabt, daß sie nicht durch ein vorübergehendes Mißverständnis geschieden waren, sondern durch einen totalen Gegensatz in der Erkenntnis des Evangeliums. Dadurch gewinnt die Auseinandersetzung eine bis zur Gegenwart übergreifende d. h. immer noch entscheidende Bedeutung. Daß der Protestantismus den Kampf nicht in einer sichtbaren Einheitsfront führte, sondern in einer schon damals großen Mannigfaltigkeit, kann jedenfalls den Erweis bringen, wie fern ihm auch in diesen Jahrzehnten der Gegenreformation politische Gesamtziele liegen. Gegenüber der Machtfülle und Konzentration Roms erscheint der Widerstand der evangelischen Gruppen als ein hoffnungsloses Unternehmen. Und wiederum muß vor den Augen einer erstaunten Welt die Unausrottbarkeit dieser Ketzer ein Zeichen dafür werden, daß hier eine Wesenhaftigkeit von unbegreiflicher Art zum Durchbruch gelangte.

Allgemeine Literatur zur Reformationsgeschichte

Leopold v. Ranke, Geschichte der Reformation in Deutschland, 1917
Paul Joachimsen, Das Zeitalter der religiösen Umwälzungen, Propyläen-Verlag, Band 5
Karl Brandi, Die deutsche Reformation, 1927
ders., Karl V., 1942/44
Gerhard Ritter, Die Neugestaltung Europas im 16. Jahrhundert, 1950
Joseph Lortz, Die Reformation in Deutschland, 1949

23. Kapitel

Der junge Luther 1483–1525

1. *Bis zum Eintritt in das Erfurter Kloster (17. 7. 1505)*

Die Lutherbilder

Wie die Lutherbilder trotz der teilweise guten Darstellungen der Cranachs (bes. d. Ä. 1472–1553, Hofmaler Friedrichs des Weisen in Wittenberg) im Lauf der Jahrhunderte gewechselt haben, so unterliegt auch jede Lutherbiographie den zeitlichen Grenzen des theologischen Geichtsfeldes. Hinzu kommt, daß man in den Reformator gar zu gern die Ideale des eigenen, meist heldischen Menschen legt und ihn jeweils zum Wunschbild macht.

Mit der Entdeckung des jungen Luther wurde unsere Kenntnis seines inneren Werdens und hier namentlich seines theologischen Ringens in überraschender Weise bereichert. Nun ging der Kampf nicht mehr gegen die katholischen Angriffe *Denifles* und *Grisars*, auch blieb die Darstellung nicht am psychologischen oder psychiatrischen Interesse hängen. Selbst die deutsche genialische oder dämonische Deutung mußte verstummen. *Heinrich Böhmer, Karl Holl* und *Otto Scheel* bemühten sich einheitlich, den wirklichen Luther aus den Quellen seines Schrifttums darzustellen. *Die dialektische Theologie* nahm mit Dank diese Forschungen auf und stellte sie in den Gesamtbereich des theologischen Denkens.

Wir wissen heute, daß es mit einem Ausdruck wie »Lutherrenaissance« noch nicht getan ist, auch das kann wiederum an dem Anliegen vorbeiführen, endlich einmal von den Konstruktionen und Modernisierungen loszukommen und den Reformator selbst zu hören. Dennoch nehmen wir heute wahr, wie in der gesamten evangelischen Kirche, weit entfernt von irgendeinem Konfessionalismus, die quellfrischen Schriften Luthers wieder gelesen werden und wie man vor allem in den Fragen zwischen Staat und Kirche in seinem Zeugnis nach Klärung und Antwort sucht. Auch die katholische Forschung hat durch *Joseph Lortz* eine Wende erfahren.

Faßt man Luthers Herkunft und Jugendzeit mit seinem späteren Auftrag zusammen, so kann das Urteil nur dahin gehen: Hier waltet jene providentia specialissima (die ganz besondere Vorsehung), die auch im kleinsten Zuge nicht unbedacht die Gaben und Kräfte zubereitet. Im Abstand der Jahrhunderte erkennen wir, daß dem Sprößling aus der Mitte des Reiches, aus thüringischem Bauerngeschlecht, für ganz Deutschland, den Norden sowohl wie den Süden, ein besonderes Maß gemütstiefer Anlagen mitgegeben wurde.

Wie dem Vater – von Beruf Bergmann, von Möhra in Thüringen nach Eisleben verzogen, wo Martin geboren wurde, und von da 1484 nach Mansfeld – eignet dem Sohn ein starker Wille vorwärtsstrebenden Lebens. Bildung und Erziehung erhielt Martin in der Stadtschule von Mansfeld, bei den Brüdern vom gemeinsamen Leben in Magdeburg und in der Lateinschule von Eisenach. 1501 Student an der Universität Erfurt, »artistischen Fakultät«. 1505 zum Magister Artium promoviert, auf Wunsch des Vaters Beginn des Jura-Studiums. Zu nüchtern verlaufen die Jahre, um irgendeinen Anlaß zu geben, von auffallenden und verheißungsvollen Eigenschaften zu reden. Seine philosophischen Studien jedenfalls gingen weit genug, um ihn später klarer sehen zu lassen, in wie verhängnisvoller Weise Aristoteles das gesamte Denken bei Occam und Biel, den spätmittelalterlichen Scholastikern, beherrschte. Sie boten aber auch nach des Vaters rechnenden und auch wohl ehrgeizigem Willen die Voraussetzungen zum juristischen Studium. Darüber hinaus las der Student Augustin, Mystiker und studierte eifrig die Bibel, zunächst die Vulgata.

2. *Das Turmerlebnis*

Abschluß der Studien – bis 1508

Am 17. Juli 1505 bricht Luther das eben angefangene juristische Fachstudium ab und tritt in das Kloster der Augustiner-Eremiten zu Erfurt ein. Nicht nur das in Lebensgefahr durch ein Gewitter geleistete Gelübde veranlaßt ihn dazu; hinter dem Schrei: »Hilf, heilige Anna, ich will ein Mönch werden« – steht eine Erkenntnis, die ihn mit bestimmte, einem übermächtigen, unbedingten Willen sein Leben ohne Widerspruch auszuliefern. Demzufolge war er nun auch bereit, alles zu tun, was die Ordensregel der Augustiner-Eremiten und das Gebot seiner Vorgesetzten von ihm forderten. Aus dem Philosophen und Juristen wird nun der Theologe, der an der Schrift, an den Scholastikern seine ersten Studien macht, der, zum Priester geweiht, des Vaters stillen Widerspruch immer noch zu spüren hat, und den der Scharfblick seiner Klosterbrüder schon 1508 nach Wittenberg (die Universität dort wurde 1502 von Friedrich dem Weisen gegründet) sendet, um dort neben der Vollendung seiner theologischen Arbeiten philosophische Vorlesungen zu halten.

Innerhalb dieser glänzenden Laufbahn vollzieht sich nun die Geschichte eines Seelenkampfes, wie er erschütternder nicht gedacht werden kann. Man darf das Leitmotiv des gesamten Ringens dieser Jahre in der Tatsache finden, *daß einem Menschen Wirklichkeiten begegnen, die den Rahmen seiner Frömmigkeit sprengen.*

Die vollkommene Buße

Er wußte im Anfang der Schlacht noch nicht, woher diese Wirklichkeiten kamen, oder wie er sie zu deuten habe. Der ungeheure Zorn Gottes im Gewitter bei Stotternheim war der erste derartige Eindruck, dem er in der Stille des Klosters zu entfliehen oder zu genügen gedachte. Während für Tausende in seiner Lage die Geschichte damit abgeschlossen wäre und die undurchdringlichen Mauern des Klosters ein Menschenleben begruben, muß dieser eine »Unglückliche« nicht lange darauf merken, daß ihn ein unaustilgbarer Zweifel als neue Wirklichkeit anficht. *Je mehr die Spätscholastik von den eigentlichen theologischen Anliegen, von dem, was Gottes ist, zu dem, was der Mensch leisten kann und soll, übergegangen war,* um so verheißungsvoller schienen alle die Bemühungen zu sein, die im Streben nach einer vollkommenen Reue dem Büßenden einen Höchstgrad innerer Befriedigung versprachen.

Wir sehen den jungen Luther, ergriffen von diesem Ideal des vollkommenen Lebens in der »devotio moderna«, in steilem Aufstieg begriffen. Für ihn sollen Theologie und Leben nicht auseinanderbrechen. Mit Hilfe von häufigen Bußübungen, Beichten und Sakramentsempfang muß es gelingen, den Gipfel zu erreichen. Wenn nun aber immer wieder die Erfahrung zeigt, daß der Erfolg den Erwartungen nicht entspricht und die Sünde bleibt, dann muß die Anfechtung zur Verzweiflung werden.

Der verzweifelte Büßer

An diesem Punkt gewinnt der Kampf sein kirchengeschichtliches Ausmaß. Zwischen Furcht und Hoffnung wandelten die Gläubigen des Mittelalters, wandeln die Frommen aller Zeiten dahin. Kann es für den Menschen mehr geben als diese Mittelstellung? Heißt das nicht gerade »Glauben« im Gegensatz zum Wissen?

Luther zog aus seinen Zweifeln den entgegengesetzten Schluß, als er sich zu den Verworfenen rechnete, denen von Ewigkeit her die Seligkeit versagt sei. Er hielt an der Richtigkeit der Vollkommenheitslehre fest, meinte aber für sich darauf verzichten zu müssen.

Aber auch diese Haltung erwies sich im rollenden Gang seiner Gedanken als unmöglich. Er konnte den Haß wider diesen Gott der Prädestination nicht hindern. Ein Gott, der seine Gabe so ungleich verteilt, kann nicht der gerechte Gott sein.

Nicht um Augustin, um Bernhard oder Thomas von Aquino – um Gott selbst geht es

Es war selbstverständlich, daß diese Anfechtungen des Bruders Martinus in einer so engen Lebensgemeinschaft nicht verborgen blieben. Man nahm an seinem Kampfe teil und suchte ihm nach dem Maß eigener Erfahrungen und Erkenntnisse zu helfen. *Johann von Staupitz vor allem, der Generalvikar des Ordens, hat Luther seelsorgerlich beraten.* Der von der Mystik herkommende Mann war so recht imstande, sein Beichtkind auf die Wunden Christi hinzuweisen, die größer sind als der Zorn Gottes und die Schrecken der Verworfenheit. Augustin, Bernhard und Thomas traten hier mit ihren besten Gedanken an das Lager des seelenkranken Mönches und richteten seinen Blick auf die Alleinwirksamkeit Gottes, der nicht nur die Gnade, sondern auch die Reue in uns schaffe.

Aber warum drang diese Theologie nicht durch, wiewohl Luther sie in voller Dankbarkeit eine Zeitlang als Hilfe empfand? Warum schlug selbst ein Wort seines Seelsorgers nicht durch wie dies: »Man muß den Mann ansehen, der da heißt Christus!«?

An dieser Stelle entsteht die Frage nach der inneren Notwendigkeit der Reformation, wie sie *J. Lortz* in seinem katholischen Werk über die Geschichte der Reformation neu gestellt hat. Konnte ein solches Wort aus dem edelsten Schatz der Kirche nicht ausreichen, um einen stürmenden Geist vor einem Bruch mit einer Geschichte von fünfzehnhundert Jahren zu behüten? Mußte auch hier noch, am Kreuz des Erlösers, die Scheidung erfolgen?

Luther mußte auch an Staupitz erkennen, daß dieser reifste Katholizismus keine volle Wendung weg vom Menschen war. Warum unterschied der Generalvikar die »rechtschaffenen Sünden« von »Humpelwerk und Puppensünden«, warum sprach er wiederum vom Verdienst des Büßers, der die Gnade doch noch zu ergänzen habe? Warum wurde dieser Beichtvater immer in dem Augenblick praktisch-ethisch, wenn es dem ringenden Mönch um die letzte Frage nach dem Wesen Gottes ging? Warum nahm er, dem Grundzug aller geschichtsflüchtigen Mystik folgend, diese todesernste Lage eines Theologen nicht in ihrem ganzen Schwergewicht wahr?

Gewiß, er verstand den tiefsten Sinn dieses Kampfes nicht, er glaubte ihn psychologisch verdrängen zu können, weil er selbst um die furchtbare Gotteswirklichkeit, um den unausweichbaren Zorn nicht wußte.

Erfurt – Rom – Wittenberg und das Turmerlebnis – bis 1513

Ein Jahr vor seinem Tode hat Luther in der Vorrede zur Gesamtausgabe seiner Werke von jener Entdeckung gesprochen, die ihm an Römer 1, 17 geschenkt wurde. Er war inzwischen nach Erfurt zurückberufen worden (1509), auf einer Ordensreise in Rom gewesen (1510), wo er vergeblich nach den Gnaden der Kirche verlangte; er war 1511 endgültig nach Wittenberg gegangen, wo er zum Doktor der Heiligen Schrift promovierte (1512) und die bis dahin von Staupitz versehene Professur übernahm – dies all seinem Sträuben zum Trotz, denn er wußte wohl, daß nun erst recht ein Kampf auf Leben und Tod für ihn begann. Er bereitet im Winter auf das Jahr 1513 seine Psalmenvorlesung vor und stieß im 31. Psalm immer wieder an die Worte: »In deiner Gerechtigkeit befreie mich!«

»Ich haßte nämlich das Wort Gerechtigkeit Gottes, weil ich es nach dem Sinn der Doktoren und Philosophen verstand: Gerechtigkeit, wodurch Gott gerecht ist und die Sünde und die Ungerechten straft . . . Ich raste also mit einem wilden und erregten Gewissen und klopfte dann erst an dieser Stelle bei Paulus an, mit brennendem Wissensdurst, was er denn eigentlich meine. Bis ich unter dem Erbarmen Gottes, Tag und Nacht über den Zusammenhang der Worte nachsinnend, merkte: Gerechtigkeit Gottes wird daran offenbar, wie die Heilige Schrift sagt: Der Gerechte wird seines Glaubens leben. Da begann ich zu verstehen, daß hier die Gerechtigkeit Gottes gemeint sei, wodurch der Gerechte durch das Geschenk Gottes lebt, nämlich aus dem Glauben – eine Gerechtigkeit, wodurch uns der barmherzige Gott durch den Glauben gerecht macht. Da habe ich gefühlt, daß ich von neuem geboren sei und durch die geöffneten Tore ins Paradies selbst eingehe. Da sah mich die Schrift selbst mit anderen Augen an.« W. A. 54. 179.

Von Christus, dem Richter, vor dem Luther in Todesangst auf der Flucht war, zu Christus, dem lebenschenkenden Retter, das ist die entscheidende Wende!

»Je mehr ich bisher das Wort Gerechtigkeit Gottes gehaßt hatte, um so lieber und süßer war es mir jetzt. So ist mir jene Stelle des Paulus in Wahrheit die Pforte zum Paradies geworden.«

Vom Gott der Philosophen zum Vater Jesu Christi – bis 1516

Es hieße aber, dies »Turmerlebnis« Luthers[1] zu kurz sehen, wenn wir es nur unter dem neuen Christusbild zu deuten vermögen. Der Reformator stand am Herzpunkt der Bibel und ihrer gesamten Offenbarung. Eine neue Erkenntnis Gottes ging ihm auf. Er nahm in tiefer Anbetung wahr, daß dieser Gott nicht der Gott der Philosophen ist, von dem man sich vernünftigerweise

[1] So genannt nach dem Stüblein, in dem Luther im Wittenberger Kloster die neue Schau der Schrift gewann.

eine Vorstellung zu machen und den man verdienstlicherweise zufriedenzustellen habe. Jedes menschliche Gottesbild läuft auf eine solche Linie hinaus, schließlich auf den nur fordernden Gott. *Es war Luthers neutestamentliche Grunderkenntnis, daß er von diesem Gott der Philosophen loskam und im Vater Jesu Christi den einzigen und persönlichen Zugang zum verborgenen Herrn der Welt fand.* Von hier aus wurde ihm weiter erschlossen, daß dieser Gott schon mit dem ersten Gebot, »Ich bin der Herr, dein Gott«, beides in sich vereint, den unbedingten Gehorsam und die ganze Verheißung: Für dich! Der fordernde und der vergebende Wille Gottes, das Gesetz und die Erlösung, die Gerechtigkeit und die Rechtfertigung durch Christus, ja, der Sünder und der in dieser Rechtfertigung Lebende brechen nicht auseinander, sondern stehen in einer alles Denken überragenden Einheit. Damit hat Luther nicht nur die römische Werkgerechtigkeit, sondern jedes moralistische Verständnis des Evangeliums bis hin zur Vollkommenheitslehre in der Wurzel abgewiesen. Eine Stellung war gewonnen, die sich in den kommenden Kämpfen als uneinnehmbar erwies. Hier stand die Schrift mit dem Mittelpunkt: Christus, der den Gottlosen gerecht macht.

Erst im Abstand der Jahre wurde es dem Reformator voll bewußt, von welcher entscheidenden Bedeutung diese eine exegetische Entdeckung für sein ganzes Leben sein sollte. Die Auslegung der Psalmen, die Römerbriefvorlesung von 1515 und die des Galaterbriefes von 1516/17 lassen den heimlichen Fund in erstaunlichem Umfang zur Entfaltung gelangen. *Damit hat der Protestantismus seinen zwiefachen Grund gefunden: in der Schrift und im Wort von der Rechtfertigung.* Nicht erst durch die Bibelübersetzung, sondern schon durch diese ersten Schriftauslegungen hat es der Reformator bezeugt, daß der Schwerpunkt seines Lebens nicht in den ihm zuteil gewordenen Erlebnissen lag, sondern in der Christusbotschaft selbst. Erst von ihr aus wird alles neu, und zwar immer wieder neu.

Wie ein Rückblick auf die hinter ihm liegende Durchbruchsschlacht erscheint aus dem Jahre 1516 der Brief an seinen innerlich angefochteten Klosterbruder Georg Spenlein:

»Nun möchte ich gerne wissen, wie es um Deine Seele steht, ob sie endlich lernt, ihre eigene Gerechtigkeit zu verachten, um in Christi Gerechtigkeit fröhlich und getrost zu sein. Denn heutiges Tages hat die Versuchung zur Vermessenheit Macht über viele und sonderlich über die, die mit ihren Kräften sich mühen, gerecht und fromm zu sein . . . In diesem Wahn, ja Irrwahn stecktest Du, als Du bei uns warst, und ich steckte auch drin. Aber auch noch jetzt kämpfe ich gegen diesen Irrwahn und habe noch nicht ausgekämpft. Denn wenn wir durch eigene Mühe und Plage zur Ruhe des Gewissens hindurchdringen könnten, wozu ist Christus dann gestorben? Darum wirst Du nur in ihm durch getroste Verzweiflung an Dir und Deinen Werken Frieden finden. Du wirst von ihm selber lernen: Wie er Dich angenommen hat, so hat er auch Deine Sünden zu seinen, seine Gerechtigkeit zu Deiner gemacht!«

Die Auslegung der Psalmen und vor allem des Römerbriefes (1515), aber auch die weitere Arbeit in der Auseinandersetzung mit seinen scholastischen Lehrern Occam und Biel zeigen, wie Luther bis zum Jahre 1518 die volle Erkenntnis der Theologie des Kreuzes bekommen hat. Er konnte nun frei und froh bekennen, daß es nichts ist mit dem Satz seiner Lehrer: »Tun, was in dir ist«! Nein, Christus hat alles für uns getan.

3. *Vom Thesenanschlag bis zur Wartburg 1517–1521*

Steil ist die Kurve, die in den nun folgenden Jahren Luther aus der Verborgenheit seines klösterlichen und professoralen Wirkens in die große Öffentlichkeit reißt. Noch zu Petri Kettenfest 1516 predigt er von der päpstlichen Gewalt durchaus in katholischem Sinne. Nicht an der Kirchenkritik wie bei Wiclef entsteht sein Stoß. Wenn aber *Tetzels* Ablaßhandel das Heiligtum der Kirche, den Schatz des hochheiligen Evangeliums in Mitleidenschaft zieht, dann kann er nicht anders, als das Wort ergreifen. Weil die Angst vor dem Fegefeuer im Volk so groß war, verstand es die Kirche schon lange, durch Erlaß von Bußstrafen sehr bedeutsame Geldquellen zu erschließen. »Beichtbriefe«, die ebenfalls geldlich zu erwerben waren, verliehen »vollkommenen Ablaß«. Selbst den Abgeschiedenen konnte man schließlich solche Gnaden zuwenden.

Luthers Thesenanschlag vom 31. Oktober 1517 ist keine unvorbereitete, plötzliche Tat. Seit reichlich einem Jahr bewegte ihn die Not der Ablaßkrämerei. Ihm brennt die Seelennot auf dem Gewissen. Eine Kirche verkauft ihr Geheimnis an die Welt, sie macht letzten Endes aus der Vergebung der Sünden ein Geschäft. Noch kämpfen die Thesen um die Reinigung des Ablaßwesens, nicht um die Abschaffung. Aber die Grundhaltung drängt zu einer radikalen Kritik, sobald die Entscheidungsfrage gestellt wird: Evangelium oder menschliches Glücksverlangen, Änderung des Sinnes oder Beruhigung des aufgeregten Gewissens mit rein menschlichen Mitteln.

Von den wichtigsten Thesen seien folgende genannt:

1. Da unser Meister und Herr Jesus Christus spricht: »Tut Buße« usw. will er, daß das ganze Leben seiner Gläubigen auf Erden eine stete oder unaufhörliche Buße sein soll.

5. Der Papst will noch kann nicht einige andere Pein (poenas, Strafen) erlassen, außer der, die er seines Gefallens oder laut der Canonum, das ist päpstlicher Satzungen auferlegt hat.

21. Derhalben irren die Ablaßprediger, die da sagen, daß durch des Papstes Ablaß der Mensch von aller Pein los und selig werde.

27. Die predigen Menschentand, die da vorgeben, daß, sobald der Groschen in den Kasten geworfen klingt, von Stund an die Seele aus dem Fegfeuer fahre.

36. Ein jeder Christ, so wahre Reue und Leid hat über seine Sünden, der hat völlige Vergebung von Pein und Schuld, die ihm auch ohne Ablaßbriefe gehört.
38. Doch ist des Papstes Vergebung und Austeilung mit nichten zu verachten, denn wie ich gesagt habe, ist seine Vergebung eine Erklärung göttlicher Vergebung.
40. Wahre Reue und Leid sucht und liebt die Strafe, aber die Mildigkeit des Ablasses entbindet von der Strafe und macht, daß man ihr gern gram wird, zum wenigstens, wenn Gelegenheit dazu vorfällt.
43. Man soll die Christen lehren, daß, der dem Armen gibt oder leihet dem Dürftigen, besser tut, denn daß er Ablaß lösete.
62. Der rechte, wahre Schatz der Kirche ist das heilige Evangelium der Herrlichkeit und Gnade Gottes.
66. Die Schätze des Ablasses aber sind die Netze, damit man jetziger Zeit die Reichtümer der Menschen fischt.
94. Man soll die Christen vermahnen, daß sie ihrem Haupte Christo durch Kreuz, Tod und Hölle nachzufolgen sich befleißigen.
95. Und also mehr durch viel Trübsal ins Himmelreich zu gehen, denn daß sie durch Vertröstung des Friedens sicher werden.

In der Auslegung der Thesen, die Luther 1518 nach der bedeutsamen und klärenden *Heidelberger Tagung* seines Ordens (April 1518) veröffentlichte, kommt vieles noch mehr ans Licht. Wie das Volk diese Gaben der Kirche verstand, »daß sie durch den Ablaß ohne alle Strafe aus dem Fegefeuer in den Himmel fahren« (zur 24. These), das mußte den gewissenhaften Beichtvater aufs tiefste treffen. Worauf setzte man jetzt sein Vertrauen? Auf eine Veranstaltung, die mit der dazu noch zu ersetzenden Reue rechnete, statt »ganz allein auf das Wort« zu hören (zur 38. These). Faßt er die Gesamtlage ins Auge, so kommt er zu dem Schluß:

»Die Kirche bedarf einer Reformation, und diese ist nicht das Werk eines einzigen Menschen, des Papstes, noch auch vieler Kardinäle, wie beides das jüngste Konzil erwiesen hat, sondern der ganzen Welt, ja Gottes allein. Die Zeit aber, wann solche Reformation vor sich gehen wird, kennt nur der, der die Zeit geschaffen hat« (zur 89. These).

Mit solchen Sätzen, die durch die inzwischen entwickelte Buchdruckerkunst (Gutenberg 1394/9–1468) wie ein Feuerbrand durch die deutschsprachigen Länder eilten, glaubte Luther noch durchaus auf dem Boden der Kirche zu stehen. Daß aber dieser Axthieb an die Wurzel ging und nicht nur den politisch verdorbenen, sondern den im Lehrirrtum verstrickten Katholizismus traf, das mußte er mit blutendem Herzen in den nun folgenden Jahren erkennen.

Augsburg – Altenburg – Leipziger Disputation – bis 1519

Mit einer jedem Aufruhr abgeneigten und kaum zu überbietenden Unterwürfigkeit sendet er im Mai die Resolutionen zu den Thesen mit einem Begleitbrief an Papst Leo X., fügt aber dennoch hinzu: »Widerrufen kann ich nicht!« Dann aber drängen die Ereignisse von Schritt zu Schritt. *Cajetan,* Kardinal und päpstlicher Legat, versucht vergeblich in Augsburg (Herbst 1518), Luther zur Aufgabe seiner Stellung zu bewegen. Schon wirkt die große Politik in diese Begegnung hinein. *Kurfürst Friedrich der Weise,* Luthers Schutzherr, darf in diesem Augenblick nicht verletzt werden, weil Papst Leo ihn gegen den Plan Kaiser Maximilians braucht, dessen Enkel Karl zum Thronerben zu erklären. Dennoch flieht Luther aus Augsburg, als er ahnt, wie nahe seine Verhaftung sei. Er war zum Sterben bereit, aber auch nüchtern frei von aller Sucht nach dem Martyrium. *Von Miltitz* glaubt 1519 in Altenburg mit der gegenseitigen Vereinbarung zum Schweigen mehr zu erreichen. Aber nur scheinbar! Die Dinge sind nicht mehr aufzuhalten. Allen politischen Erwägungen zum Trotz kommt es durch *Professor Ecks* Angriff zu jener berühmten *Leipziger Disputation mit Karlstadt,* dem Wittenberger Kollegen (1519), in deren Verlauf Luther zu dem klaren Bekenntnis gezwungen wird, daß auch der Papst und die Konzilien mannigfach geirrt haben und sich unter den Satz beugen müssen: »Unfehlbar ist nichts außer dem Wort Gottes.«

Nicht erst in Worms, sondern schon in Augsburg und Leipzig hat sich Luther *der Felsengrund des Wortes als tragfähig erwiesen.* Er rechnete nicht mit seinem Leben, wenigstens nicht mit seinem Verbleiben in Deutschland. Seinem Kurfürsten wollte er nicht zur Last fallen. Aber gerade im Kampf mit seinen Gegnern empfing er die Gewißheit, in einer ungleich größeren Gemeinschaft zu stehen, in einer Kirche der Jahrhunderte, sobald er an die Blutzeugen aller Zeiten dachte. Als ihm in den Leipziger Tagen die Erinnerung an Hus kam, brach er in den Ruf aus:

»Wie schrecklich sind die Gerichte Gottes: Die evangelische Wahrheit ist schon vor hundert Jahren verbrannt, wird heute verdammt, und niemand darf sich zu ihr bekennen.« (vgl. W. A 2, 254 ff. u. 9, 207 ff.)

Die Wittenberger Nachtigall und die Humanisten

Die Jahre 1519–21 tragen einen wunderbaren Frühlingscharakter in sich. Die Nation horcht auf die Stimme der »Wittenberger Nachtigall«. Die Bewegung scheint das gesamte Volk ergreifen zu wollen. Eben hat *Philipp Melanchthon* (1497–1560), der junge hoffnungsvolle Praeceptor Germaniae, sein Amt als Universitätskollege Luthers angetreten. Mit ihm scheint der Humanismus in breiter Front für die Reformation erschlossen zu werden. Hier wie dort ein Zurück zu den Quellen, zu wahrhaftigem Erkennen der Tatbestände, zum Bruch mit einer überlebten Tradition.

Weiter sind es die Vertreter des deutschen Idealismus, die Reichsritter um *Ulrich von Hutten* und *Franz von Sickingen,* die in ihrem Freiheitskampf gegen die Kirchenfürsten und Reichtsgewalten Hilfe von der Reformation erwarten, vor allem die Stärkung durch eine durchschlagende, volkstümliche Idee.

Endlich sind hier bei aller Vorsicht *Kurfürst Friedrich der Weise* zu nennen und bald auch *Landgraf Philipp von Hessen*. Mehr oder weniger wohnt in ihnen allen das Bewußtsein, an einer Zeitwende zu stehen, die im Verhältnis von kirchlicher und weltlicher Gewalt eine Neuordnung bringen werde. Der starke nationale Wille empfand ja schon lange das römisch-spanische Joch als untragbar und verband sich in glühender Begeisterung mit dem Anliegen der Reformation.

An den christlichen Adel

Hellwach beobachtete Luther diese Gesamtlage. In ihm schlug ein deutsches Herz, das wahrlich unter der Schmach litt, wie sie die überfremdenden Mächte seit Jahrhunderten über deutsches Land brachten. In der Schrift »*An den christlichen Adel*« (1520) lodert an vielen Stellen die Flamme des Zornes auf, wenn er an die wirtschaftliche Ausnutzung der Länder durch den päpstlich-kaiserlichen Geldhunger denkt. Dann aber stößt er zu den grundsätzlichen Punkten vor und nennt in den »drei Mauern« die Hauptschäden der Gegenwart, im Grunde den einen, um den sich alles bewegt: Der Papst maßt sich über die Obrigkeiten, über die Schrift und die Konzilien eine Gewalt an, die ihm nie und nimmer gebührt. Es ist auch hier nicht das politische und soziale Interesse bestimmend. Das hätte Luther an die Seite der ihn suchenden Gruppen geführt. In klarer Erkenntnis seines andersartigen Auftrages schreibt er an *Spalatin*, den Kanzler seines Landesfürsten:

> »Was Hutten will, siehst Du. Ich möchte nicht, daß man mit Gewalt und Totschlag für das Evangelium stritte; in diesem Sinne habe ich an den Mann geschrieben. ›Durch das Wort ist die Welt überwunden, durch das Wort die Kirche erhalten worden: So wird sie auch durch das Wort wiederhergestellt werden. Aber auch der Antichrist wird, wie er ohne Gewalt angefangen hat, ohne Gewalt zerrieben werden durch das Wort[1]!‹ «

Zweifellos hat die Anspielung auf den Antichrist den Papst im Auge. Weder Leo X. noch irgendeiner seiner Vorgänger ist damit in Person gemeint. Dagegen sah Luther im System des Papsttums überhaupt das Mittel, mit dem der Antichrist hinter der Maske des höchsten geistlichen Amtes seine dunklen Machenschaften trieb. Und das eben schied ihn von den Politikern seiner Zeit. Sie erkannten die Tiefe und eschatologische Weite des Kampfes nicht, der letzten Endes um Satan ging und darum einzig durch das Wort zum Sieg gelangen konnte.

[1] Brief vom 16. Januar 1521

An dieser Stelle brach schon vor Worms das nationale und das geistliche Erneuerungsstreben auseinander. Der Reformator wußte sich um der reinen Sache des Evangeliums willen von den Kräften geschieden, die vom neuentdeckten Volkstum her in der religiösen Bewegung einen Bundesgenossen sahen und sich darum der »guten, aber – wie sie meinten – ohne sie hilflosen« Sache anboten. Es mußte darum sein ganzes Anliegen sein, scheidend und entscheidend zu wirken, indem die Glaubensfrage die vornehmste blieb. Diesem Ziele dienen die beiden anderen berühmt gewordenen Schriften des gleichen Jahres (1520) »*Von der babylonischen Gefangenschaft der Kirche*« (von den Sakramenten) und »*Von der Freiheit eines Christenmenschen*«. Hier lagen die Wurzeln wie die Waffen für den unausbleiblichen Kampf, denn – das ist der Kern der zweiten Schrift – der Glaube allein macht frei und die Liebe allein, »die aus dem Glauben kommt«, verbindet uns zur Treue bis in den Tod.

Der Papst tut Luther in den Bann

Inzwischen glaubte Rom den endgültigen Schlag gegen den Ketzer zu führen, indem die Bannbulle jede weitere Verhandlung mit ihm abschnitt und ihn selbst isolierte und außer Wirkung setzte. Im alten Kirchenpathos, erinnernd an die Bannflüche eines Gregor VII., beginnt das Dokument: »Erhebe Dich, Herr . . . erhebe Dich, Petrus . . . erhebe Dich, Paulus . . . erhebt Euch all Ihr Heiligen mit der ganzen allgemeinen Kirche . . .« Sie sind nicht aufgestanden wider Luther, und er sprach es in Gewißheit aus:

»Ich bin von Gottes Gnaden frei und will mich der Dinge keines trösten noch entsetzen. Ich weiß wohl, wo mein Trost und Trotz steht, der mir wohl sicher steht vor Menschen wie vor Teufeln.«

Als man an jenem denkwürdigen *10. Dezember 1520* vor dem Elstertor *die Bannbulle und*, man übersehe das nicht, außer ihr noch das *kanonische Recht verbrannte*, hat Luther es mit innerster Bewegung als Absage gegen die Papstbulle bekannt: »Weil Du die Wahrheit Gottes verderbt hast, verderbe Dich der Herr heute in diesem Feuer.« Auch nach über 400 Jahren muß es gerade der katholischen Deutung der Reformationsgeschichte gegenüber gesagt werden: Nicht dieser Mönch und Professor verließ seine Kirche. Sie tat ihn von sich, weil sie die Wahrheit seiner evangelischen Botschaft nicht zu hören vermochte. Er übergab die Urkunde dem Feuer, um vor aller Welt zu bezeugen, daß er dieses Recht als Unrecht und darum als ungültig bezeichne. Und wollte man ihm sein Priester- und Lehramt nehmen – er bezeugte es am folgenden Tage vor seinen Studenten, daß nicht er, sondern der Papst als Diener des Antichristentums außerhalb der Kirche stände und es für jeden seiner Hörer jetzt nur die eine Entscheidung gebe: Martyrium oder Hölle!

In *Augsburg 1518* und bei den weiteren Verhandlungen hatte Luther mit wahrem Grauen den Geist der römischen Kurie gespürt. Sie glaubte, seine Sache verachten oder unterdrücken zu können, indem sie alle politischen Mächte gegen ihn antrieb. Er aber wagte es wirklich wie ein David, auf ihre Rüstung zu verzichten:

»Er (der Antichrist) soll mit dem Munde Christi verstört werden. Es ist nicht unser Werk, das jetzt in der Welt geht . . . Ein anderer ist's, der das Rädle treibt, den sehen die Papisten nicht und geben darum uns die Schuld.«

Der Reichstag zu Worms 1521

War der Bann als Schlag der Kirche gedacht, so sollte die *Reichsacht des Kaisers* (Wormser Edikt vom 26. 5. 1521) unwiderruflichen Willen ausdrücken, die Reformation im Keime zu ersticken. Die Ereignisse um und in Worms haben sich den Zeitgenossen mit starker Sichtbarkeit eingeprägt. Der 17. und 18. April 1521 stellen zum einzigen Mal den jungen *Kaiser Karl V. und Luther* einander gegenüber. Nie hat sich des Spaniers katholischer Stolz stärker geregt als in dieser Stunde. Man darf schon an ein alttestamentliches Gegenbild erinnern: Jeremia im Gespräch mit König Zedekia (Jer. 38). Hier wie dort eine letzte Möglichkeit zum Hören. Aber die Stunde verstreicht, und das Wort, in dem alle Rettung liegt, wird nicht vernommen.

»Solange ich nicht durch das Zeugnis der Heiligen Schrift oder klare Vernunftgründen widerlegt werde, so halte ich mich überwunden durch die Heilige Schrift. Mein Gewissen ist in Gottes Wort gefangen. Darum kann und will ich nicht widerrufen, weil gegen das Gewissen zu handeln beschwerlich und gefährlich ist. Gott helfe mir. Amen.«

Luther war bereit, sich mit seinen Gegnern öffentlich auseinanderzusetzen. Er brauchte nichts zu scheuen. Verweigerte man ihm die Aussprache, so mußte er auch in Worms mit heißem Schmerz erkennen, daß Kaiser und Papst unbeirrbare Befehlsstellen sind, aber keine Verhandlungspartner.

Die Augen der Nation waren auf Worms gerichtet. Wieviel Hoffnungen begrub das Nein des Kaisers! In dieser Stunde (18. 4. 1521) entschied es sich, daß tausend Jahre nach dem ersten Sendboten des Evangeliums der Weg unseres Volkes von Rom wegführte und nun auch im kaiserlichen Willen nicht mehr das letztlich verpflichtende Gebot lag. Noch schweben die Nebel über der Arena, es ist alles wie in einem großen Chaos. Unerhört, weil den Tatsachen nicht entsprechend, meldet die Urkunde der Reichsacht:

»Wir gedachten, Martin Luther mit einhelligem Willen und Rat unser und des heiligen Reiches Kurfürsten, Fürsten, Ständen als von Gottes Kirche abgesondertes Glied und Ketzer zu erklären.«

Im Triumph über das Bündnis zwischen Kaiser und Papst glaubte das Do-

kument, den Widerspruch der evangelischen Fürsten verschweigen zu können. So scheint die Sache Luthers mit der *Verbrennung und dem Druckverbot seiner Schriften* und der *Rechtloserklärung seiner Anhänger* erledigt zu sein. Und gerade in diesem Augenblick verschwindet Luther auf der Wartburg, verliert die Bewegung ihre zielklare Führung, hat die Gewalt eben doch offensichtlich gesiegt. (Mirbt, WA 7, 815ff.)

Die Übersetzung des Neuen Testamentes

In diesen spannungsvollen Wochen greift wieder die große Weltgeschichte ein. Die schicksalsschwere Auseinandersetzung zwischen *Karl und Franz I. von Frankreich* beginnt. Die Niederlande, Spanien und Italien werden das Schlachtfeld, das für volle sieben Jahre die Abwesenheit des Kaisers von Deutschland erfordert. Aber auch Leo X. verläßt den Schauplatz durch seinen Tod gegen Ende des Jahres 1521. Unter diesen Umständen kann sich das Wormser Edikt nicht auswirken. Das Werk der Reformation geht weiter. Der in die Stille verbannte Reformator aber schenkt seinem Volke die größte Gabe: *Das Neue Testament in Deutsch*. Daß er, wiewohl von nun an aus der Öffentlichkeit des politischen Lebens gestrichen, noch fast 25 Jahre der Wächter sein durfte in Wort und in Schrift, in Seelsorge und Aufbau der neu zu ordnenden Kirche, ist das besondere Geschenk, dessen Wirkungen bis zu dieser Stunde noch nicht beendet sind.

Haben uns die letzten Jahrzehnte den »jungen Luther« nahegebracht, den Mann im Werden und Stürmen, so wird die Zeit nicht fern sein, in der uns die Gabe des um sein Werk Kämpfenden und Leidenden im neuen Licht erscheinen wird. Sie gehört aber nicht mehr in dem Maße der Kirchengeschichte an wie die erste Epoche. Vor die Persönlichkeit Luthers tritt die Sache: das Evangelium selbst. Und dies entspricht seiner innersten Erkenntnis.

Wir tun Luther keinen Dienst, wenn *wir seine Grenzen* verschweigen. Er selbst hat sie an seiner Bibelübersetzung gesehen und seine Deutschen ermahnt, daran immer weiterzuarbeiten. In der Beurteilung mancher Bibelteile (z. B. Jakobus, Hebräerbrief und Offenbarung) werden wir ihm nicht zustimmen. Hier hat ihn wohl seine eindeutige Betonung der paulinischen Botschaft gehemmt und die Mannigfaltigkeit der Schrift nicht genug sehen lassen. Darüber hinaus greift aber die Frage, ob Luther das Bild der neutestamentlichen Gemeinde klar genug vor Augen hatte. Fehlten ihm wirklich die Männer, die »mit Ernst Christen« waren, *um inmitten der sich bildenden Landeskirchen eine Kerngemeinde* werden zu lassen? Wäre dadurch dem landeskirchlichen Regiment nicht wenigstens ein Gegenüber geboten gewesen? So sind noch manche Fragen an Luther zu richten. Er hätte sie mit der erstaunten Gegenfrage beantwortet: Meint ihr, daß ich die ganze Schrift verstanden habe? Bleibt sie nicht für alle Zeiten das Buch Gottes, an dem wir Schüler sind und nicht Meister, Menschen in den Schranken ihrer Zeit und darum in einer Geschichte, in der es wachsende, neue Erkenntnisse am Wort durch den Heiligen Geist gibt! Das alles kann den Dank für Luther und alle »Lehrer, die uns das Wort Gottes gesagt haben« (Hebr. 13, 7), nie verlöschen lassen.

Literatur

Karl Holl, Luther, Gesammelte Aufsätze zur Kirchengeschichte, Band I, 1923
Heinrich Böhmer, Der junge Luther, 1925
Otto Scheel, Dokumente zu Luthers Entwicklung, 1911
Otto Scheel, Martin Luther, Band I und II, 1916/21
Jos. Lortz, Die Reformation in Deutschland, 2. Bde., Freiburg, 1938–40
Gerhard Ritter, Luthers Gestalt und Tat, 1962

FREMDWÖRTERVERZEICHNIS

Agape	Liebe in neutestamentlichem Sinn – später Liebesmahl
Anathema	Verfluchungsformel
Askese	Übung, Enthaltung von Speisen
Charisma	Gnadengabe
Chiliasmus	Lehre vom Tausendjährigen Reich
Daimonion	innere Stimme des Gewissens
Dekretalien	Sammlung päpstlicher Verordnungen
Doketismus	Lehre, daß Christus nur einen scheinbaren Leib hatte
Donatismus	der von Donatus d. Gr. ausgehende Kirchenbegriff: nicht Heiligkeit der Sakramente, sondern die der Amtsträger begründet die Kirche
Dualismus	aus einer Zweiheit entgegengesetzter Kräfte wird die Welt gedeutet, z. B. aus Geist und Stoff oder Gut und Böse
Ekstase	Zustand der Verzückung oder Entrückung
Episkopat	Amt des Bischofs
Eros	sinnlich bestätigte Liebe
Eschatologie	Lehre vom Ziel und der Vollendung der Welt
Exkommunizierung	Ausschluß aus der Kirche
Gnosis	Erkenntnis – der Versuch, Gott und die Welt denkend zu erklären
Häresie	von der Kirchenlehre abweichender Glaube
Hellenismus	Griechentum als Bildungsgut
Imperium	das römische Reich
Inquisition	geistliches Gericht zur Verurteilung der Irrlehre
Investitur	Amtseinsetzung in eine geistliche Stelle
Kanon	Richtschnur (des Glaubens), die heilige Schrift
Katharer	Ketzer, ursprünglich die »Reinen« als Spottname
Kommunion	Gemeinschaft, besonders beim Abendmahl
Kondition	Bedingung
kosmisch	weltumfassend
Kurie	der päpstliche Rat
Lapsus	der in einer Christenverfolgung Abgefallene
Logos	die persönlich gedachte Weltvernunft als Urgrund alles Seins
Metropolit	Bischof der Hauptstadt und Führer eines größeren Kirchengebietes
Modalismus	Anschauung, daß Christus gleichsam in einer vorübergehenden Maske erschienen sei
Mysterium	(religiöses) Geheimnis
Mystik	Glaube an die innere Welt der Seele als Urgrund der Religion
Pantheismus	Allvergottungslehre
Pantheon	Göttermuseum mit vielen Standbildern als Anbetungsstätte
Paradigma	lehrhaftes Beispiel
Perfektionismus	Lehre von der religiös-sittlichen Vollkommenheit des Menschen

Postulat	philosophischer Forderungssatz
Primat	Vorrang, wie ihn Petrus zuerst besaß, dann seine Nachfolger
Sacerdotium	das vom Papst regierte Priesterreich als Weltherrschaft
Schisma	Trennung, kirchliche Spaltung
Simonie	Erwerb geistlicher Stellen durch weltliche Macht
Statik	unbewegter Zustand, Gegensatz: Dynamik
Stigmatisation	die Wundmale Christi an einem Menschen
Sukzession	Nachfolge als sichtbare Reihe in einer Kette von Amtsträgern
Theodizee	Lehre von der Gottesgerechtigkeit
Theokratie	Gottesherrschaft (in politischer Prägung)
Theosophie	ein phylosophisches Lehrsystem von Gott
Transsubstantiation	Verwandlung von Brot und Wein in Leib und Blut Christi
unio mystica	mystische Vereinigung mit Gott

NAMENVERZEICHNIS

Abälard	Scholastiker	1079–1142
Adalbert von Bremen	Erzbischof, Regent für Heinrich IV.	1044–1073
Aedilbrecht von Kent	König	um 600
Alexander	Bischof von Alexandrien	Anfang des 4. Jh.
Alexander II.	Papst	1061–1073
Alexander III.	Papst	1159–1181
Alexander VI.	Papst	1492–1505
Alfred d. Gr.	König von England	871–901
Alkuin	Gelehrter am Hofe Karls des Großen	730–804
Ambrosius	Bischof von Mailand	etwa 340–397
Anicet	Papst von Rom	v. 154–165 (?)
Anselm von Canterbury	Scholastiker	1033–1109
Ansgar	Missionar der nordischen Völker	801–865
Antonius Pius	römischer Kaiser	138–161
Antonius	Mönch	etwa 250/260 bis 356
Apollinaris	Bischof von Laodizea	etwa 310–392
Aribo von Mainz	Erzbischof	gest. 1031
Aristides	Apologet und Philosoph	um 200
Aristoteles	griechischer Philosoph	384–322 v. Chr.
Arius	Presbyter in Alexandria	gest. 336
Athanasius	Bischof von Alexandria	295–373
Athenagoras	Philosoph	um 177
Attila	Hunnenkönig	um 450
Augustin Aurelius	abendländischer Kirchenvater	354–430
Augustin von Canterbury	Abt, später Erzbischof	um 600
Augustus	römischer Kaiser	30 v. Chr. bis 14 n. Chr.
Barth, Karl	Theologieprofessor	1886–1968
Basilides	Gnostiker	um 160
Basilius	Bischof von Cäsarea	um 330–379
Benedikt VII.	Papst	974–983
Benedikt von Aniane	Reformator des fränkischen Mönchtums	gest. 821
Benedikt von Nursia	Gründer des Klosters Monte Cassino	geb. um 480
Berenga von Tours	Theologe	um 1050
Bernhard von Clairvaux	Abt, Kreuzzugsrufer, Christusmystik	1091–1153
Berno	Abt von Cluny	910–927
Berthold von Regensburg	Volksprediger	gest. 1272
Biel, Gabriel	Kath. Theologe	1418(?)–1445
Bonifatius VIII.	Papst	1294–1303
Bonifatius (Wynfried)	Apostel der Deutschen	675–754

Böhmer, Heinrich	Kirchenhistoriker	1869–1927
Cajetan	päpstl. Kardinallegat	1468–1534
Celsus	Philosoph	um 180
Chlodwig	Frankenkönig	getauft 496
Chrysostomus	Bischof von Konstantinopel	etwa 344–404
Claudius	römischer Kaiser	41–54 n. Chr.
Clemens von Alexandrien	Leiter der Katechetenschule	Ende d. 2. Jh.
Clemens, Romanus	Bischof von Rom	Anfang d. 2. Jh.
Coelestin I.	Bischof	422–432
Columba der Jüngere	iroschottischer Mönch und Missionar	gest. 615
Commodus	römischer Kaiser	180–192
Cyprian	Bischof von Carthago	248/249–258
Cyrill	Bischof von Alexandrien	412–444
Decius	römischer Kaiser	241–251
Diodor	Bischof von Tharsus	gest. 394
Diokletian	römischer Kaiser	284–305
Dioskur	Bischof von Alexandria	244–449
Dominikus	Gründer des Dominikanerordens	1170–1221
Domitian	römischer Kaiser	81–96
Domitilla Flavia	Märtyrerin unter Domitian	107
Donatus	Sektengründer	um 314
Duns Scotus	Scholastiker	gest. 1308
Einhardt	Biograph Karls d. Gr.	um 800
Eligius	Schüler d. Columba	um 620
Epiktet	Philosoph	50–138(?)
Epikur	Philosoph	um 371 v. Chr.
Eusebius von Cäsarea	Bischof und Kirchenhistoriker	um 320
Eutyches	Alexandr. Theologe	geb. um 378
Flavian	Bischof v. Konstantinopel	um 320–404
Fortunatus Venantius	Liturg	um 600
Franziskus von Assisi	Gründer des Franziskanerordens	1182–1226
Franz I.	König von Frankreich	1515–1547
Friedrich der Weise	Kurfürst von Sachsen	1486–1525
Gallienus	römischer Kaiser	253–268
Gallus	Gründer des Klosters St. Gallen	um 610
Gamaliel	Schriftgelehrter, Lehrer des Paulus	1. Jh.
Gerbert von Aurillac	später Papst (Silvester II.)	999–1003
Gottschalk	Mönch	um 880
Gratian	römischer Kaiser	375–383
Gratian	Rechtslehrer	gest. 1160
Gregor I.	Papst	590–604
Gregor	Bischof von Nazianz	etwa 325–390
Gregor	Bischof von Nyssa	etwa 335–394

Gregor IV.	Papst	827–840
Gregor VI.	Papst	1045–1056
Gregor VII. (Hildebrand)	Papst	1073–1085
Gregor IX.	Papst	1227–1241
Gregor von Metz	Bischof	1050
Gregor von Tours	Historiker	gest. 594
Hadrian	römischer Kaiser	117–138
Hadrian IV.	Papst	1154–1159
Heinrich I.	Sachsenkaiser	919–936
Heinrich II.	letzter Sachsenkaiser	1002–1024
Heinrich III.	salischer Kaiser	1039–1056
Heinrich IV.	salischer Kaiser	1056–1106
Heinrich V.	salischer Kaiser	1106–1125
Heinrich VI.	salischer Kaiser	gest. 1197
Heinrich VIII.	König von England	1509–1547
Herodes	jüdischer König	gest. 44
Hinkmar von Reims	Erzbischof	858–880
Holl, Karl	Kirchenhistoriker	1866–1926
Honorius	Papst	625–638
Hosius v. Corduba	Bischof	um 325
Humbert	Kardinal	um 1060
Ignatius	Bischof von Antiochien	um 110
Ignatius von Loyola	Gründer des Jesuitenordens	1491–1556
Innocenz III.	Papst	1198–1216
Innocenz IV.	Papst	1243–1254
Irenäus	Bischof von Lyon	um 140 geb.
Isidor von Sevilla	Gelehrter	gest. 636
Jakobus	Herrenbruder, Führer der jerusalemischen Gemeinde	gest. 62
Jakobus	Apostel	gest. 44 (?)
Joachim von Floris	Abt	gest. 1201
Jochanan ben Zakkai	Schriftgelehrter in Jerusalem	1. Jh.
Johann von Jandum	Rechtsgelehrter	um 1330
Johann XII.	Papst	955–964
Johannes	Apostel	1. Jh.
Julian (Apostata)	römischer Kaiser	361–363
Julius II.	Papst	1503–1513
Justin	Apologet	2. Jh.
Justinian	römischer Kaiser	527–565
Karl der Große	1. deutscher Kaiser	768–814
Karl V.	Deutscher Kaiser	1519–1556
Karlstadt, Andreas	Theologieprofessor	1480–1541
Karl Martell	fränkischer Hausmeier	714–741
Kerinth	Gnostiker	um 160
Konrad II.	salischer Kaiser	1024–1039
Konrad III.	Kaiser (Hohenstaufer)	1138–1152
Konradin	letzter Hohenstaufer	gest. 1268

Konstantin	römischer Kaiser	306–337
Konstantin Chlorus	Mitkaiser	gest. 306
Leo I.	Papst	440–461
Leo III.	Papst	795–816
Leo IX.	Papst	1049–1054
Leo X.	Papst	1513–1523
Leo d. Isaurier	byzantinischer Kaiser	917–941
Leonardo da Vinci	Künstler	1452–1519
Leontius von Byzanz	Theologe	etwa 475–543
Lortz, Joseph	Kath. Theologe	1887–1965
Lothar II.	Herzog von Lothringen	um 860
Lothar v. Supplinburg	Gegenkönig	1125–1137
Lucian	Lehrer des Arius	gest. 312
Ludwig der Fromme	Deutscher Kaiser	814–840
Ludwig V. von Bayern	König, Deutscher Kaiser als Ludwig IV. seit 1328	1314–1347
Ludwig VII.	König von Frankreich	um 1150
Luther, Hans Martin Luthers Vater	im Bergbau tätig	gest. 1530
Lukas	Evangelist, Verfasser der Apostelgeschichte	um 65
Machiavelli	ital. Geschichtsschreiber	1469–1527
Majalus	Abt von Cluny	964–994
Mani	Gründer des Manichäismus	215/216–273
Marc Aurel	römischer Kaiser	161–180
Marcion	Gnostiker	um 150
Marsilius von Padua	Rechtsgelehrter	um 1330
Mathilde	Mutter Ottos d. Großen	um 930
Maximinus Daja	Regent unter Diokletian	285–305
Maximilian	Deutscher Kaiser	1493–1519
Melanchthon, Philipp	Theologe und Humanist	1497–1563
Michael Cerularius	Patriarch von Konstantinopel	um 1050
Miltitz, Karl v.	päpstl. Kammerherr	1490–1529
Mohammed	Begründer des Islam	gest. 632
Montanus	Sektenprophet	gest. vor 178/179
Nero	römischer Kaiser	54–68 n. Chr.
Nestorius	Bischof von Konstantinopel	gest. 451
Nikolaus I.	Papst	858–867
Nikoalus II.	Papst	1059–1061
Norbert v. Xanten	Gründer des Prämonstratenserordens	1082–1134
Novatian	Presbyter in Rom	um 250
Ockham, Wilhelm v.	kath. Theologe	1285(?)–1349
Odilo	Abt von Cluny	994–1059
Odo	Abt von Cluny	927–942
Origenes	Theologe	185/186–254
Otto I.	Kaiser aus dem Hause	936–973
Otto II.	der Sachsen	973–983

Otto III.		983–1002
Pachomius	Eremit	gest. 346
Pantänus	Leiter d. Katechetenschule	um 200
Papias	Schriftsteller	gest. 163
Paschasius Radbertus	Mönch und Abt des Klosters Corbie	gest. 856
Paulus	Heidenapostel	gest. um 64
Paulus Diakonus	Geschichtsschreiber am Hof Karls d. Gr.	720–795
Paulus v. Samosata	Bischof von Antiochien	um 260
Pelagius	Mönch	etwa 360–418
Peter v. Amiens	Mönch- und Kreuzzugsprediger	gest. 1115
Petrus	Apostel	gest. um 64
Philipp von Hessen	Landgraf	1518–1567
Philippus	Diakon der Urgemeinde	um 40 n. Chr.
Philo	Philosoph	etwa 25 v. Chr. bis 40 n. Chr.
Pirmin	iroschottischer Mönch, Gründer des Klosters Reichenau	um 724
Pippin d. Ältere	Hausmeier im Frankenreich	um 650
Pippin d. Jüngere	König der Franken	714/715–768
Plato	griechischer Philosoph	gest. 347 v. Chr.
Plinius d. J.	römischer Statthalter	62–114
Plotin	griechischer Philosoph	205–270
Plutarch	griechischer Schriftsteller	gest. um 120
Polykarp	Bischof von Smyrna	um 70–156
Ratramnus	Mönch von Corbie	gest. n. 868
Raymundus Lullus	1. Missionar unter den Mohammedanern	gest. 1315
Robert Guiskard	Normannenherzog	1056–1085
Rudolf v. Schwaben	Gegenkönig	gest. 1080
Satornil	Gnostiker	um 160
Scheel, Otto	Kirchenhistoriker	1876–1954
Scotus, Eriguena Johannes	Theologe	um 880
Seneka	stoischer Philosoph	4 v. Chr. bis 65 n. Chr.
Sperrlin, Georg	Mönch, dann Pfarrer	1486–1563
Staupitz, Johann v.	Generalvikar	1469(?)–1524
Stephanus	Diakon der Urgemeinde	gest. um 30 n. Chr.
Stephanus	Bischof von Rom	254–257
Tacitus	röm. Geschichtsschreiber	um 50 n. Chr.
Tatian	Apologet u. Schriftsteller	2. Jh.
Tauler	Mystiker	gest. 1361
Tertullian	Jurist und Theologe	um 160–200
Theoderich d. Gr.	Ostgotenkönig	488/493–526
Theodor v. Mopsueste	Bischof u. Bibeltheologe	gest. 428
Theodosius d. Gr.	römischer Kaiser	379–395
Theophilus	Bischof von Alexandria	gest. 412

Thomas von Aquino	Scholastiker, Normaltheologe des Katholizismus	1225–1274
Thomas v. Celano	Biograph des Franziskus	um 1350
Thomas a Kempis	Mystiker	gest. 1471
Tiberius	römischer Kaiser	14–37 n. Chr.
Titus	römischer Kaiser	79–81 n. Chr.
Trajan	römischer Kaiser	98–117 n. Chr.
Todi, Da Jakob	Franziskaner	um 1350
Urban II.	Papst	1088–1099
Valdes, Petrus	Laienprediger	gest. 1217
Valentin	Gnostiker	um 160
Valentinian I.	römischer Kaiser	364–375
Valentinian II.	römischer Kaiser	375–392
Valerian	römischer Kaiser	253–260
Valla, Laurentius	Gelehrter	1407–1457
Viktor I.	römischer Bischof	um 190
Viktor II.	Papst	1055
Wido	Metropolit von Mailand	1059
Widukind	Sachsenherzog	gest. 807
Wilfrid	Bischof von York	gest. 709
Willibrod	Missionar der Friesen	um 700
Wulfila	Missionsbischof der Westgoten	310–383
Zeno	oströmischer Kaiser	474–491

F. F. Bruce

Zeitgeschichte des Neuen Testaments
Teil II: Von Jerusalem bis Rom

Deutsch von Gerhard Raabe
272 Seiten, Paperback

Dieser zweite Band der »Zeitgeschichte des Neuen Testaments« umspannt die Zeit vom Beginn der Jerusalemer Urgemeinde bis zu den letzten im Neuen Testament erwähnten Ereignissen.
Politische Wirren in Rom und in den römischen Provinzen, pseudomessianische Aufbrüche im Judentum, korrupte Prokuratoren, die sich den Haß ihrer Untertanen zuziehen – mit diesen und vielen anderen Problemen muß sich die junge Bewegung auseinandersetzen, die mit der Auferstehung des Jesus von Nazareth begonnen hat und später von der Umwelt den Namen »Christen« bekommt. Zu den äußeren Schwierigkeiten und Bedrohungen kommen innere Spannungen – Auseinandersetzungen zwischen Juden- und Heidenchristen, Abwehr früher Formen einer religiösen Welle, die später als »Gnosis« bekannt wird. Doch all das kann den Siegeszug des Evangeliums von Jesus Christus nicht aufhalten, nicht zuletzt aufgrund des unermüdlichen Wirkens des größten Evangelisten und Missionars der christlichen Geschichte, des Apostels Paulus.
Aus dem Inhalt: Die Jerusalemer Urgemeinde – Stephanus, Philippus und die Hellenisten – Paulus: Die frühen Jahre – Krise unter Gajus – Das Jerusalemer Apostelkonzil – Kaiser Claudius und das Christentum – Das Ende der Gemeinde und des Tempels in Jerusalem – Das Christentum in Rom – Das Christentum am Ende der neutestamentlichen Zeit.

R. BROCKHAUS VERLAG WUPPERTAL